Corporate Development

Praxisleitfaden zur Unternehmensentwicklung mit Fallbeispielen

von
Dr. Bertram Melzig-Thiel und
Matthias Joos

unter Mitarbeit von
Markus Mrozek

Oldenbourg Verlag München

Lektorat: Christiane Engel-Haas, M.A.
Herstellung: Tina Bonertz
Titelbild: www.thinkstockphotos.de
Einbandgestaltung: hauser lacour

Bibliografische Information der Deutschen Nationalbibliothek
Die Deutsche Nationalbibliothek verzeichnet diese Publikation in der Deutschen Nationalbibliografie; detaillierte bibliografische Daten sind im Internet über http://dnb.d-nb.de abrufbar.

Library of Congress Cataloging-in-Publication Data
A CIP catalog record for this book has been applied for at the Library of Congress.

© 2013 Oldenbourg Wissenschaftsverlag GmbH
Rosenheimer Straße 143, D-81671 München
www.degruyter.com/oldenbourg
Ein Unternehmen von De Gruyter

Gedruckt in Deutschland

Dieses Papier ist alterungsbeständig nach DIN/ISO 9706.

ISBN   978-3-486-59649-6
eISBN   978-3-486-71951-2

Inhalt

Abbildungsverzeichnis

1 Warum Schlaraffia[1] nur bei Matratzen funktioniert

1.1 Einblick: Paradiesische Zustände sind eher selten

Haben auch Sie von Zeit zu Zeit den Eindruck, die Dinge in Ihrem Unternehmen könnten durchaus besser laufen, das Zusammenspiel mit den Kollegen dürfte reibungsloser erfolgen, die gemeinsame Zielerreichung könnte effektiver sein? Fragen Sie sich manchmal, weshalb in Ihrem beruflichen Umfeld eher Gründe gesucht werden, warum etwas nicht funktionieren kann, statt gemeinsam dafür zu sorgen, dass „die Kuh vom Eis" kommt – auch wenn das vielleicht mehr erfordert, als einfach nur „seinen Job" zu machen?

Vielleicht haben Sie sich sogar ins mittlere oder gehobene Management hinaufgearbeitet oder sind auf dem besten Wege dahin. Sie haben Ihre persönlichen Ziele, die Sie sicherlich auch erreichen, und Sie haben natürlich ein Interesse daran, dass sich das Unternehmen, in dem Sie arbeiten, weiterhin positiv entwickelt.

Damit stellt sich die Frage: Wer kümmert sich um jene ganzheitliche Sichtweise, wenn sich die meisten primär an den persönlichen Zielen orientieren? Zugegebenermaßen resultiert aus der Erfüllung der individuellen Ziele in der Regel ein höheres Einkommen. Zudem wirkt sich diese Zielerreichung unter Umständen positiv auf die eigene Karriere aus. Insofern spricht vieles dafür, nicht zu stark über den Tellerrand hinauszublicken – weil schlicht der Anreiz fehlt.

Hinzu kommt, dass die meisten Führungskräfte ausreichend damit zu tun haben, ihren eigenen Bereich funktionsfähig halten. Da kann es schon mal vorkommen, dass der ganzheitliche Blick auf der Strecke bleibt. Genau genommen handelt es sich dabei um einen Systemfehler, pardon: um ein Systemphänomen. Effizienz speist sich nun einmal aus Arbeitsteilung – und diese sorgt dafür, dass jeder zunächst einmal seine individuellen Ziele verfolgt.

---

[1] Schlaraffia ist eine geschützte Marke der RECTICEL-SCHLAFKOMFORT GmbH

Auf das Zusammenspiel kommt es an

Individuelle Performance ohne bereichsübergreifende Verzahnung ist jedoch zu wenig: Wettbewerbsfähigkeit erwächst vor allem aus dem effektiven Zusammenspiel individueller Höchstleistungen. Nur so lässt sich ein nachhaltiger Vorsprung im Vergleich zu den Wettbewerbern reasisieren.

Bei inhabergeführten Unternehmen wird auf diese Verzahnung der Einzelleistungen häufig besonders stark geachtet: Der Eigentümer ist – häufig auch nach einem altersbedingten Wechsel in das Aufsichtsgremium – in der Regel an einer ganzheitlichen Entwicklung des Unternehmens interessiert. Selbstverständlich kann er Teile dieser Verantwortung für den erfolgreichen Ausbau des Unternehmens delegieren. Wie die Praxis zeigt, wird der Inhaber die Klammerfunktion aber nicht völlig aus der Hand geben.

Unabhängig davon, ob das Unternehmen von den Eigentümern oder von angestellten Managern geführt wird: Je größer das Unternehmen wird, desto schwieriger gestaltet sich die Bündelung der Einzelinteressen der Teams, Abteilungen, Geschäftsbereiche oder Tochtergesellschaften. Die Ausrichtung der individuellen Ziele auf eine erfolgreiche Weiterentwicklung des gesamten Unternehmens erfordert deshalb hohe Anstrengungen.

Genau hier setzt der vorliegende Praxisleitfaden an. Am Beispiel des Unternehmers Willy Weitblick zeigen wir Ihnen, wie sich ein mittelständisches Industrieunternehmen erfolgreich weiterentwickeln kann, wenn die richtigen Fragen gestellt, die erforderlichen Funktionsbereiche definiert und die passende Organisation geschaffen werden. Beobachten und begleiten Sie Willy Weitblick dabei, wie er sein Unternehmen auf Kurs hält und die von den globalen Märkten geforderte Wettbewerbsfähigkeit sicherstellt. Wir sind davon überzeugt, dass auch Ihr Unternehmen hiervon profitieren kann.

1.2   Weitblick: Vorname Willy, ambitionierter Unternehmer mit Bodenhaftung

Auf unserem Weg zu einem effizienten und zugleich wirksamen Corporate Development werden wir immer wieder auf eine bestimmte Figur treffen: Willy Weitblick. Er verkörpert den engagierten Entrepreneur, dem kein Handgriff zu viel, kein Weg zu weit und keine Herausforderung zu groß ist. Zugegeben, Unternehmer wie Willy sind rar, doch in zahlreichen mittelständischen Unternehmen können wir sie finden. Sie sind es, die dafür sorgen, dass es eine ganze Reihe von sogenannten „Hidden Champions" in Deutschland gibt: Weltmarktführer, die jenseits des Rampenlichts einen famosen „Job" erledigen, sich mit Ehrgeiz, Wissen und Mut dafür einsetzen, dass ihr Unternehmen stets ein Quäntchen besser dasteht als die Wettbewerber.

Dieser Prototyp des mittelständischen Unternehmers begleitet uns durch diesen Leitfaden. Er und seine Clever GmbH sind die Hauptakteure, wenn es darum geht, ein Unternehmen nach vorne zu bringen, also schlagkräftiger und erfolgreicher zu machen.

Als enger Vertrauter des Gründers hatte Willy schon seit Jahren einen festen Platz in der Geschäftsführung des Sondermaschinenbauers. Er war es, der den Ausbau des Kerngeschäfts forciert und den Weg geebnet hatte für die Vormachtstellung im Markt für Prozesstechnik in der Lebensmittelindustrie: Wie kein Zweiter versteht es die Clever GmbH, den stetig steigenden Anforderungen in Sachen Hygiene und Aseptik, aber auch Energieeffizienz und Durchsatzgeschwindigkeit mit neuen, wirklich innovativen Lösungen zu begegnen. Das schätzen die Kunden, zumeist weltweit tätige Multis, sehr und belohnen Weitblick mit immer neuen Aufträgen ...

Die Vorfinanzierung bekommt die Clever GmbH aufgrund des hohen Eigenkapitalanteils und einer sehr auskömmlichen zweistelligen EBIT-Marge gut in den Griff. Auch herrscht kein Mangel an Know-how zu den gängigen betriebswirtschaftlichen Instrumenten – doch das alleine reicht nicht aus: Erst das Zusammenspiel aus Tools und Strukturen, interner Effizienz, Gespür für den Markt, ausreichend „Druck im Kessel" und Motivation lässt ein Unternehmen im weltweiten Vergleich ganz vorne mitspielen. Genau dort, wo auch Willy seine Clever GmbH weiterhin sieht.

Weitblick arbeitet für zwei – und im Gegensatz zu seiner Frau bereitet ihm das auch nach wie vor großes Vergnügen. Ein Familienmensch war er noch nie, wenngleich er das Foto mit seinen mittlerweile erwachsenen Kindern auf dem Schreibtisch immer wieder liebevoll zurechtrückt. In seiner Generation ist nichts Verwerfliches daran, mit der „Firma verheiratet" zu sein. Dies mögen die „jungen Leute", wie er sie gerne nennt, wohl anders sehen. Erst kürzlich stellte er wieder mit einigem Schrecken fest, dass Ria Rehbein, seine Personalchefin, wieder einmal ganze Arbeit geleistet hatte, als sie einige dieser vielversprechenden „High Potentials" einstellte.

Aber ein bisschen unbehaglich fühlte sich Willy trotzdem – auch weil er nicht mehr alles verstand, was er in der Kantine so hörte: Was wohl dieses „posten" sei, und von „twittern" hatte er auch nicht wirklich eine Ahnung. Worauf die Leute heute so Wert legten – man musste ja nicht alles verstehen.

Auch wenn er sich selbst noch lange nicht zum alten Eisen zählt, ist Willy doch klar, dass er die anstehenden Herausforderungen nicht alleine stemmen kann. Ja, er wird dem Rat seines langjährigen Freundes und Beiratsvorsitzenden Hubert Hundertmark folgen und einige dieser „jungen Leute" bitten, ihn in einer Art Sonderarbeitsgruppe bei der Weiterentwicklung seines, pardon, des

Unternehmens zu unterstützen. Und wenn es nicht klappen sollte, könnte er ja immer noch selbst ... Auf der anderen Seite ist diese neue, noch etwas ungewohnt anmutende Abteilung Corporate Development eventuell der Schlüssel dazu, die Arbeit tatsächlich auf mehrere Schultern zu verteilen. Weitblick beginnt Gefallen an diesem Gedanken zu finden – wobei er das natürlich offiziell niemals zugeben würde. Vielleicht später einmal, wenn es dann läuft. Vielleicht. Genau genommen war es ja sogar seine eigene Idee, ein bisschen zumindest ...

Wie wir sehen, erkennt Willy Weitblick, dass er sein auf Wachstumskurs befindliches Unternehmen allein durch sein eigenes Wirken und seine Visionen nicht auf Kurs halten, den Wettbewerbern Paroli bieten und die notwendigen Veränderungsprozesse einleiten kann. Er beschließt, für diese Aufgaben einen neuen Bereich zu gründen. Sein Denken und Handeln ist in diesem Buch festgehalten und zeigt, wie Industrieunternehmen das Thema Unternehmensentwicklung erfolgreich anpacken können.

1.3   Ausblick: Was Sie von diesem Buch erwarten können

Das vorliegende Buch entstand aus der Erfahrung, dass vielerorts Unternehmensentwicklung betrieben wird, in den seltensten Fällen allerdings in einer strukturierten Art und Weise. Während bis zu einer gewissen Größe die Geschäftsführung den Ausbau von Märkten, Strukturen und Prozessen selbst betreibt, gelingt dies schon bei Unternehmen mittlerer Größenordnung nicht mehr: Es entsteht die Notwendigkeit, eine separate Einheit zu organisieren, die sich mit dem breiten Spektrum des Corporate Development auseinandersetzt, die unterschiedliche Parteien involviert, auf eine strategische Ausrichtung des Unternehmens drängt, wenngleich operative Herausforderungen stets prominent und ressourcenvereinnahmend auf der Tagesordnung stehen.

Anhand von humorvoll aufgearbeiteten Situationen, wie sie in jedem mittleren und größeren Industrieunternehmen vorkommen können, beschreiben wir ausgewählte Fallstricke, die im Rahmen der strategischen Ausrichtung und Weiterentwicklung von Unternehmen auftreten können. Wir zeigen Ihnen,

- an welchen Stellen ein Corporate Development vorhandene Funktionen wirkungsvoll ergänzen kann,
- wie die Aufgabenstellung im Detail aussieht,
- welche Schritte zur Lösung der Aufgabenstellung anzugehen sind und
- welches die Erfolgsfaktoren einer nachhaltigen Unternehmensentwicklung sind.

Theoretische Aspekte werden dabei eine eher untergeordnete Rolle spielen. Im Mittelpunkt steht die unternehmerische Praxis: Situationen, wie sie jeden Tag in komplexen Organisationen vorkommen können. Diese werden wir zum Anlass nehmen, um mit Ihnen gemeinsam Lösungsansätze zu diskutieren, häufig anhand von Fallbeispielen.

Die geschilderten Situationen sind aus der Realität entlehnt und spiegeln die Situation in vielen mittleren und auch größeren Unternehmen wider. Sollten Sie also einen Wiedererkennungseffekt bemerken, ist das kein Anlass zur Sorge – im Gegenteil, Sie befinden sich praktisch in bester Gesellschaft.

Der Aufbau der Kapitel ist ähnlich: Wir starten in der Regel mit einer Szene aus dem Unternehmensalltag, teils durch den Berater Bernd Besserwisser begleitet. In einem zweiten Schritt arbeiten wir die skizzierten Fragestellungen auf und erläutern Hintergründe und Erfolgsfaktoren. Schließlich wird die Thematik noch einmal in Form eines Anwendungsbeispiels oder einer Check-liste für den Einsatz in der Praxis aufgearbeitet.

2 Corporate Development: Geht es nicht auch ohne?

2.1 Legitimation: Wann eine solche Funktion sinnvoll ist

Zunächst: Wir sprechen hier von der Organisationseinheit Corporate Development, aber auch von der Funktion im Sinne eines arbeitsteilig organisierten Unternehmens.

Die Funktion des Corporate Development ist eng verknüpft mit der Funktion der Unternehmensführung. Genau genommen liefert das Corporate Development Antworten, die der Unternehmensführung zur Entscheidungsfindung dienen. Typischerweise sind Entscheidungen unter Unsicherheit zu treffen: Selten liegen alle Informationen vor, die für den Entscheider grundsätzlich von Bedeutung wären. Dies ist vor allem auf die hohe Komplexität der Unternehmensumwelt zurückzuführen. Unterschiedlichste Akteure – Kunden, Wettbewerber, Lieferanten, Investoren, Institutionen, die Gesellschaft als Ganzes – sorgen für eine Dynamik, die für Einzelne kaum noch zu überschauen ist. Eine möglichst umfassende, sorgfältige Erhebung und Auswertung von Daten ist erforderlich.

Corporate Development kann die Unsicherheit bei der Entscheidungsfindung nicht beheben, aber dafür sorgen, dass das Unternehmen auf die anstehenden Herausforderungen vorbereitet ist: Welche Trends zeichnen sich ab? Wie wirken sich diese Veränderungen auf die Erreichbarkeit unserer Ziele aus? Was können wir tun, um auch künftig in unseren Zielmärkten wettbewerbsfähig zu bleiben? Wie können wir intern noch effizienter werden? In welchen Märkten benötigen wir eine eigene Produktion oder lokale Logistik-Hubs, um den Anforderungen unserer Kunden noch besser zu entsprechen? Wie können wir im Markt einen Vorsprung realisieren – durch Innovationen, den richtigen Produkt-Mix, hohe Prozesseffizienz, Kooperationen, Allianzen oder Zukäufe?

Insofern ist der Einsatzbereich für Corporate Development nicht auf eine bestimmte Art oder Größe von Unternehmen oder auf einzelne Branchen beschränkt. Im vorliegenden Leitfaden haben wir uns aufgrund langjähriger persönlicher Erfahrungen auf Industrieunternehmen fokussiert; viele Überlegungen und Handlungsempfehlungen lassen sich jedoch analog auf Unternehmen anderer Branchen anwenden.

2.2 Mission: Welche Aufgaben Corporate Development wahrnimmt

Unternehmen dienen im Allgemeinen der Erreichung wirtschaftlicher Ziele. Hierzu werden personelle und technische Ressourcen so kombiniert, dass mit vernünftigem Mitteleinsatz ein möglichst großer wirtschaftlicher Effekt entsteht, typischerweise in Form von Umsatz und Ertrag.

Corporate Development macht Unternehmen fit für künftige Herausforderungen

Basierend auf diesem Verständnis zielt die Unternehmensentwicklung zunächst einmal darauf ab, das Unternehmen als komplexes System für die Herausforderungen im Markt zu ertüchtigen. Konkret bedeutet das,

- alle verfügbaren Kräfte so zu bündeln bzw. auf deren Ausrichtung hinzuwirken, dass die mittel- und langfristigen Unternehmensziele tatsächlich erreicht werden können,

- dafür zu sorgen, dass auch in einem dynamischen Umfeld die Zielerreichung möglich bleibt, indem entsprechende Maßnahmen bereichs- und funktionsübergreifend definiert und durchgesetzt werden, falls eine Kurskorrektur nötig wird.

Sofern diese Maßnahmen konsequent ergriffen werden, kann eigentlich nicht mehr viel schief gehen – oder doch?

Bekanntermaßen weisen auch Unternehmen eine gewisse Trägheit auf. Je größer und erfolgsverwöhnter das Unternehmen ist, desto ausgeprägter ist diese Eigenschaft. Lange Entscheidungswege sowie die Einstellung „Wir sind erfolgreich, also haben wir vieles richtig gemacht" sind nur zwei Gründe hierfür. Bis sich neue Ideen durchsetzen, dauert es eine gewisse Zeit. Handelt es sich um tiefgreifende Veränderungen, etwa um die Einführung eines neuen Führungsansatzes, können durchaus mehrere Jahre vergehen, bis die Neuerung wirklich greift. Die Erfahrenen unter Ihnen werden das bestätigen können: Grundsätzlich sehnt sich jeder nach Veränderung – wenn es dann aber soweit ist, haben viele Angst, statt sich offen und konstruktiv mit den neuen Ideen, Strukturen oder Zielen auseinanderzusetzen.

Corporate Development braucht Change Management

Das Corporate Development adressiert auch diesen Tatbestand: In Form von Change Management, das nichts anderes beinhaltet als die Ertüchtigung der Beschäftigten, mit einer neuen Situation angemessen und letztlich erfolgreich umzugehen. Wenn wir also von Unternehmensentwicklung sprechen, meinen wir in erster Linie die Entwicklung der Menschen: Deren Ziele, Arbeitsweisen, Einstellungen, Zusammenwirken usw.

Letztlich geht es bei der Entwicklung von Unternehmen um drei Fragen:

- Ausrichtung: Auf welchen Feldern wollen wir tätig sein – und wie können wir uns dort behaupten?
- Steuerung: Wie schaffen wir es, die mittel- und langfristigen Ziele stets vor Augen zu haben – und letztlich auch zu erreichen?
- Veränderung: Welche Anpassungen sind erforderlich, damit wir uns in kleinen oder größeren Schritten unseren mittelfristigen Zielen tatsächlich nähern – und unsere Strategie konsequent umsetzen können?

Die Aufgabe des Corporate Development besteht darin, die Unternehmensleitung in der Wahrnehmung dieser Aufgaben bestmöglich zu unterstützen.

Corporate Development befasst sich mit der Ausrichtung, Steuerung und Veränderung von Unternehmen

Fachliche und persönliche Anforderungen

Willy Weitblick erkennt schnell, dass er die Komplexität gar nicht mehr allein überblicken kann: Zu viele Einheiten sind in den letzten Jahren dazu gekommen, zu viele Umstrukturierungen haben neue Verantwortungen nach sich gezogen – und letztlich hat er auch jede Menge neue Mitarbeiter eingestellt ... tja, da soll noch einer einen kühlen Kopf behalten, alle Talente nutzen, und dennoch die Unternehmensziele stets im Auge haben, zudem noch effizient sein und allen guten Ideen genügend Raum bieten. Nicht zu vergessen, die Menge an Projekten nachzuhalten und zu koordinieren, stets die richtigen Maßnahmen zu priorisieren und das Reporting übersichtlich und aussagekräftig zu halten, auch wenn jede Menge Kollegen Daten abfragen, zusammentragen und unabhängig voneinander an unterschiedliche Adressaten verteilen ...

Hierbei den Überblick zu behalten, das ist tatsächlich nicht einfach. Wie sagt ein altes Sprichwort: „Zersplittere deine Kräfte nicht, fokussiere sie!" Diesem Leitsatz entsprechend würde er sich jetzt an den entscheidenden Stellen verstärken. Allerdings möchte sich Weitblick keinesfalls bevormunden lassen, dazu hat er selbst bereits viel zu viel erlebt. Auf der anderen Seite möchte er aber auch keine Ja-Sager in seiner Nähe – das wäre weder effektiv noch würde es zu seinem Anspruch passen, sich auch selbst permanent weiterzuentwickeln.

Gesucht sind also fachlich versierte, politisch neutrale sowie objektiv beobachtende Sparringspartner, die sich nicht vereinnahmen lassen und über ausreichend diplomatisches Geschick verfügen, zugleich aber druckvoll genug an die anstehenden Themen herangehen. Sie sollen ihm künftig zur Seite stehen, um die richtigen Entscheidungen zur Führung und Weiterentwicklung des Unternehmens zu treffen.

2.3   Organisation: Wo Sie die Einheit am besten ansiedeln

Willy Weitblick erkennt sofort: Die neuen Kollegen vom Corporate Development müssen ganz oben aufgehängt sein, am besten bei ihm als Vorsitzenden der Geschäftsführung. Der Grund ist simpel: So wenig Verfälschungen wie möglich, hohe Flexibilität bei Neupriorisierungen, Informationen aus erster Hand ... und natürlich auch ein bisschen Kontrolle, schließlich geht es ja um nicht weniger als die Zukunft des Unternehmens. All zu weit vom Zentrum der Macht entfernt wollte Weitblick die „jungen Leute" nicht haben, so viel stand fest.

Schon zeigt sich ein klassischer Trade-off: Wenn Sie als Unternehmenslenker dem Corporate Development zu viel Freiheit bieten, es also an die lange Leine nehmen und mit viel Macht ausstatten, besteht die Gefahr einer Verselbständigung dieser Einheit. Allerdings ist die Wahrnehmung „Die sind doch eh nur der verlängerte Arm vom Chef, alles geliehene Autorität" auch nicht besser: Dann haben Ihre Spezialisten wenig Durchgriff ...

Deshalb Stabsstelle mit Bereichs- oder Abteilungscharakter: Verleihen Sie Statussymbole, die von den anderen einflussreichen Führungskräften gesehen und akzeptiert werden – das gelingt dann, wenn es die selben Symbole sind. Also: Teilnahme an wichtigen regelmäßigen Meetings wie der wöchentlichen Geschäftsführungsrunde, Innovationszirkel, Welttagung etc. Das stärkt nicht nur den eigenständigen Charakter, sondern die „jungen Leute", wie Weitblick sie immer wieder gerne nennt, können (und müssen!) auch zeigen, was in ihnen steckt.

Denn der Erfolg wird sich vor allem dann einstellen, wenn die neue Einheit auch allgemein akzeptiert ist, der Mehrwert also sichtbar ist. Am besten für alle, die es angeht. Meist ist das die zweite Führungsebene. Sie wissen ja: Im Meeting wird geführt – was liegt also näher, als regelmäßig im Beisein des Leiters Corporate Development die aktuellen Aufgaben, jüngsten Erfolge und die künftigen Herausforderungen anzusprechen. Dabei wird es Willy Weitblick vermutlich größtes Vergnügen bereiten, die geschätzten Kollegen aus Entwicklung, Produktmanagement und Verkauf darauf hinzuweisen, dass man sich gerne aktiv beteiligen und in die Arbeitsgruppen einklinken darf ...

Literatur
Alwart, Heiner (Hrsg.): Verantwortung und Steuerung von Unternehmen in der Marktwirtschaft, 1. Auflage. – München: Hampp 1998

Deeg, Jürgen; Küpers, Wendelin; Weibler, Jürgen: Integrale Steuerung von Organisationen, 1. Auflage. – München: Oldenbourg 2010

Dosi, Giovanni (Hrsg.): Understanding industrial and corporate change, 1. Auflage. – Oxford u.a.: Oxford Univ. Press 2004

Ebert, Günter: Praxis der Unternehmenssteuerung, 1. Auflage. – München: Oldenbourg 2011

Haas, Bernhard (Hrsg.): Nachhaltige Unternehmensführung. Excellence durch Verknüpfung wirtschaftlicher, sozialer und gesellschaftlicher Forderungen, 1. Auflage. – München: Hanser 2007

Hagemann, Gisela: Methodenhandbuch Unternehmensentwicklung, 2., überarbeitete Auflage. – Wiesbaden: Gabler 2009

Katzenbach, Jon R.: Pioniere des Wandels. Wie Sie zum Träger der Veränderung in ihrem Unternehmen werden, 1. Auflage. – Wien: Ueberreuter 1996

Körner, Markus: Geschäftsprojekte zum Erfolg führen. Das neue Projektmanagement für Innovation und Veränderung im Unternehmen, 1. Auflage. – Berlin, Heidelberg: Springer 2008

Marek, Daniel: Unternehmensentwicklung verstehen und gestalten. Eine Einführurng, 1. Auflage. – Wiesbaden: Springer 2010

Schiersmann, Christiane; Thiel, Heinz-Ulrich: Organisationsentwicklung. Prinzipien und Strategien von Veränderungsprozessen, 3., durchgesehene Auflage. – Wiesbaden: VS Verlag für Sozialwissenschaften 2011

Siegwart, Hans (Hrsg.): Corporate Development, 1. Auflage. – Stuttgart: Schäffer-Poeschel 1999

Stürzl, Wolfgang: Business Reengineering in der Praxis. Durch umfassende Veränderung im Unternehmen einen Spitzenplatz im Wettbewerb erreichen, 1. Auflage. – Paderborn: Junfermann 1996

Weissenberger-Eibl, Marion A.: Unternehmensentwicklung und Nachhaltigkeit. Innovation, Wertsteigerung, Strategie, 2. Auflage. – Rosenheim: Cactus Group 2004

Wildermann, Horst: Entwicklungsstrategien für Zulieferunternehmen, 1. Auflage. – München: Transfer-Centrum 1996

3 Unternehmen ausrichten: Wo wollen wir künftig stehen?

3.1 Begriffschaos: Licht ins Dunkel

Der von Willy Weitblick engagierte externe Berater Bernd Besserwisser fragte die versammelte Führungsmannschaft der Clever GmbH während des im Vorfeld argwöhnisch beäugten Strategie-Workshops:

„Meine Damen und Herren, wo wollen Sie denn mit Ihrem Unternehmen im Jahr 2020 stehen?"

Betretenes Schweigen. Victor Vielflieger, der frisch gekürte Verkaufsleiter Großkunden, witterte seine Chance und holte aus, wenn auch recht unpräzise: „Ich finde, wir sind bereits heute mit unserer Kundenbasis so aufgestellt, dass wir 2020 immer noch erfolgreich sein und Gewinn machen werden!"

„Unsere Vision ist es doch, im Jahr 2020 mit unseren Kernprodukten weltweit Marktführer zu sein – natürlich zu wettbewerbsfähigen Preisen", raunte es aus der Ecke von Einkaufsleiter Peter Presser. Siegfried Sorglos, stellvertretender Produktionsleiter und Mitglied der örtlichen Arbeitnehmervertretung, entgegnete: „Nein, unsere Vision bis 2020 ist es, unsere heutigen Standorte zu erhalten und Arbeitsplätze zu sichern", woraufhin der von der Börger AG abgeworbene, junge und sehr dynamische Paul Pusher, seit neuestem verantwortlich für die globale Geschäftsfeldentwicklung, nervös mit den Fingern trommelte.

„Das Motto unseres diesjährigen Innovationswettbewerbs: ‚Qualität und Innovation für den Kunden' sagt doch klar aus, was wir 2020 bieten wollen", beschwerte sich Entwicklungsleiter Timo Tüftler mit einem Seitenhieb auf den Fragesteller. Wenn der seine Briefing-Unterlagen ordentlich gelesen hätte ...

Besserwisser ließ nicht locker:

„Nun, bevor wir tiefer in die Diskussion zur Ausrichtung Ihres Unternehmens, der Clever GmbH einsteigen: Können Sie mir in wenigen Worten erklären, was sich hinter den Begriffen Vision, Mission und Strategie verbirgt?"

Vision, Mission, Strategie: Was steckt dahinter?

Die vermeintlich einfache Frage des Beraters ist offensichtlich gar nicht so leicht zu beantworten. Der Grund liegt in der Vielschichtigkeit: „Wo wollen Sie künftig stehen" umfasst verschiedene Aspekte, von denen wir die wichtigsten im Folgenden beschreiben.

Vision = Zielzustand einer Unternehmung in der Zukunft

Vision: Welchen ambitionierten Zustand soll das Unternehmen in der Zukunft einmal erreichen? Visionen sind kurz, prägnant und präzise formuliert und – wichtig! – für das jeweilige Unternehmen grundsätzlich erreichbar. Da das Unternehmen selbst keine Visionen realisieren kann, sondern dies den Mitarbeitern überlassen bleibt, sollte die Formulierung auch ansprechend, motivierend und bildhaft vorstellbar sein. Im Übrigen dienen Visionen dem „Losgehen": Sie spornen an, reißen mit – auch wenn man nicht in jedem Fall auch „ankommen" wird.

Mission = Konkretes Leistungsversprechen für die Kunden

Mission: Was genau leistet das Unternehmen für seine Kunden? Die Mission zeigt auf, was die Kunden erwarten können – in Bezug auf Produkte und Dienstleistungen, logistische Zusatzleistungen, nachhaltiges Wirtschaften, Umweltfreundlichkeit und ähnliches. Im Gegensatz zur Vision, die lediglich einen Zielzustand aufzeigt, fokussiert die Mission auf den Kundennutzen: Was tun wir, um unsere Kunden davon zu überzeugen, die gewünschten Leistungen bei uns zu beziehen – und nicht bei den Wettbewerbern? Die Mission ist ebenso präzise wie die Vision, aber ausführlicher. Sie bietet konkrete Anhaltspunkte für die Kaufentscheidung der Kunden.

Strategie = Maßnahmen zur Absicherung des mittel- und langfristigen Unternehmenserfolgs

Strategie: Welche Maßnahmen sind zu ergreifen, damit das Unternehmen mittel- und langfristig erfolgreich bleibt? Strategie bedeutet, die Weichen zu stellen: Wie richten wir unser Unternehmen aus, damit die Kunden auch morgen noch bei uns kaufen, und nicht bei unseren Wettbewerbern? Etwas vereinfacht, bildet die Summe dieser Antworten die Strategie des Unternehmens. Ausgehend hiervon lassen sich für einzelne Funktionen ebenfalls Strategien ableiten – Produktionsstrategie, Vertriebsstrategie etc. Im Kern fußt die Strategie auf zwei Fragen: Was verlangt der Markt von uns, und wie stellen wir uns dazu intern auf?

Neben diesen drei Begriffen zur Beschreibung der Ausrichtung und der Leistung eines Unternehmens sind an dieser Stelle noch sogenannte Slogans oder Claims zu nennen. Ziel ist die Vermittlung einer bestimmten Botschaft – etwa die Positionierung einer Marke, das Leistungsangebot eines Unternehmens oder der Nutzen eines bestimmten Produkts – zu werblichen Zwecken. Beispiele für bekannte Claims:

- BASF: The Chemical Company
- BMW: Freude am Fahren
- GEA: Engineering for a better world

Bei allen Vorteilen einer klaren Begriffsabgrenzung: Letztlich zählt vor allem eine reduzierte, verständliche und emotional aufgeladene „Story". Die Gründe hierfür sind simpel:

1. Unternehmensübergreifende Ähnlichkeit: Die Aussagen von Unternehmen derselben Branche unterscheiden sich häufig nur in Nuancen. Die Vision, Marktführer bis zum Jahr 2020 zu werden, findet sich ebenso häufig wie die Nennung eines bestimmten Umsatzziels, z.B. 1 Mrd. €. Die Mitarbeiterinnen und Mitarbeiter sollen gemeinsam mit der Unternehmensleitung an einem Strang bei der Verfolgung der Vision oder der Umsetzung der Strategie ziehen – werden aber ganz offensichtlich für eine pragmatische Lösung der täglichen operativen Herausforderungen bezahlt. Die Auseinandersetzung mit den oben diskutierten, zunächst wenig greifbaren Begrifflichkeiten steht deshalb vielfach nicht an erster Stelle.

2. Tendenz zur Abstraktion: Nicht jeder wird auf Anhieb Interesse zeigen, die semantischen Unterschiede zwischen Vision, Mission und Strategie zu entdecken. Nach aller Erfahrung wird das, was mit der Zukunft des Unternehmens zu tun hat, eher als Cluster wahrgenommen. Eine stärkere Differenzierung in der Aussage geht häufig mit einer abnehmenden Resonanz auf der Gegenseite einher.

3. Der Lemminge-Effekt: In hierarchisch geprägten Strukturen sind Mitarbeiterinnen und Mitarbeiter es gewohnt, geführt zu werden. In der Regel wird (fair praktizierte) Führung auch nicht als gänzlich unangenehm empfunden, denn die jeweilige Führungskraft trägt ja schließlich auch die Verantwortung im Fall eines Misserfolgs. Insofern werden von „oben" eingesteuerte Themen eher angenommen als hinterfragt. Wenn die Unternehmensleitung eine Vision aufstellt, werden ihr die Mitarbeiter tendenziell folgen. Für Mission und Strategie gilt dasselbe.

Sie selbst als Führungskraft sollten allerdings zwischen den einzelnen Begriffen und Abstraktionsebenen unterscheiden können. Und zwar nicht nur, um das Unternehmen zielgerichtet und erfolgreich steuern zu können, sondern auch, weil Sie unverhofft danach gefragt werden könnten. Die Erfahrung zeigt, dass Mitarbeiter in der großen Runde eher nicken und schweigen, unter vier Augen aber durchaus Informationen zur Ausrichtung des Unternehmens einfordern. Dann sollten Sie Rede und Antwort stehen können.

Praxistipp: Üben Sie das kurze, prägnante Antworten auf die Frage nach Vision, Mission und Strategie, indem Sie jemandem davon erzählen, der überhaupt nicht im Thema steckt. Sie werden verblüfft sein, wie schwer es Ihnen fällt, die Dinge verständlich auf den Punkt zu bringen.

3.2   Die Richtung bestimmen: Vision

Willy Weitblick ertappte sich dabei, wie er ungeduldig die Fragen Besserwissers insgeheim für sich selbst zu beantworten suchte, statt seine Führungskräfte bei deren aus seiner Sicht recht langwierigem Erkenntnisprozess zu begleiten. Vor allem fragte er sich, wozu denn diese Vision wohl gut sei – und ob es heutzutage wohl nicht mehr reiche, wenn man sich jeden Tag aufs Neue für die Sache einsetze, wie er das sein ganzes Leben lang gemacht habe.

Obwohl, der Satz „Wir wissen zwar nicht, wo wir hinwollen, doch wir laufen unglaublich schnell dorthin", den er letztens in einem Wirtschaftsmagazin aufgeschnappt hatte, ging ihm nicht aus dem Kopf. Nein, das mochte er sich nicht nachsagen lassen – dann doch lieber mit Bernd Besserwisser die Ausrichtung seiner Clever GmbH einmal näher anschauen.

Vision: Was steckt dahinter?

Eine Vision ist kurz und prägnant und an alle Stakeholder des Unternehmens adressiert

Über Visionen existieren die unterschiedlichsten Ansichten. Während die einen sagen, wer Visionen habe, solle besser zum Arzt gehen, gibt es gute Gründe, sich von Zeit zu Zeit Gedanken über die langfristige Zielrichtung des Unternehmens zu machen.

Letztlich ist eine Vision ein anspruchsvolles Bild der Zukunft: Wo wollen wir in sieben, acht oder zehn Jahren stehen? Welche Rolle im Markt möchten wir bis dahin spielen, und welche Produkte und Dienstleistungen bilden den Kern unseres Handelns? Insofern bildet die Vision eine Art Leitgedanken des Unternehmens.

Idealerweise ist die Vision kurz und prägnant formuliert. Sie inspiriert, emotionalisiert, reißt mit – genau das, was im Tagesgeschäft häufig fehlt. Adressaten sind alle Stakeholder des Unternehmens, also alle, die in einer Beziehung zum Unternehmen stehen: Kunden, Aktionäre, Lieferanten, Mitarbeiter – wobei letztere am meisten von einer guten Vision profitieren, da diese Orientierung vermittelt und vielfach auch einen gewissen Stolz auf das eigene Unternehmen entstehen lässt.

Eine gute Vision ist erreichbar – wenngleich sie eher dazu dient, „loszugehen" statt „anzukommen". Ist sie zu anspruchsvoll formuliert und erscheint den Stakeholdern nicht realistisch, wird sie belächelt – und mit ihr diejenigen, die sie ins Leben gerufen haben (also Sie!).

Beispiel 1: Vision der Daimler Financial Services AG, die sowohl interne Kunden in der Daimler AG als auch externe Kunden betreut:

„Wir wollen in enger Zusammenarbeit mit unseren Fahrzeug-Kollegen der beste Finanzdienstleister für unsere Kunden und Händler sein."

Bei der Analyse dieser Vision fällt auf:

Der formulierte Zustand ist als gemeinsames Ziel („Wir") langfristig angelegt und ist positiv formuliert. Eine gewisse Emotionalität lässt sich ebenfalls erkennen. Dagegen stellt sich die Frage, ob dieser visionäre Zustand erreicht werden kann – denn die Formulierung ist zu undeutlich. Welche Kriterien setzt die Daimler Financial Services AG an, um der „beste" Finanzdienstleister zu sein? Hier wünscht man sich eine klare Formulierung der Rahmenbedingungen. Zum Beispiel:

„Wir wollen in enger Zusammenarbeit mit unseren Fahrzeug-Kollegen der Daimler AG der beste Finanzdienstleister in Kundenberatung und Kundenorientierung für unsere Kunden und Händler in Europa sein."

Beispiel 2: An einem Beispiel einer völlig anderen Vision können Sie die genannten Kriterien selbst überprüfen: Martin Luther King Jr. hielt 1963 in Washington die berühmte „I have a dream"-Rede im Rahmen der Bürgerrechtsbewegung:

„Ich habe einen Traum, dass sich eines Tages diese Nation erheben wird und die wahre Bedeutung ihres Glaubensbekenntnisses ausleben wird: ‚Wir halten diese Wahrheit für selbstverständlich: Alle Menschen sind als gleich erschaffen....'"

Vision: Von der Theorie zur Praxis
Eine Vision muss von allen Mitarbeitern getragen werden, meinte nicht nur Bernd Besserwisser. Warum also nicht gemeinsam entwickeln?

Und schon war Besserwisser in die Rolle des Moderators geschlüpft. Er hatte dabei folgende Aufgaben:

- Schaffen einer positive Grundstimmung: Alle arbeiten gemeinsam an der Zukunft Ihres Unternehmens – nicht, weil sie müssen, sondern weil sie es wollen. Darin unterscheiden sich erfolgreiche Unternehmen von weniger erfolgreichen: Sie packen die Herausforderungen frühzeitig und aus eigenem Antrieb an.

- Stimulieren der Phantasie der Teilnehmer: In dieser Situation ist „think big" gefragt, schließlich wollen alle gemeinsam ein anspruchsvolles Zielbild formulieren.

- Arbeiten mit den Workshop-Teilnehmern losgelöst von den aktuellen Rahmenbedingungen: Die Vision ist langfristig angelegt und repräsentiert gerade nicht die aktuellen Rahmenbedingungen einer Unternehmung. Sollte es dem Unternehmen derzeit nicht so blendend gehen, bietet die gemeinsame Beschäftigung mit der langfristigen Ausrichtung eine gute Möglichkeit für einen Neuanfang.

Im Rahmen der Diskussion setzte Besserwisser den Bezugsrahmen zur Erarbeitung der Vision auf 10 Jahre in Richtung Zukunft. Das Brainstorming leitete er mit folgenden fünf Fragen ein:

1. Wie kann die Welt in 10 Jahren aussehen?
2. Welche Rolle können wir dann spielen?
3. Was kann der Auftrag unserer Kunden sein?
4. Mit welchen Herausforderungen sehen wir uns konfrontiert?
5. Wo wollen wir in 10 Jahren angekommen sein?

Willy Weitblick spürte, dass ihn künftig auch seine eigenen Leute aus dem neu aufzubauenden Bereich Corporate Development bei dieser Art von Workshop unterstützen könnten. Doch noch wollte er sich einiges von Bernd Besserwisser abschauen. Der wiederum führte die Diskussion straff und pfiff auch schon mal Willy Weitblick zurück, der – wie so häufig – gerne in ausgiebige Monologe verfiel ...

Letztlich zeichneten Willy Weitblick und seine Führungsmannschaft für die Clever GmbH folgendes Zukunftsbild:

- Weltweit führender Anbieter für Prozesstechnik im Bereich Food
- Höchste Ansprüche an die Qualität von Produkt und Service
- Konsequente Steigerung der Kundenzufriedenheit
- Ausbau des Händlernetzes für ausgewählte Produktgruppen
- Ausweitung des Servicegeschäfts in den Regionen Südamerika und Asien

Wer aber immer noch nicht locker ließ, war Bernd Besserwisser: „Und jetzt noch das Ganze in eine Form gießen, dann sind wir mit diesem Baustein durch. Nur auf den letzten Metern nicht nachlassen, wir machen da jetzt einen Knopf dran! Wer formuliert die Vision aus den erarbeiteten Bausteinen? Freiwillige vor."

Die Teilnehmer spürten, dass es gar nicht so leicht war, die gemeinsam definierte Stoßrichtung in einen einzigen Satz zu fassen. Was ist wichtig – was eher nicht? Was zählt zum Zukunftsbild dazu, was ist eher Handwerkszeug auf dem Weg dorthin?

Weitblick entschärfte die Situation: „Ich denke, als Arbeitsversion sind folgende Aussagen schon recht nützlich:

‚Wir zählen weltweit in Qualität und Technologie zu den führenden Anbietern von Prozesstechnologie für die Nahrungsmittelindustrie. Aufgrund unserer ebenso effizienten wie nachhaltigen Lösungen sind wir für unsere Kunden stets erste Wahl.'

Was haltet Ihr davon? Ist das präzise genug? Emotional und mitreißend?" Die Mannschaft war zufrieden: Damit könne man sich durchaus anfreunden, hieß es einstimmig. Besserwisser legte zufrieden den Boardmarker auf die Ablage. Ehrlich gesagt hatte er mit einem deutlich längeren Prozess gerechnet ...

Bevor Weitblick in die Pause entschwand, nahm er ihn noch einmal kurz beiseite: „Sie wissen ja, dass nach der Formulierung der Vision die eigentliche Arbeit erst beginnt. Das Management, Sie allen voran, lebt die Vision vor, jeden Tag. Dazu muss sie herunter gebrochen werden: Jeder soll verstehen, wie durch das eigene tägliche Tun das Ziel wieder ein Stück näher rückt." Weitblick entgegnete: „Sicher, aber höre ich da nicht ein bisschen Akquise-Arbeit für die nächsten Workshops heraus? Eigentlich wollten wir Mission und Strategie selbst erarbeiten ..."

Besserwisser entgegnete: „Selbstverständlich sind Sie mit Ihren Leuten auch allein in der Lage zu beschreiben, warum die Kunden auch morgen noch bei Ihnen kaufen sollen – und wie der Weg zum Ziel letztlich aussieht. Aber Sie wissen doch: Der Blick von außen, neutral und objektiv, ist dabei unerlässlich – sonst bleiben Sie und Ihre Kollegen Gefangene Ihres eigenen Geistes ..." Weitblick nickte, innerlich freute er sich aber schon auf seine neue Truppe. Später würde er sich dann den teuren Berater sparen, auch wenn der seine Sache gar nicht so schlecht machte, wie er sich selbst eingestehen musste.

Besserwisser ließ nicht locker und folgte ihm ins Foyer. „Nicht zu vergessen: Die Vision will kommuniziert werden – und zwar an alle, die von der künftigen Stoßrichtung der Clever GmbH Notiz nehmen sollten. Am besten spreche ich mal mit Melissa Message, Ihrer Cheffin von Corporate Communications." Er hat Recht, dachte Willy Weitblick, als der Kaffee schon in seinen Becher floss. „Tue Gutes und rede darüber", mit diesem Motto hatte er schon manche Schlacht gewonnen. Und schon klingelte bei seinen Kommunikationsprofis um Melissa Message das Telefon ...

Die Kommunikation der Vision ist entscheidend!

3.3   Dem Kunden dienen: Business Mission

„Tja, da haben wir wohl ein größeres gemeinsames Projekt vor uns", freute sich Besserwisser am Tag nach dem Strategie Kick-off Meeting. Er konnte gerade noch dem Impuls widerstehen, sich die Hände zu reiben angesichts des sich abzeichnenden immensen Auftragsvolumens, da holte ihn Willy Weitblick auch schon wieder auf den Boden der Tatsachen zurück: „Jetzt habe ich ja eine Nacht darüber schlafen können. Mal im Ernst: Sie glauben doch nicht, dass ich mir das alles antue? Wie konnte ich nur die letzten Jahre überleben – und das im Großen und Ganzen recht erfolgreich, auch ohne diesen ganzen Schnicks!" Den Begriff ‚Schnicks' hatte Weitblick mal bei einem Unternehmertreffen in Ostwestfalen aufgeschnappt und fand ihn damals schon ebenso passend wie amüsant.

„Mein lieber Besserwisser", fuhr er fort und setzte diesen überlegenen Ge-
sichtsausdruck auf, den er früher so oft vor dem Spiegel geübt hatte. „Sie kennen mich nun auch schon eine Weile und sollten wissen, dass ich für Luft-
schlösser nichts übrig habe. Ich persönlich halte Strategie für wichtig – aber
wissen Sie, meine Leute müssen das auch begreifen, sollten ebenso wie ich
dahinter stehen und mit Leib und Seele für die Sache brennen. Mit so einer
Visionsgeschichte holen wir die nicht hinter dem Ofen vor. Das ist zu abgeho-
ben. Ich kann nur hoffen, dass Sie da noch mehr im Köcher haben, sonst
wird's eng mit dem Auftrag!" Der hatte gesessen. Doch Besserwisser war
Profi und konterte in der nächsten Sekunde: „Die Vision ist in der Tat nur der
Einstieg. Entscheidend für den Erfolg ist vielmehr, dem Kunden mit einfachen
Worten zu verdeutlichen, was genau wir für ihn tun wollen und warum ausge-
rechnet wir die Richtigen sind." Pause. Der hatte nun auch gesessen.

Willy Weitblick kratzte sich hinter dem Ohr und war doch tatsächlich wieder
neugierig geworden: „Und? Was tun wir genau für unsere Kunden?" „Nun, das
werden wir gemeinsam erarbeiten und als sogenannte Business Mission auf-
schreiben", erklärte Besserwisser, nach dem kurzen Schock wieder sichtlich
besserer Laune.

Business Mission: Was steckt dahinter?

Business Mission: Was tun wir für unsere Kunden?

Vor allem in Märkten mit hoher Wettbewerbsintensität sind Unternehmen
gefordert, das eigene Leistungsspektrum klar und präzise gegenüber den Kunden zu kommunizieren. Dabei gilt: Je einfacher und verständlicher die Argumentation, desto besser.

Die Kernfrage der Business Mission lautet: Was tun wir für unsere Kunden?
Es geht also nicht um einen Zielzustand, sondern um die tatsächliche, gegenwärtige Situation: Was haben wir unseren Kunden zu bieten? Was wollen wir
für unsere Kunden tun? Was können wir besonders gut?

Die Mission beschreibt also die Aufgabe, die wir uns selbst gegeben haben,
um im Wettbewerb um die Kunden zu punkten. So können wir es uns zur
Aufgabe gemacht haben, ein möglichst vollständiges Portfolio an Produkten
anzubieten, so dass die Kunden beispielsweise im Bereich Büroartikel oder
auch beim Einkauf von Lebensmitteln und Waren des täglichen Bedarfs eine
besonders große Vielfalt vorfinden. Eine weitere Möglichkeit wäre der Fokus
auf besonders umweltfreundlich hergestellte und fair gehandelte Produkte.

Je nach Mission, also je nach Aufgabe, der sich ein Unternehmen verpflichtet
sieht, fällt der Nutzen für die Kunden im Einzelfall unterschiedlich aus. Genau
das ist auch das Entscheidende: Die Business Mission zeigt – entweder ganz
konkret verbal oder aber implizit über eine besondere Bildersprache, Eindrük-
ke oder Emotionen – auf welche Kunden man als Unternehmen abzielt, weil
man davon überzeugt ist, deren Bedürfnisse mit dem eigenen Leistungsspektrum abdecken zu können. Insofern kommt der Business Mission eines Unter-

nehmens eine Art Lenkungsfunktion im Markt zu: Man demonstriert, welche Zielgruppen sich angesprochen fühlen sollen. Zugleich bildet die Mission die Voraussetzung für die strategische Diskussion, indem grundlegende Entscheidungen zum Agieren im Markt getroffen werden.

Mission: Von der Theorie zur Praxis

Fragen Sie sich ganz konkret: Wofür stehen wir beim Kunden? Damit verbunden sind die folgenden drei Aspekte:

Die Mission umfasst Zielgruppen, Leistungen und Kernkompetenzen

1. Zielgruppe: Für wen tun wir etwas?

   Zwingen Sie sich bei der Beantwortung so konkret wie möglich zu werden. Wer seine Zielgruppe kennt, kann sie auch präzise adressieren und reduziert den Einfluss des Zufalls beim Entstehen von Geschäftsbeziehungen. Im Umkehrschluss bedeutet dies auch, sich gegen bestimmte potentielle Kundensegmente zu entscheiden. Dies mutet auf den ersten Blick unsinnig an, da man ggf. Umsatz verschenkt. Eine klare Ausrichtung im Markt ist jedoch ein wesentlicher Erfolgsfaktor, um ein scharfes Profil zu entwickeln und sich als gesuchter Partner für bestimmte Leistungen zu etablieren.

2. Leistungen: Was genau tun wir für unsere Kunden?

   Eine Mission zu formulieren bedeutet, sich bewusst zu machen, was den Kunden veranlassen könnte, bei uns zu kaufen. In erster Linie wird das unser Leistungsspektrum sein: Einzelne Produkte, ganzheitliche Lösungen, Dienstleistungen etc. Die Frage ist nun, was genau wir dem Kunden bieten: Wofür stehen wir? Womit wollen wir unbedingt in Zusammenhang gebracht werden? Bei welchen Leistungen sollen potentielle Kunden sofort an uns denken? Im Übrigen kann an dieser Stelle auch eine Konzentration auf die wesentlichen Produkte in einer bestimmten Kategorie eine Leistung sein, beispielsweise dann, wenn wir uns auf besonders hochwertige Komponenten fokussieren oder dem Kunden außergewöhnlich schnellen (und damit zugleich teuren) Service bieten. Wichtig ist, dass die Kunden auf einen Blick erkennen können, was wir für sie tun – und dann entscheiden, ob wir der richtige Partner für sie sind.

3. Kernkompetenz: Worin bestehen unsere besonderen Stärken?

   Bezogen auf die angebotenen Leistungen: Was können wir in diesem Zusammenhang besonders gut – und zwar möglichst besser als andere? Das kann die Beherrschung außergewöhnlicher Fertigungstechnologien sein, die besonders hohe Qualitätsanmutung, der bestechende Service, die kurzen Lieferzeiten etc. Wenngleich das Thema Differenzierung hier noch nicht ausführlich zu behandeln ist, können wir in der Mission bereits den Grundstein dafür legen, im Markt unverwechselbar zu sein, für etwas Besonderes zu stehen – und uns damit positiv vom Wettbewerb abzuheben.

In unserem Fall könnte die Mission der Clever GmbH lauten:

„Für unsere multinationalen Kunden in der Lebensmittelindustrie liefern wir hochwertigste Prozesskomponenten zur Verarbeitung von Flüssigkeiten. Unsere Produkte genügen dabei höchsten Qualitätsansprüchen und erfüllen sämtliche lokalen Vorschriften in Bezug auf Hygiene und Aseptik. Mit unserem weit verzweigten Servicenetzwerk garantieren wir weltweit eine Reaktionszeit von weniger als acht Stunden und stellen somit einen unterbrechungsfreien Produktionsprozess unserer Kunden sicher."

3.4   Den Weg vorzeichnen: Strategie

Strategie = Weg zu den langfristigen Unternehmenszielen

Willy Weitblick kam dieses Mal besonders gut vorbereitet ins Meeting und übernahm glatt die Rolle Bernd Besserwissers: „Auf den Punkt gebracht, bedeutet Strategie das gelungene Zusammenspiel aus Logik und Mut." Die Kollegen schauen sich fragend an. Logik und Mut? Wo hat er das denn wieder her? In jedem Lehrbuch steht doch, dass die Strategie den Weg zum Ziel beschreibt. Aber wer wird schon dem Chef widersprechen ... Besserwisser, erfreut über den Vorstoß Weitblicks, bestätigt: „In der Tat: Logik, weil man das Geschehen nicht dem Zufall überlässt, sondern planvoll vorgeht. Und Mut, weil sich nicht alle Einflussgrößen und Reaktionen der Gegenspieler voraussehen lassen. Da gibt es schon mal Überraschungen – und natürlich auch Risiken, auf die man vorbereitet sein sollte."

Logik, das klingt ein bisschen nach Schach, dachte sich Timo Tüftler. Der Leiter der Entwicklungsabteilung fühlte sich an seine Jugendzeit erinnert: „Stimmt, erfolgreiche Strategen handeln nach Mustern, die besonders erfolgversprechend sind. Das gilt im Übrigen auch für Schachgroßmeister. Erkennt man heute noch daran, dass häufig von den ‚richtigen Schachzügen' gesprochen wird."

Victor Vielflieger, gerade von einer sagenhaft wichtigen Geschäftsreise aus China zurückgekehrt, glänzte mit weiteren Details: „Die Chinesen haben die Strategie erfunden – oder vielleicht doch nur gut kopiert? Na, jedenfalls verewigte General Sunzi schon vor 2500 Jahren mit dem Buch „Kunst des Krieges" erste strategische Konzepte. Später, in der Ming Dynastie, entstand mit dem Buch der 36 Strategeme eine grundlegende Anleitung zum Meistern komplexer Situationen. Und Wettbewerb spielt immer eine wichtige Rolle, wenn es um Strategie geht." Er grinste über beide Ohren, denn die Kollegen waren mehr als überrascht. Kannte man Vielflieger sonst doch eher als Dampfplauderer, der Eskimos einen Kühlschrank aufschwatzen kann.

Etwas strukturierter ergänzte Bernd Besserwisser: „Der Stratege ist gefordert, verschiedene Handlungsoptionen gegeneinander in Form von Szenarien abzuwägen, Eintritts- und Erfolgswahrscheinlichkeiten zu bewerten und letztlich auch bestimmte Wagnisse einzugehen. Wie Nils Bohr einmal bemerkte, sind Voraussagen schwierig, besonders dann, wenn sie die Zukunft betreffen." Allgemeines Gekicher. „Insofern verlangt strategisches Handeln trotz aller Planung auch Mut zur ‚Informationslücke'. Wer die Risiken im Vorfeld erkennt, Gegenmaßnahmen erarbeitet und trotz Unsicherheit seinen Plan konsequent verfolgt, ist in der Regel erfolgreicher als andere." Weitblick schaute zufrieden in die Runde: Schließlich hatte er diesen Besserwisser engagiert. Da hatte ihm Hubert Hundertmark, der Beiratsvorsitzende, wirklich einen guten Mann vermittelt.

Und warum Mut? Ria Rehbein rutschte unruhig auf ihrem Stuhl hin und her. In der letzte Ausgabe von „Office aktuell" war von der richtigen Strategie im Umgang mit dem Chef die Rede – aber Mut kam dort nicht vor, eher Begriffe wie Diplomatie, Verständnis und Gelassenheit. „Mut brauchen wir, weil wir zwar unsere Vorgehensweise präzise und detailliert planen können, die Planung unserer Mit- oder häufig auch Gegenspieler aber nicht kennen. Wir werden also reagieren müssen, vielleicht auch auf Situationen, die nicht angenehm sind oder die wir eigentlich gerne ausgeschlossen hätten. Dafür brauchen wir Mut und Entschlossenheit."

Stille. Ja, das sagt sich so leicht, aber wer erinnert sich nicht an die Millionenverluste aus dem glücklosen Engagement in Nordamerika, das die Clever GmbH vor drei Jahren beinahe in den Ruin getrieben hätte. Ja, in diesem Fall kam nach dem Mut die Parole „Durchhalten Leute!", und mit halben Gehältern über Monate hinweg war das eine echte Zerreißprobe für die ganze Firma. „Gut, dass das vorbei ist", dachte wahrscheinlich nicht nur Ria Rehbein.

Strategie: Was steckt dahinter?

a) Hintergrund
Wie wir bereits aus Abschnitt 3.1 wissen, beschreibt eine Strategie den Weg zu den definierten langfristigen Unternehmenszielen. Sie

- bietet Orientierung und einen zentralen Handlungskorridor,
- stellt eine fundierte Absicht dar, unterlegt mit gemeinsamen Commitments,
- ist nicht starr – aber Basis für rasche und dennoch überlegte Reaktionen,
- ist gültig bis zum Vorliegen neuer Erkenntnisse – und deshalb regelmäßig zu adjustieren.

Unternehmensstrategien dienen dazu, eine Basis zu schaffen für die Zusammenarbeit der Unternehmensführung. Diese Basis ist wiederum die Grundlage dafür, sich dauerhaft im Markt zu behaupten. Natürlich ist eine Strategie keine Garantie für unternehmerischen Erfolg. *Keine* oder eine unklare Strategie kann sehr wahrscheinlich Konflikte zur Folge haben und den künftigen Erfolg fraglich erscheinen lassen. Das Erarbeiten einer Strategie ist Aufgabe der Führungsmannschaft. Oberstes Ziel sollte sein: Klarheit und Konsistenz. Diese

Eine gute Strategie ist klar und konsistent

Eigenschaften sind wichtig, damit die Strategie top down ausgerollt werden kann. Erfüllt die Strategie diese Kriterien nicht, wird es dem Management kaum gelingen, die Mitarbeiter für die Weiterentwicklung von Professionalität und Effizienz zu gewinnen und für neue Aufgaben zu begeistern.

Mit den beiden Eigenschaften Klarheit und Konsistenz im Gepäck beantwortet eine Strategie eine auf den ersten Blick einfache Frage: Warum sollen Kunden auch in Zukunft bei uns kaufen – trotz ebenfalls aktiver Konkurrenten, trotz vieler (konträrer) Entwicklungen und vielleicht auch trotz jeder Menge Nachteile gegenüber größeren Anbietern?

Wesentliche Elemente des Prozesses zur Erarbeitung einer Strategie zeigt die folgende Abbildung:

Abb. 1: Aspekte bei der Erarbeitung von Strategien

b) Hindernisse bei der Erarbeitung von Strategien
Die Erarbeitung von Strategien ist ebenso notwendig wie pragmatisch im Prozess. Dennoch wird diesem Thema in der Praxis noch immer mit Respekt und teils auch mit Vorsicht begegnet. Die Gründe sind vielschichtig:

- Die Folgekosten einer fehlenden oder unscharfen Strategie sind nicht unmittelbar ersichtlich
- Strategie als abstraktes Thema verlangt Vorstellungskraft und Fantasie – nicht immer die Stärken des Managements
- Fehlende Geduld zur Behandlung der Themen von Übermorgen: Strategie ist wichtig, aber nicht dringend

Der bedeutsamste Grund aber dürfte sein, dass die Erarbeitung einer Strategie Entscheidungen erzwingt: In welchen Feldern wollen wir künftig aktiv sein – und in welchen ganz bewusst nicht?

Von vornherein Optionen auszuschließen – darauf sind die wenigsten Manager vorbereitet, zählen doch ganz offensichtlich Flexibilität und rasche Adaption an die geänderten Bedürfnisse des Marktes zu den Kernkompetenzen erfolgreicher Unternehmen. Soweit zumindest die Theorie.

c) Schritte zur Erarbeitung einer Strategie
Die typischen Schritte zur Erarbeitung einer Strategie sind im Folgenden in Form von Leitfragen dargestellt:

1. Trends: Was tut sich im Markt? Was wird, was kann kommen?   **Auf dem Weg zur Strategie: Trends**

„Nichts ist so stetig wie der Wandel" oder „Wer nicht mit der Zeit geht, geht mit der Zeit" – Sie kennen diese Redewendungen. Auch wenn sie sehr zugespitzt sind, haben diese Aussagen doch einen wahren Kern. Veränderungen und Neuerungen zeichnen sich meist lange vorher ab. Sie fallen nicht aus heiterem Himmel, sie sollten also keine Überraschung sein.

Manchmal ist dies aber doch der Fall. Man entzieht sich dem „Blick über den Tellerrand" aus den unterschiedlichsten Gründen: Die Entwicklungen kommen ungelegen oder würden zu unangenehmen Entscheidungen führen. So bedeutet z.B. das Betreten von neuem, unsicherem Terrain, dass bisherige Stärken entwertet und neue Kompetenzen aufgebaut werden müssten. Davor scheuen sich viele Unternehmen – verständlicherweise, doch wirklich konstruktiv ist nur die zeitnahe, unvoreingenommene Beschäftigung mit den sich abzeichnenden Entwicklungen. Chancen und eventuelle Bedrohungen lassen sich so erkennen und wirksam adressieren.

Ein Blick auf den Markt für Smartphones spricht eine klare Sprache: Nokia, einst die unangefochtene Nummer eins bei Mobiltelefonen, muss nun dabei zusehen, wie sich Apple und Samsung den äußerst lukrativen Markt teilen. Ein Mangel an technischer Kompetenz auf Seiten von Nokia ist hierfür sicher nicht verantwortlich – wohl eher mangelnde Bereitschaft, sich gegenüber neuen Entwicklungen zeitnah und konsequent genug zu öffnen, diese ernst zu nehmen und die erforderlichen unternehmensinternen Veränderungen anzustoßen.

Neben der Beobachtung der relevanten Trends steht deren Bewertung im Zentrum der strategischen Analyse: Wo sind Chancen, wo ggf. Risiken verborgen? Welche Auswirkungen haben die Entwicklungen für unsere eigene Position im Markt, und wie können wir Potentiale heben und Bedrohungen aus dem Weg gehen? Die Auswertung könnte z.B. in Form der nachstehenden Gegenüberstellung erfolgen, hier am Beispiel eines Automobilzulieferers. Die Position der grünen und roten Kreise steht für die Einordnung als Chance bzw. Risiko, die Größe der Kreise ist proportional zur Intensität des jeweiligen Einflusses auf das betrachtete Unternehmen.

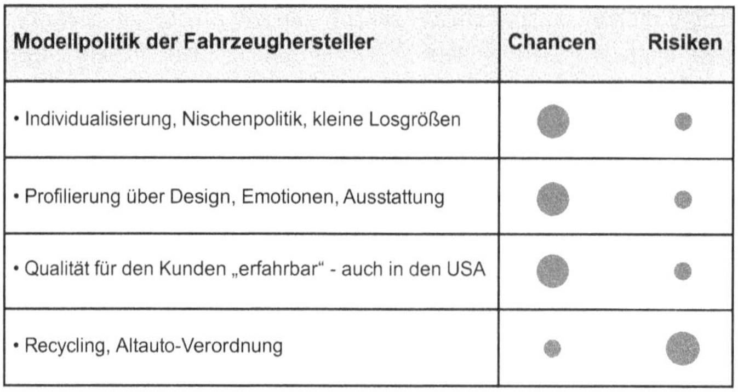

Modellpolitik der Fahrzeughersteller	Chancen	Risiken
• Individualisierung, Nischenpolitik, kleine Losgrößen	●	●
• Profilierung über Design, Emotionen, Ausstattung	●	●
• Qualität für den Kunden „erfahrbar" - auch in den USA	●	●
• Recycling, Altauto-Verordnung	●	●

Abb. 2: Bewertung von Trends

Auf dem Weg zur Strategie: Erfolgsfaktoren

2. Erfolgsfaktoren: Worauf kommt es an?

Abhandlungen zu Erfolgsfaktoren füllen ganze Bücher. Dabei lässt sich das Wesentliche mit wenigen Worten auf den Punkt bringen: Erfolgsfaktoren beschreiben die Anforderungen des Marktes. Wer auf einem bestimmten Markt erfolgreich sein möchte, muss dessen Spielregeln kennen und bestmöglich adressieren. Mit wenigen Ausnahmen (z.B. Monopol) definieren die Kunden die Spielregeln, also die Anforderungen, die seitens der Anbieter zu erfüllen sind. Genau genommen sind „Stärken" oder „Kernkompetenzen" der Anbieter nur relevant, wenn sie dem Anforderungsprofil der Kunden entsprechen. Zählt beispielsweise eine besonders kurze Lieferzeit zu den Anforderungen des Marktes, wird ein Anbieter, der dieses Kriterium nicht erfüllt, nicht zum Zuge kommen – auch wenn er in Sachen Qualität oder Service eine hohe Kompetenz aufweist.

Erfolgsfaktoren sind stets auch Kriterien für die Beurteilung der Wettbewerbsfähigkeit eines Unternehmens gegenüber den wichtigsten Konkurrenten. Dabei lassen sich grundsätzlich zwei Arten von Erfolgsfaktoren unterscheiden – wenngleich die Abgrenzung teils fließend ist: K.o.-Faktoren und Profilierungsfaktoren.

K.o.-Faktoren sind die Eintrittskarte für den Markt, in dem das Unternehmen agieren will. Diese Faktoren müssen alle Wettbewerber erfüllen, sie haben sich aus einstigen Profilierungsfaktoren zum Standard entwickelt und werden vom Kunden als selbstverständlich vorausgesetzt. Ein einfaches Beispiel: Im Online-Einzelhandel bieten heute die meisten Anbieter an, dass die bestellte Ware bei Nichtgefallen kostenlos zurückgesendet werden kann. Der Kunde ist in der Zwischenzeit wohl eher überrascht, wenn das mal nicht geht. Vor wenigen Jahren war das noch ein Profilierungsfaktor, den einige wenige angeboten haben – um sich eben mit diesem Erfolgsfaktor vom Wettbewerb abzuheben.

Profilierungsfaktoren bauen auf K.o.-Faktoren auf, sie greifen erst, wenn die „Eintrittskarte" gelöst ist. Dann aber bieten diese Faktoren die Chance zur Differenzierung gegenüber den Wettbewerbern. Wenn sich ein Unternehmen also regelmäßig die Frage stellt „Worauf kommt es an?" bzw. „Welches Plus können wir dem Kunden bieten?", können so Wettbewerbsvorsprünge entstehen. Profilierungsfaktoren sind dabei immer nur so lange gültig, bis die Konkurrenz nachzieht. Denn dann wird aus dem Profilierungsfaktor ein K.o.-Faktor, und die Frage nach der Differenzierung muss neu beatwortet werden.

3. Wettbewerberanalyse: Wie gut sind unsere Gegenspieler?

Auf dem Weg zur Strategie: Wettbewerbsanalyse

Wie schon im obigen Abschnitt erwähnt, leiten sich aus den Erfolgsfaktoren die Kriterien für die Beurteilung der Wettbewerbsposition gegenüber den wichtigsten Konkurrenten ab. Ziel ist es, in der Summe – also nicht unbedingt bei jedem einzelnen Faktor – besser zu sein als die Konkurrenz. Hierbei empfiehlt es sich, einen Vergleich vorzunehmen zwischen dem eigenen Unternehmen und den wichtigsten Wettbewerbern – und zwar hinsichtlich der Erfolgsfaktoren aus Kundensicht.

In einem ersten Schritt werden diese Faktoren gesammelt, aufgelistet und hinsichtlich K.o.- oder Profilierungsfaktoren charakterisiert. Wie wichtig diese Faktoren für den Erfolg sind, wird in einem zweiten Schritt zum Beispiel auf einer Skala von 1 bis 3 bewertet. Es ist ratsam, die Erfolgsfaktoren auf eine überschaubare Anzahl, etwa zehn Kriterien, zu konsolidieren. Jetzt kann der wichtigste Teil der Wettbewerbsanalyse beginnen: Die größten Konkurrenten und das eigene Unternehmen werden nun im Hinblick auf jeden einzelnen Erfolgsfaktor positioniert, beispielsweise auf einer Skala von 1 = Branchenletzter bis 5 = Branchenerster. Wichtig ist, dass diese Einschätzung nicht allein auf „Bauchgefühl" beruht, sondern so gut wie möglich durch Fakten belegt wird. Nur dann können eine valide Wettbewerbsposition des eigenen Unternehmens abgeleitet und die richtigen strategischen Schlüsse gezogen werden.

4. Strategische Schlüsselfragen

Auf dem Weg zur Strategie: Schlüsselfragen

Mit der Positionierung des Unternehmens und seiner Wettbewerber hinsichtlich der Erfolgsfaktoren ist ein erster wichtiger Teil der Strategie-Roadmap abgesteckt. Nun geht es darum, dieser Karte weitere Aspekte hinzuzufügen und ihr ein Profil zu geben. Typische Fragen hierfür sind:

• Was ist unsere künftige Rolle im Markt?
• Welches Leistungsspektrum wollen wir abdecken?
• Welches Produktportfolio möchten wir unseren Kunden bieten?
• Wer sind unsere Zielkunden?
• Welche Ressourcen benötigen wir?

Die Beantwortung dieser strategischen Schlüsselfragen erfordert einerseits Fleiß, vor allem in der Recherche, andererseits aber auch das Denken in Szenarien. Konkret bedeutet dies, dass häufig die Frage zu beantworten ist „Was wäre, wenn ...". Letztlich geht es darum, ein Bild der Zukunft zu erarbeiten: Welche Rolle wollen wir künftig im Markt spielen, und was müssen wir hierfür tun? An dieser Stelle findet die eigentliche Strategiearbeit statt: In nicht immer strukturierter Form gilt es auszuloten, welche erfolgversprechenden Szenarien sich ergeben, wenn man die Zukunft in der einen oder anderen Weise gestalten würde.

Die Nähe zur Spieltheorie ist dabei offensichtlich: Es geht darum, eigene Schritte und potentielle Reaktionen der anderen Marktteilnehmer einander gegenüberzustellen. Die Zukunft lässt sich zwar nicht wirklich voraussehen, aber durch Berücksichtigung der Trends im Markt in Kombination mit persönlichen Einschätzungen zu möglichen Reaktionen der Marktteilnehmer lassen sich Szenarien ableiten, die Basis für eine ernsthafte interne Diskussion bilden. Genau darin liegt der Kern der Strategiearbeit: Ausloten der Optionen mit anschließender Bewertung und Zielformulierung.

Wichtig ist, zunächst die Möglichkeiten auszuloten, die der Markt bietet – und erst im Anschluss zu beleuchten, welche Konsequenzen mit deren Wahrnehmung verbunden wären. Ansonsten setzen sich erfahrungsgemäß die Bedenkenträger durch: „Das wird nicht funktionieren, uns fehlen die Ressourcen, das Wissen, der Marktzugang ...". Von diesen Aussagen sollten Sie sich eher inspirieren lassen, eine Lösung zu finden, als sich von den ambitionierten Vorstellungen über die künftige Ausrichtung Ihres Unternehmens abbringen zu lassen. Strategische Schlüsselfragen helfen Ihnen, hierfür einen strukturierten Zugang zu finden.

Auf dem Weg zur Strategie: Risikostreuung?

5. Risikostreuung: Alles auf eine Karte? Welche Alternativen gibt es?

Aufbauend auf den bisherigen Erkenntnissen stellt sich nun die Frage, wie sich das Unternehmen aufstellen soll. Eine Risikostreuung kann dabei durchaus sinnvoll sein, wenn beispielsweise ermittelt wurde, dass das Produktportfolio erweitert werden kann, um neue Märkte zu erschließen oder neue Kunden zu gewinnen. Der Vorteil liegt auf der Hand: Man ist nicht von einem Geschäftszweig oder – als Zulieferer – von einer Branche und deren Schwankungen abhängig. Das Unternehmen kann so drohende Verluste mit anderen Geschäftszweigen auffangen. Diversifizierung birgt grundsätzlich aber auch Gefahren – vor allem dann, wenn man seine Kräfte mit dem Aufbau neuer, vermeintlich zur Risikostreuung geeigneter Geschäftsfelder zersplittert.

Bei einer angestrebten Risikostreuung durch den Aufbau neuer Geschäftsfelder sind nachstehende Aspekte zu beachten:

- Ausreichendes Volumen, um Einbrüche im Kerngeschäft zu kompensieren
- Eignung zur Kompensation: Wenig konjunkturanfällig – oder konjunkturell gegenläufig
- Strategische Perspektiven: Kein *me too* Business

- Synergien mit dem heutigen Geschäft – also z.B. Gleiche Fertigungsverfahren, gleiche Anlagen, gleiches Know-how zu Entwicklung etc.
- Keine Behinderungen in Form von zusätzlichen Risiken oder Abzug von Ressourcen aus dem Kerngeschäft

Zudem zeichnet sich häufig folgendes Dilemma ab:

- Je ähnlicher die neuen Geschäftsfelder dem heutigen Geschäft sind, desto geringer die Streuung des Risikos.
- Je größer die Andersartigkeit der neuen Geschäftsfelder ausfällt, desto
    - größer die neuen Risiken,
    - geringer die Erfahrungen,
    - höher die Anlaufinvestitionen,
    - geringer die Synergien – ohne Synergien ist aber die Legitimation in den neuen Geschäftsfeldern aus Sicht der Kunden fraglich,
    - höher die Bindung von Management-Kapazität.

Dies spricht letztlich für die Orientierung an den eigenen Kernkompetenzen und den Versuch, die Risiken mit anderen Mitteln als dem Aufbau eines „zweiten Standbeins" zu adressieren.

Eine weitere Alternative zur Risikostreuung bei gleichzeitiger Ausweitung der unternehmerischen Tätigkeit (Produktportfolio, Märkte, Regionen etc.) ist die Einführung einer Zweitmarke (siehe hierzu auch Abschnitt 4.3). Dieser Schritt empfiehlt sich dann, wenn die geplante Portfolioerweiterung nicht zum bisherigen Markenkern passt, die neuen Produkte also über- oder unter der bisherigen Positionierung im Markt angesiedelt sein werden. Letztlich entscheiden die faktischen Möglichkeiten der sogenannten Markendehnung über den Einsatz einer Zweitmarke. Während z.B. Dacia in Europa als separate Marke vertrieben wird, gestattet die regionale Markenwahrnehmung in Brasilien eine Vermarktung der Fahrzeuge als Renault, also unter Verwendung der höherwertigen Marke der Konzernmutter. Die Risiken einer eventuellen Beschädigung der Hauptmarke gilt es jeweils individuell abzuwägen.

6. Formulierung einer Grundstrategie: Leitbild, Positionierung, Anspruch, Zielsetzungen, Wachstumspfad, Allianzen, Zukäufe

Auf dem Weg zur Strategie: Grundstrategie

Die Ausarbeitung der Schritte eins bis fünf liefert die Informationen, um die Basis einer Strategie zu formulieren. Sie wissen inzwischen, wo Ihr Unternehmen steht, zudem konnten Sie aus den Analysen die Stellschrauben ausfindig machen, an denen Sie künftig drehen wollen, um erfolgreicher zu werden.

Strategiearbeit ist über einen langen Zeitraum hinweg unstrukturiert: Brainstorming zu künftigen Betätigungsfeldern, technologischen Herausforderungen, Kundenanforderungen, Diskussion möglicher Szenarien unter Berücksichtigung unzähliger Einflussfaktoren, Einbindung von Experten und der Versuch einer Einordnung deren Meinungen und vieles mehr.

Die Struktur kommt erst vergleichsweise spät im Prozess zum Tragen, und zwar im Rahmen der Ableitung möglicher Stoßrichtungen. Erst dann fügen sich die einzelnen, teils sehr verschiedenartigen Puzzleteile wieder zusammen. In diesem strukturierten Zusammenfügen liegt die eigentliche Schwierigkeit: Hier sind Unternehmensleitung, Corporate Development und alle beteiligten Fachbereiche gefordert, neutral und objektiv künftige Szenarien für die Entwicklung des betrachteten Unternehmens abzuleiten. Folgende Fragen können dabei helfen:

- Wie wollen wir uns künftig im Markt positionieren: Preisführer, Kostenführer, Qualitätsführer, Early Follower etc.?
- Wie wollen wir vom Kunden wahrgenommen werden?
- Welche mittelfristigen Ziele verfolgen wir und wie können wir diese erreichen?
- Wie können wir das geplante Wachstum realisieren? In welchen Geschäftsfeldern, Märkten oder Regionen können wir organisch, d.h. aus eigener Kraft wachsen? Für welche Bereiche sollten wir die Möglichkeit zur Bildung von Allianzen prüfen oder eine Akquisition im Markt etablierter Anbieter in Betracht ziehen?

Auf dem Weg zur Strategie: Operationalisieren

7. Operationalisieren der Strategie: Detaillierte Positionierung, Quantifizierung der Ziele, Ableitung der Folgestrategien, Schlüsselprojekte

Mit der Grundstrategie haben Sie bereits einen wichtigen Teil Ihrer Aufgabe zur Ausrichtung Ihres Unternehmens gelöst: Sie wissen nun, wohin die Reise des Unternehmens in den kommenden fünf bis zehn Jahren gehen soll. In einem nächsten Schritt geht es darum, diese Aussagen mit weiteren Inhalten zu füllen, sie also zu operationalisieren. Was bisher auf oberster Unternehmensebene bestimmt wurde, muss auf alle Stufen der Organisation ausgeweitet werden.

Nehmen Sie sich zunächst die bereits erarbeitete Positionierung des Unternehmens vor. Wie können alle Teile des Unternehmens – von einzelnen Geschäftsbereichen über die Funktionseinheiten bis zum einzelnen Mitarbeiter – zu dieser Positionierung beitragen? Hierbei sind wiederum Unternehmensleitung plus wichtigste Führungskräfte gefragt: Die Möglichkeiten, die man gemeinsam sieht, sollten an dieser Stelle noch einmal ausführlich bewertet und vor allem mit einer Zeitplanung versehen werden. Dann ist zu entscheiden, welche Optionen innerhalb welchen Zeitraumes unter Rückgriff auf ein definiertes und gemeinsam verabschiedetes Investitionsbudget realisiert werden.

Sobald die grundlegende Ausrichtung für das Unternehmen definiert ist, gilt es, die Auswirkungen auf die einzelnen Organisationseinheiten abzuleiten und sogenannte Folgestrategien zu entwickeln, z.B. für die Bereiche Vertrieb, Produktion, Einkauf etc. Ziel ist es, eine Verschränkung der Unternehmensstrategie mit den Strategien der jeweiligen Bereiche herbeizuführen. Dies ist in der Regel mit Veränderungen verbunden – und folglich mit Widerständen. Informieren Sie deshalb die Mitarbeiter aus den jeweiligen Bereichen und verdeutlichen Sie, inwieweit jeder einzelne zur Umsetzung der Strategie beitragen kann. Schaffen Sie ein Gefühl der Verbundenheit. Definieren Sie konkrete Schlüsselprojekte, die sich aus der neu erarbeiteten Unternehmensstrategie ableiten und machen Sie deutlich, wo der Nutzen für alle Beteiligten liegt.

8. Überleitung in operative Planung: Maßnahmen, Budgets, Termine, Verantwortliche

Auf dem Weg zur Strategie: Überleitung in operative Planung

In dieser letzten Stufe zur Erarbeitung einer Strategie geht es darum, die Strategie im Unternehmensalltag zu verankern. Dabei hilft neben der schriftlichen Vereinbarung von konkreten Schritten insbesondere das Commitment der Unternehmensleitung: Nur wenn jeder Einzelne im Unternehmen spürt, dass die Umsetzung der Strategie ein wichtiges Thema ist, das von der Geschäftsleitung gewollt ist, werden die Führungskräfte sowie die Mitarbeiterinnen und Mitarbeiter die Thematik auch annehmen und in ihren Terminkalendern verankern. An dieser Stelle kommt es darauf an, die richtige Wahrnehmung in der Belegschaft zu erzeugen. Gelingt dies, wird die Umsetzung der Strategie und damit die Neuausrichtung des Unternehmens nicht als Rohrkrepierer enden, sondern auf breiter Front vorangetrieben.

Hierzu bedarf es erneut der richtigen Kommunikation: Die Arbeit, die sich aus der neuen Unternehmensstrategie ergibt, ist nicht als „zusätzlich" anzusehen. Vielmehr ist sie Teil der täglichen Bemühungen, dem Wettbewerb stets den entscheidenden Schritt voraus zu sein. Insbesondere in erfolgreichen Unternehmen ist genau diese Notwendigkeit manchmal schwer zu vermitteln. Auf diese Schwierigkeiten in Veränderungsprozessen werden wir in Kapitel 5 näher eingehen.

c) Produktportfolio: Kern- vs. Mitnahmegeschäft
In der Praxis besteht durchaus Gefahr, dass Unternehmen sich aufgrund vermeintlich notwendiger Flexibilität verzetteln, also ihre Kräfte zersplittern.

Kerngeschäft versus Mitnahmegeschäft

Das kann zum Beispiel dann passieren, wenn die Produktion nicht ausgelastet ist. Nehmen wir an, die Firma Spezialteile GmbH stellt im Kerngeschäft hochwertige Kunststoffkomponenten für die Automobilindustrie her. Die filigranen kinematischen Konstruktionen finden Einsatz im Innenraum der Fahrzeuge, z.B. in Form von Belüftungssystemen und Modulen für Instrumententafeln. Auf diesem Gebiet hat sich die Firma zu einem weltweit führenden Zulieferer der hochklassigen Automobilindustrie entwickelt. Die Spezialisierung auf eine Branche geht jedoch einher mit einer gewissen Abhängigkeit: Eine schwache Auftragslage der Automobilhersteller wirkt sich sofort auf die Produktionsauslastung der Spezialteile GmbH aus.

Zur Sicherstellung einer hohen Auslastung der Produktionsanlagen zieht die Firma in Erwägung, auch Aufträge für weniger komplexe Komponenten anzunehmen. Diese Aufträge liegen jenseits des Geschäfts, auf das sich die Spezialteile GmbH sonst ganz bewusst konzentriert – und damit außerhalb des strategischen Fokus. Das sogenannte Mitnahmegeschäft hilft zwar, vorhandene Produktionskapazität auszulasten, bindet aber zugleich diese Kapazitäten, wenn es darum geht, Aufträge aus dem strategisch wichtigen Kerngeschäft anzunehmen. Zudem sind die Margen im Mitnahmegeschäft häufig geringer als im Kerngeschäft.

Aus strategischer Sicht sollte Mitnahmegeschäft nur dann in Erwägung gezogen werden, wenn

- die Produktionskapazitäten lediglich kurzfristig gebunden werden,
- der erzielbare Deckungsbeitrag den höheren Aufwand in Disposition, separatem Handling im Fertigungsprozess etc. rechtfertigt,
- Aufträgen aus dem Kerngeschäft im gesamten Fertigungsprozess jederzeit problemlos Priorität eingeräumt werden kann.

Bahnt sich eine Krise an, so ist es nur richtig, wenn sich die Spezialteile GmbH horizontal breiter aufstellt und sich wenigstens für die Dauer der Krise von der Abhängigkeit einer Branche löst. Ist die wirtschaftliche Gesamtlage jedoch nicht kritisch, ihr Ende also einigermaßen absehbar, läuft die Spezialteile GmbH Gefahr, sich mit dem Mitnahmegeschäft das Kerngeschäft zu verbauen. Angenommen man entschließt sich für das Mitnahmegeschäft und lastet damit für bestimmte Zeit die Anlagen aus. Ungünstig, dass just in dieser Zeit das Geschäft eines wichtigen Kunden an Fahrtwind gewinnt und prompt auch neue Aufträge bei der Spezialteile GmbH auf dem Tisch liegen.

Neben der unmittelbaren Behinderung des Kerngeschäfts durch Aufträge, die quasi nebenbei mitgenommen werden, besteht die Gefahr, dass die Stammkunden eine Verwässerung hinsichtlich Ausrichtung und Positionierung im Markt wahrnehmen. Der damit einhergehende Reputationsverlust wird in der Regel deutlich größer sein als der vergleichsweise geringe Vorteil, den das Mitnahmegeschäft bietet.

Aus strategischer Sicht ist deshalb äußerste Vorsicht geboten: Fokussierung ist Trumpf – nur so lässt sich eine herausragende Position im Markt erzielen und festigen. Die Kunden schätzen dies und belohnen diese „Geradlinigkeit" in Bezug auf die Ausrichtung der Unternehmensaktivitäten mit einem Vertrauensvorschuss, vielfach auch mit der Bereitschaft, für diese Konsequenz im unternehmerischen Handeln einen etwas höheren Preis zu akzeptieren.

Letztlich hängt die Entscheidung pro oder contra Mitnahmegeschäft von vielen verschiedenen Faktoren ab. Jedes Unternehmen ist anderen Rahmenbedingungen ausgesetzt, das Mitnahmegeschäft kann in anderen Fällen durchaus eine Möglichkeit zur Stabilisierung oder behutsamen Weiterentwicklung des Unternehmens sein. Wir wollen Sie lediglich dafür sensibilisieren, eine solche Entscheidung nicht nur aus finanzieller, sondern auch aus strategischer Sicht zu beleuchten und die Vor- und Nachteile gründlich abzuwägen.

Strategie: Von der Theorie zur Praxis

a) Wie Sie einen Strategieworkshop angehen sollten
Die Erarbeitung von Strategien erfolgt häufig in Form von Workshops. Bevor Sie damit starten, gilt es, das Thema intern zu verkaufen. Der Grund ist simpel: Sie brauchen das Commitment der Führungsmannschaft, sich bei der Strategieableitung mit vollem Einsatz einzubringen und die gemeinsam erarbeiteten Ergebnisse auch konsequent mitzutragen.

Voraussetzung für die Erarbeitung einer Strategie: Commitment

Die Moderation der Strategieworkshops kann durch das Corporate Development erfolgen. Das Top-Management sollte sich aber klar als Project Owner positionieren: Diskussion der künftigen Ausrichtung ist Chefsache. Im Folgenden noch einige Praxistipps zur Durchführung des Workshops:

- Holen Sie die Teilnehmer des Workshops dort ab, wo sie sind – und nehmen Sie deren unausgesprochenen Ängste, Vorurteile und Unsicherheit ernst. Nicht alle gehen als Gewinner aus dem Strategieprozess hervor, und manchem sitzt vielleicht noch der Misserfolg vom letzten Mal im Nacken.

- Achten Sie im Workshop auf die Balance zwischen strikter Zielorientierung und freier Zeiteinteilung, z.B. für das Ansprechen von Themen, die den Teilnehmern schon seit langem unter den Nägeln brennen, auch wenn sie nicht unmittelbar mit dem Strategieprozess verbunden sind. Dieser Austausch ist wichtig: Er bereinigt und schweißt zusammen – genau das brauchen Sie, um den Prozess wirksam zu gestalten und am Ende ein brauchbares Ergebnis zu erzielen, das von allen Beteiligten aus Überzeugung mitgetragen wird.

- Stellen Sie sich auf Konflikte ein: Strategie bringt auch unangenehme Themen hoch, etwa die geringe Auslastung des neuen Werks in China oder das technisch zu komplexe Produkt, das sich im südamerikanischen Markt zu dem veranschlagten Preis so gar nicht verkaufen will.

- Bereiten Sie sich auf eine konstruktive Auseinandersetzung mit der Konkurrenz vor. Seien Sie ehrlich zu sich selbst: Sind die eigenen Innovationen wirklich Spitze – oder sieht das nur die eigene Entwicklungsabteilung so? Falls der Kunde lieber die pfiffigen Lösungen der Wettbewerber kauft, sollten Sie sich das erstens eingestehen und zweitens offen diskutieren, wie Sie künftig wieder die Oberhand gewinnen können. Genau das macht einen konstruktiven Strategieworkshop aus: Sich klar zu machen, in welchen Bereichen man selbst noch nachlegen kann, um morgen wieder das Feld anführen zu können.

- Begleiten Sie die aus der Strategie folgenden Veränderungen durch offene Kommunikation. Niemand brennt darauf, künftig anders zu arbeiten, eine neue Funktion zu übernehmen oder im Zuge organisatorischer Veränderungen einen neuen Chef zu bekommen. Machen Sie bereits im Workshop klar, dass Veränderungen ein ganz normaler Begleiter auf dem Weg zum Erfolg sind. Notieren Sie alle Veränderungen, die sich bereits in diesem frühen Stadium abzeichnen. Erklären Sie – gemeinsam mit dem Top-Management –, dass man hierfür gute Lösungen finden wird. Nennen Sie konkrete Termine. Aber halten Sie diese bitte auch nach, sonst ist Ihre Glaubwürdigkeit dahin und der Kredit bei den Kollegen im Handumdrehen aufgebraucht.

Leitfaden für einen Strategieworkshop

b) Leitfaden für einen Strategieworkshop

Nachfolgend haben wir Ihnen einen Leitfaden für einen Strategieworkshop zusammengestellt. Er soll Ihnen helfen, die wesentlichen Fragestellungen auf dem Weg zur neuen Ausrichtung Ihres Unternehmens zu berücksichtigen. Selbstverständlich sind die Fragen, die im Rahmen des Strategieprozesses zu beantworten sind, für jedes Unternehmen individuell anzupassen. Insofern kann der Leitfaden lediglich einen groben Rahmen skizzieren, innerhalb dessen Sie Ihre individuellen Fragestellungen adressieren.

1. Zum Verständnis der Teilnehmer: Strategie ist die Antwort auf die Frage, warum Kunden auch in Zukunft noch bei uns kaufen sollen ...

   - trotz ebenfalls aktiver Konkurrenten
   - trotz vieler (konträrer) Entwicklungen
   - trotz vorhandener Nachteile gegenüber größeren Anbietern

   Damit verbunden sind u.a. folgende Fragestellungen:

   - Was ist unsere Rolle im Markt, unsere Legitimation?
   - Wer sollen unsere Kunden sein?
   - Wofür stehen wir beim Kunden?
   - Welche Produkte und Leistungen wollen wir abdecken?
   - Welche Verfahren und Technologien müssen wir beherrschen?
   - Wo müssen wir innovativer werden?

2. Welche Entwicklungen in den Märkten sind für uns relevant?

   Zielmärkte und deren Entwicklung

   - Europa, Amerika, Asien
   - Wesentliche Marktteilnehmer, Konzentrationen, Allianzen ...

Produktpolitik unserer Zielkunden

– Technik und Design
– Variabilität, Stückzahlen, besondere Anforderungen
– Mengen- und Preisentwicklung

Beschaffungspolitik unserer Zielkunden

– Preise, Konditionen
– Zwang zur Größe

Beschaffungsmärkte unseres Unternehmens

– Material, Werkzeuge, Unterlieferanten etc.
– Personal
– Kapital

Technologie, Verfahren

– Leichtere, festere Werkstoffe, bessere Bearbeitungsmöglichkeiten etc.
– Kinematik, Geräuschdämmung, weitere Komfortmerkmale
– Kostengünstigere Verfahren mit vergleichbaren Ergebnissen

Analyse wesentlicher aktueller sowie potentieller Wettbewerber

– Aus unseren angestammten Geschäftsfeldern
– Aus benachbarten Geschäftsfeldern

Schlussfolgerungen: Chancen und Risiken

– Wichtigste für uns relevante Entwicklungen
– Daraus resultierende Möglichkeiten und Bedrohungen
– Ansatzpunkte für das eigene Unternehmen

3. Erfolgsfaktoren, Kernkompetenzen

Worauf kommt es in unserem Geschäft an – aus Sicht der Kunden?

– K.o.-Faktoren: Was ist unverzichtbar?
– Profilierungsfaktoren: Womit können wir darüber hinaus punkten?

4. Unser Unternehmen im Wettbewerbsvergleich

Stärken und Schwächen je Unternehmen ...

– Daten erheben, gegenüberstellen, bewerten: Branchenerster und -letzter
– Schlussfolgerungen ziehen: Wo liegen wir (noch) klar vorne? Wo müssen wir zeitnah besser werden? Wo sind unsere Wettbewerber eher schwach aufgestellt – und wie lässt sich das zu unserem Vorteil nutzen?

5. Strategische Schlüsselfragen

   Welche Rolle spielen wir im Markt?

   – In welchem Verhältnis stehen wir zum Endkunden?
   – Lässt sich unsere Bedeutung in der Wertschöpfungskette steigern?

   Welchen Anspruch haben wir gegenüber unseren direkten Kunden – und
   ggf. deren Kunden?

   – Wofür stehen wir?
   – Reicht dies auf Dauer aus? Wo müssen wir ggf. nachlegen?

   Auf welche Produkte und Technologien fokussieren wir uns?

   – An welchen Stellen wollen wir uns breiter aufstellen, wo ggf. zurück-
     fahren?
   – Wer treibt die Produktpalette: Käufer, Endkunde, weitere?

   Wer sollen unsere Kunden sein?

   – National, international
   – Was ist deren Rolle im Markt – heute, künftig?

6. Schlussfolgerungen, Maßnahmen

   In welchen Bereichen sollten wir rasch etwas ändern?

   – Technologie
   – Produktspektrum
   – Kunden
   – Lieferanten
   – Personal

   Welche Themen sollten wir mittelfristig angehen?

   – Neue Märkte, Zweitmarke ...
   – Personelle Aufstockung im After Sales Service
   – Ausbau der internationalen Präsenz

   Wie halten wir unsere Wettbewerber auf Distanz?

   – Stärkung unserer USPs, Entwicklung überlegener Produkte
   – Akquisition, Kooperation

   Wie berücksichtigen wir die Konsequenzen in unserer Planung?

   – Mittelfristplanung, Budgetplanung
   – Jährliche Zielvereinbarungen
   – Meilensteine und deren Monitoring

Worüber sollten wir unsere Belegschaft informieren?

- Grundlegende Ausrichtung – aber ohne Details
- Fakten, keine Ankündigungen (hohe Erwartungshaltung!)

Aufstellung der Aufgaben inkl. Terminen

- Projekt aufsetzen, inkl. Projektleiter (z.B. Corporate Development)
- Nachhalten der Commitments durch die Geschäftsleitung

3.5   Ziele herunterbrechen: Die Mannschaft für den Kurs gewinnen

„Ja, dann hätten wir's ja jetzt", freute sich Willy Weitblick, der nach einem Glas Bordeaux genüsslich an seiner Habana zog. „Nun, wir sind tatsächlich ein gutes Stück vorangekommen, Respekt, mein lieber Weitblick", entgegnete Bernd Besserwisser. Auch er war zufrieden: Einerseits hatte man wirklich gute Arbeit geleistet in den Strategie-Workshops, andererseits hatte er sich mit Weitblick schon im Vorfeld auf eine gemeinsame Übernahme des nicht unbeträchtlichen Rechnungsbetrages für das Abendessen geeinigt. Schließlich, so Besserwisser, wolle doch niemand mit den immer strenger werdenden Compliance-Richtlinien in Konflikt geraten – in den Augen Weitblicks ganz klar eine faule Ausrede. Wehe, wenn er Besserwisser demnächst wieder mit einem neuen Luxusschlitten erwischen sollte. In diesem Fall würde er Peter Presser vorschicken, seinen Einkaufsleiter, der dann mal ganz hart an den Tagessatz ...

Doch bevor er den Satz zu Ende gedacht hatte, konterte Besserwisser: „Zur Umsetzung der Strategie brauchen wir Ziele, mit denen sich die Mitarbeiter identifizieren. Jeder einzelne sollte wissen, was er ab sofort ganz persönlich tun kann, damit sich die Clever GmbH in die gemeinsam erarbeitete Richtung entwickelt. Das ist für die Leute meist nicht von alleine ersichtlich, hier sollte die Unternehmensleitung unterstützen. Ebenso wichtig wie die Kommunikation der strategischen Ausrichtung ist die Vereinbarung individueller Ziele je Geschäftsbereich, Abteilung, Team und auf Mitarbeiterebene. Das sollten wir jetzt angehen."

Auch das noch, dachte Weitblick. Aber er hatte ja diese neue Truppe, Corporate Development – die könnten sich doch verstärkt um diese Dinge kümmern. Gesagt, getan: „In Ordnung, Besserwisser. Morgen früh reden wir darüber und nehmen die jungen Wilden, pardon, die Kollegen vom Corporate Development mit dazu. Die können jetzt mal zeigen, was in ihnen steckt." Besserwisser spürte, dass damit auch der Übergang von externer zu interner Beratung wohl vollzogen werden würde und ging in Gedanken schon mal sein Adressbuch auf der Suche nach neuen Kunden durch ...

Ziele: Was steckt dahinter?

a) Begriffsklärung
Schon der chinesische Philosoph Laotse wusste um die essentielle Bedeutung von klaren, unmissverständlichen Zielen:

„Nur wer sein Ziel kennt, findet den Weg!"

Für die Unternehmenssteuerung, Unternehmensplanung und auch im Controlling bilden vereinbarte Ziele eine wesentliche Grundlage. Basis hierfür ist die strategische Ausrichtung: Sie bestimmt, in welche Richtung sich das Unternehmen in den nächsten Jahren entwickeln soll.

Ein unmittelbarer Einfluss auf die tägliche Arbeit lässt sich daraus aber in den wenigsten Fällen ableiten. Deshalb ist es wichtig, die strategischen Aussagen im Rahmen jährlicher Zielvereinbarungen so herunterzubrechen, dass sich der jeweils individuelle Beitrag zur Realisierung der Unternehmensstrategie ableiten lässt.

Ziele beschreiben einen angestrebten Zustand. Dieser soll durch eine Entscheidung und die dadurch ausgelösten Handlungen erreicht werden. Zu unterscheiden sind verschiedene Kategorien von Zielen:

- Sachliche, wirtschaftliche, soziale und ökologische Ziele
- Strategische, taktische und operative Ziele

Sachliche, wirtschaftliche, soziale und ökologische Ziele repräsentieren unterschiedliche Zieltypen. Die Unterscheidung findet sich im inhaltlichen Gehalt der einzelnen Formulierungen wieder:

- Sachziele: z.B. Entwicklung einer neuen Produktvariante
- Wirtschaftliche Ziele: z.B. Steigerung von Umsatz oder Marktanteil
- Soziale Ziele: z.B. Sicherung von Arbeitsplätzen im Inland
- Ökologische Ziele: z.B. Reduktion der CO_2 Emission in den Werken

Strategische, taktische und operative Ziele unterscheiden sich sowohl im Zeithorizont als auch in ihrem Detaillierungsgrad:

- Strategische Ziele beschreiben Ziele, die für das gesamte Unternehmen gelten. Sie werden häufig abstrakt formuliert, grob geplant und langfristig (5–10 Jahre) angelegt. Beispiel: „Erreichung der Marktführerschaft mit dem Produkt X in Europa."

- Taktische Ziele betreffen einzelne Teile des Unternehmens und sind mittelfristig (1–3 Jahre) angelegt. Der Detaillierungsgrad ist höher als bei strategischen Zielen. Beispiel: „Ausbau des Marktanteils in Frankreich auf 75% innerhalb von 2 Jahren."

- Operative Ziele werden häufig für einen Zeithorizont bis zu einem Jahr formuliert. Sie betreffen in der Regel das Tagesgeschäft der Mitarbeiter. Beispiel: „Umsatzsteigerung von 12% der Produktgruppe X in Verkaufsgebiet Nordfrankreich durch regionalen Vertriebsmanager im laufenden Geschäftsjahr".

In den meisten Unternehmen sind diese Ziele in ein hierarchisches System eingebunden. Eine solche Zielhierarchie kann in Form einer Pyramide dargestellt werden:

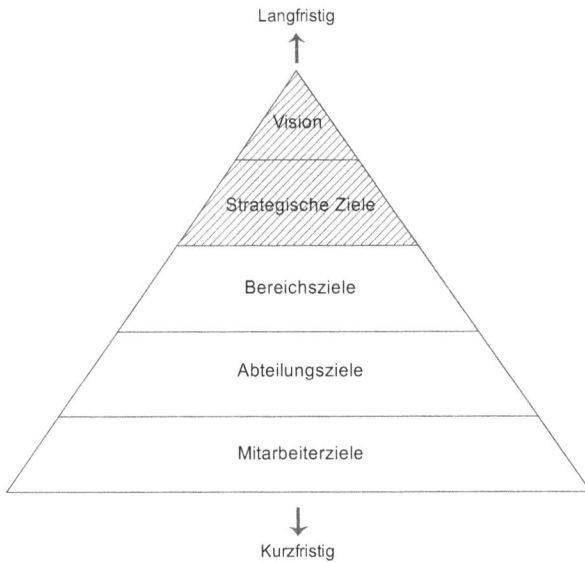

Abb. 3: Zielhierarchie in Unternehmen

Hier wird sowohl die vertikale Rangordnung der anzustrebenden Ziele deutlich als auch der zeitliche Horizont. Eine Unternehmensvision erstreckt sich über einen Zeithorizont von bis zu zehn Jahren, wohingegen Mitarbeiterziele meist jährlich festgelegt werden.

b) Alternativen zur Zielfindung
Es bestehen drei grundsätzliche Ausrichtungen, wie Ziele für Organisationseinheiten gebildet werden können:

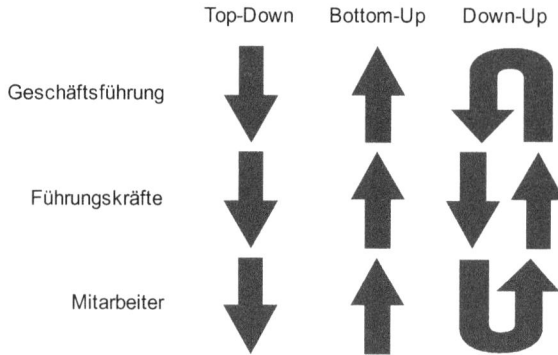

Abb. 4: Richtungen der Zieldefinition

1. *Top-down* Verfahren (retrograd)

Ziele definieren:
top-down **Verfahren**

Die Orientierung ist von der Unternehmensspitze hin zur Mitarbeiterbasis ausgelegt. Die von der Geschäftsleitung definierten strategischen Ziele werden in Bereichsziele, Abteilungsziele und idealerweise ebenfalls in Mitarbeiterziele heruntergebrochen.

Vorteile:

• Schnelle Entscheidungsfindung ist möglich
• Abgeleitete Zielsetzungen entsprechen in hohem Maße der übergeordneten Zielsetzung des Unternehmens

Nachteile:

• Auferlegte Entscheidungen können unsachgerecht sein („nicht erfüllbar"). Folge: Widerstände bei der Durchsetzung
• Gefahr: Die Unternehmensführung nimmt zu wenige Impulse der Basis auf und entfernt sich zunehmend

2. *Bottom-up* Verfahren (progressiv)

Ziele definieren:
bottom-up **Verfahren**

Umgekehrt zum *top-down* Verfahren verfolgt das *bottom-up* Verfahren das Ziel, eine gemeinsam getragene Zielformulierung zu erreichen. Die Zielbildung der untersten Ebenen wird in die nächsthöhere Ebene übernommen und dort weiterentwickelt.

Vorteile:

• Hohe Identifikation mit den erarbeiteten Zielen
• Stärkere Einbindung der Mitarbeiter im Unternehmen

Nachteile:

- Mangelnde Orientierung an den Organisationszielen, da eine umgekehrte Orientierung bei der Zielbildung vorliegt
- Komplexe Zusammenführung der einzelnen Ziele zu Gesamtzielen
- Zielkonflikte sind vorprogrammiert

3. Zirkuläres Verfahren (Gegenstromplanung)

In der Praxis bietet sich die Kombination der oben genannten Verfahren an. Das *down-up* Vorgehen beinhaltet im ersten Schritt eine grobe Festlegung von Rahmenzielen durch die oberste Managementebene. Darauf aufbauend definieren die nachfolgenden Ebenen ihre Ziele, die aber nicht zwingend mit den Gesamtzielen kompatibel sein müssen. Die oberste Managementebene prüft die resultierenden Einzelziele und korrigiert, wenn notwendig, die Rahmenzielsetzung. Der Prozess wird bis zu einem gemeinsamen Konsens zyklisch durchlaufen.

Ziele definieren: Zirkuläres Verfahren

Vorteile:

- Zieldefinition wird durch Zyklusverfahren realistischer
- Organisationsziele sind nachhaltig im Fokus, sofern eine ausreichende Anzahl an Stakeholdern in die Zielfindung einbezogen werden

Nachteil:

- Aufwendiges Verfahren aufgrund langer Planungszyklen

In vielen Industrieunternehmen ist die *top-down* orientierte Zielfindung noch heute verankert. Bis zur Einführung des neuen Zieleprozesses traf dies auch für die Clever GmbH zu.

Das eng mit dem *top-down* Ansatz verbundene Führungsprinzip *Management by Objectives*, also *Führen über Zielvorgaben*, geht auf den Management-Experten Peter F. Drucker zurück. In seiner 1954 erschienenen Veröffentlichung „The Practice of Management" formulierte er die Rahmenbedingungen für diesen Ansatz: Die Grundidee ist, die Verhaltensweisen der Mitarbeiter auf die Umsetzung der Unternehmensziele hin auszurichten. Kennzahlen und Ziele werden in einem stringenten *top-down* Prozess für die einzelnen Mitarbeiter bestimmt. Ausgangspunkt sind die Vision und die strategischen Unternehmensziele. Die Mitarbeiter sind bei der Maßnahmendefinition zur Erreichung der Ziele weitestgehend frei. Nach Auffassung von Drucker entsteht so eine hohe Identifikation mit übergeordneten Unternehmenszielen und Kreativität bei der Aufgabenbewältigung.

Führungsprinzip Management by Objectives

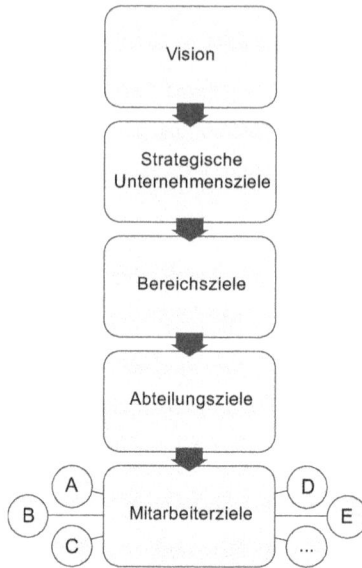

Abb. 5: Top-Down-Prozess beim Management by Objectives

Die Nachteile dieses Managementsystems sind klar ersichtlich:

- Die Mitarbeiter partizipieren nicht an der Unternehmenszielsetzung. Eine mangelnde Identifikation mit den Zielsetzungen des Unternehmens ist die Folge.
- Zielkonflikte werden nicht direkt ausgeräumt. Im Zweifelsfall zieht die Organisation nicht an einem Strang – Bereichsegoismen sind die Folge.
- Eine Zielfestlegung ohne Korrekturprozess fördert die Weitergabe von unrealistischen Zielen. Damit verbunden ist die latente Gefahr eines überhöhten Leistungsdrucks auf die Mitarbeiter.

Wie können wir die Nachteile aus dem *Management by Objectives* ausräumen und Ziele erfolgreich ableiten?

Im Fallbeispiel der Clever GmbH werden wir im Anschluss sehen, wie sich eine Kombination aus *bottom-up* und *top-down* Elementen erfolgreich realisieren lässt.

Grundsätzlich gilt, dass Ziele, die aus der Organisation heraus entwickelt werden, von den Mitarbeiterinnen und Mitarbeitern stärker akzeptiert werden. Mit diesem Ansatz werden zugleich Selbstverantwortung und Eigeninitiative auf der operativen Ebene gestärkt.

Für einen erfolgreichen Zielbildungsprozess ist es unerlässlich, die Stoßrichtungen *top-down* und *bottom-up* miteinander zu verbinden. Je nach Unternehmensgröße ist zu entscheiden, wie beide Elemente in geeigneter Weise zu kombinieren sind. Je komplexer das Unternehmen, desto größer ist die Ressourcenbindung bei der Jahreszielbildung.

Ziele: Von der Theorie zur Praxis

a) Vereinbarung von Jahreszielen bei der Clever GmbH
Anhand des neu aufgesetzten Prozesses zur Ableitung der Jahresziele für die Clever GmbH zeigen wir auf, was Sie in Ihrem Zielbildungsprozess besonders beachten sollten.

Seit Jahren war der Prozess zur Bildung der Jahresziele immer weiter in die Kritik geraten. Einer langen Tradition folgend, legte die Geschäftsführung der Clever GmbH die Ziele für das Unternehmen und die einzelnen Geschäftsbereiche nach eigenem Ermessen und ohne Einbeziehung weiterer Know-how Träger fest. In einem strikten *top-down* Prozess brach die Organisation in Form der Führungskräfte anschließend die Ziele mehr oder weniger konsequent bis auf die Ebene der Mitarbeiter herunter.

Daraus ergaben sich im Wesentlichen drei Problemfelder:

1. Vermehrt traten Zielkonflikte auf. Die Ziele einzelner Bereiche waren immer häufiger nicht miteinander vereinbar.
2. Die Mitarbeiterinnen und Mitarbeiter identifizierten sich nicht mit den von oben vorgegebenen Zielen.
3. Die vorgegebenen Ziele waren teils unrealistisch. Das Frustrationspotential der Führungskräfte stieg langsam, aber stetig an.

Der Bereich Corporate Development der Clever GmbH bekam deshalb von Willy Weitblick die Aufgabe, einen neuen Prozess zur jährlichen Zielbildung einzuführen, der die genannten Problemfelder erfolgreich adressierte. Das Team entwickelte den folgenden Zielbildungsprozess, der optimal an die Strukturen eines mittelständischen Unternehmens angepasst ist:

Abb. 6: Prozess zur Bildung der Jahresziele bei der Clever GmbH

Anders als bisher werden nun im ersten Schritt die Bereichsziele definiert. Das Corporate-Development-Team implementierte hier ein *bottom-up* Element: Die einzelnen Fachbereiche (Vertrieb, Einkauf, Qualität, Logistik, Entwicklung) legen zuerst eigenständig ihre Ziele für das Folgejahr im August des laufenden Jahres fest. Alle Mitarbeiter sind so in den Zielbildungsprozess einbezogen.

Die erarbeiteten Ziele sind für den jeweiligen Fachbereich sinnvoll. Unternehmensweit können aber – wie früher auch – Zielkonflikte auftreten. Der Grund: Die Optimierung des „eigenen Systems" steht oft an erster Stelle.

So hat sich in diesem Jahr Peter Presser, Leiter Einkauf, auf eine Reduktion der Einkaufspreise für elektronische Steuerelemente in Höhe von 5% der Materialkosten committet. Ein ehrgeiziges Ziel. Lothar Lupe, Leiter Qualitätsmanagement, war empört: „Wie sollen wir da unsere geringen Fehlerraten bei der Endabnahme der Produkte halten? Bei einer Reduktion um 5% geht doch wieder die Produktqualität in den Keller. Und wenn wir den Lieferanten wechseln, dauert es Monate, bis wir unsere Qualitätsziele erneut erreicht haben."

In unserem Beispiel befahren beide Führungskräfte die richtige Straße, nur in unterschiedlichen Richtungen. Sie verfolgen komplementäre Ziele.

b) Zieleworkshop als Instrument zur Verschränkung individueller Ziele

Zielbildungsprozess über Zieleworkshop

Wie kann das Corporate Development diesen Zielkonflikt lösen? Das Herzstück des neuen Zielbildungsprozesses ist der Zieleworkshop, der jedes Jahr im September stattfindet: Die Bereichsleiter bringen die intern abgestimmten Bereichsziele mit und verschränken diese Ziele im Workshop mit den anderen Bereichen. Der Workshop schafft ein gemeinsames Grundverständnis, denn man ist sich bewusst: Nur in enger Zusammenarbeit wird man erfolgreich sein.

Im Zieleworkshop bringt das Corporate Development alle Bereiche zusammen und erzeugt Transparenz zu den einzelnen Bereichszielen. Im gemeinsamen Workshop werden folgende Fragen zu den einzelnen Zielen beantwortet:

1. Von welchen Bereichen ist eine Unterstützung zur Zielerreichung erforderlich?

   Beispiel: Der HR-Bereich möchte im nächsten Geschäftsjahr die Prozesse „Einstieg neuer Mitarbeiter" und „Auslandsentsendung für Mitarbeiter" wesentlich überarbeiten. Man benötigt dazu die Prozessexperten des Corporate Development.

2. Besteht ein Zielkonflikt, z.B. aufgrund mangelnder Kapazität oder gegenläufiger Zielvorstellungen?

   Beispiel: Die Kollegen aus dem Corporate Development markieren die Anfrage der Personalabteilung zur Prozesserarbeitung mit einem grünen

Punkt. Dieser signalisiert Unterstützung bei der Zielerreichung. Ein roter Punkt dagegen ist bei der Senkung der Materialkosten von Steuergeräten zu finden. Der Bereichsleiter Qualitätsmanagement erkennt einen Zielkonflikt mit dem Bereich Einkauf.

Aus der zweiten Fragestellung leitet sich ein wesentlicher Vorteil der Vorgehensweise ab: Mögliche Zielkonflikte werden den Beteiligten noch vor dem eigentlichen Start des *top-down* Prozesses bewusst. Man spricht über die Zielkonflikte und macht diese transparent. Nach abgeschlossener Zieleverschränkung diskutiert der Moderator des Workshops die über rote Punkte visualisierten Konflikte offen im Plenum:

„Es besteht offensichtlich ein Zielkonflikt zwischen der Erhaltung der Qualitätskennzahlen bei den Steuergeräten und der geplanten Reduktion der Materialkosten im Einkauf. Wie können wir diesen Zielkonflikt lösen und wer kann zur Zielerreichung beitragen?" Entwicklungsleiter Timo Tüftler meldet sich zu Wort: „Wir sehen bei den Steuergeräten noch Potential zur Produktkostenoptimierung. Diese könnten wir mit geringem Entwicklungsaufwand realisieren und zumindest eine Reduktion der Materialkosten um 3% erreichen. Durch unser Know-how sollten die geplanten Änderungen keinen Einfluss auf die Qualität der Produkte haben. Notwendige Kapazitäten in unserem Bereich stehen zur Verfügung."

Sind in dieser Weise alle Zielkonflikte ausgeräumt, leitet die Geschäftsführung, in Zusammenarbeit mit den Leitern der Fachbereiche, die Jahresziele des Folgejahres aus den konsolidierten Bereichszielen ab. Bei größeren Zielkonflikten erfolgt eine erneute Zielharmonisierung.

In der finalen Planungskonferenz lässt sich der Beirat die erarbeiteten Ziele in aggregierter Form präsentieren. Anschließend beginnt der klassische *top-down* Prozess, in dem jede Führungsebene die Abteilungsziele und individuellen Ziele aus den Jahreszielen des Unternehmens und den Bereichszielen ableitet. Die so vollzogene Planung der Unternehmensziele bildet gleichzeitig die Grundlage für die Budgetplanung für das Folgejahr.

In einem letzten Kontrollschritt vergleicht das Corporate Development die persönlichen Ziele der Bereichsleiter mit den Ergebnissen aus dem Zieleworkshop. Zahlendreher und nachträgliche individuelle Korrekturen können so ausgeschlossen werden.

Die Aufgabe der Bereichsleiter ist es, die Vorgehensweise der Zielbildung auf Mitarbeiterebene verständlich zu machen. Jede Zielvereinbarung hat eine direkte Auswirkung auf die Mitarbeiter, die ebenfalls in transparenter Weise auf diese Ziele ausgerichtet werden müssen.

Der gesamte Zyklus der Zielbildung beinhaltet als abschließenden Schritt das Zielereview. Drei Monate vor dem Zieleworkshop für das Folgejahr findet ein

Review der aktuellen Ziele statt. Die erste Hälfte des Geschäftsjahres steht auf dem Prüfstand.

Der Moderator des Zielereviews könnte die Bereichsleiter mit folgenden Fragen in die Pflicht nehmen:

- Gibt es Ziele, die aktuell nicht erreichbar sind?
- Aus welchen Gründen verzögert sich die Zielerreichung?
- Wie schaffen wir es, diese doch durchzusetzen?

Wichtig für die unternehmerische Weiterentwicklung ist, die Bereichsleiter nicht aus der Verantwortung zu nehmen. Die vereinbarten Ziele sollen in kollektiver Weise realisiert werden:

„Unsere Zielvorgaben für die Einführung des SAP HR Moduls sind kaum zu schaffen. Die Flut der Einflussfaktoren auf die Programmierung ist zu groß!" gibt Ria Rehbein, die Leiterin der Personalabteilung zu bedenken. „Wir müssen den Go-Live-Termin auf das zweite Quartal im nächsten Jahr verschieben!" Der Moderator nimmt den Ball auf: „Was wäre denn aus Ihrer Sicht nötig, um die geplante Einführung doch noch in diesem Jahr zu realisieren?" Die Antwort der Personalchefin ist wider Erwarten klar: „Die IT muss uns zwei zusätzliche, interne SAP-Experten gewähren, um den Aufwand stemmen zu können. Doch diese stehen offensichtlich nicht zur Verfügung. Personal aufbauen oder Go-Live verschieben." Detlev Dellinger, der IT-Chef, gibt zu bedenken: „Personal aufzubauen macht nachhaltig keinen Sinn. Wir müssten die neuen Kollegen wahrscheinlich nächstes Jahr schon wieder vor die Tür setzen. Ich habe einen Vorschlag: Wir machen durch Kapazitätsumschichtung intern eine halbe Stelle frei und wir teilen uns die Kosten für einen externen SAP-Berater. Dann sollte das Projekt zu schaffen sein."

Das ist gemeinsame Zielausrichtung par excellence. Die Lessons Learned aus dem Review können die Bereichsleiter unmittelbar in die neue Zielbildung mit einfließen lassen.

Mit der neuen Vorgehensweise adressiert das Corporate Development eventuelle Bereichsegoismen in einer konstruktiven Art und Weise. Man plant gemeinsam und richtet sich intern darauf aus, an einem Strang zu ziehen. Die Clever GmbH profitiert von einer guten Konflikt- und Streitkultur, bei der Zielkonflikte offen angesprochen und ausgetragen werden.

Zusammengefasst sind die zentralen Punkte des neu entwickelten Zielbildungsprozesses die Kombination von *bottom-up* mit *top-down* Elementen sowie die Zielverschränkung und das Ausräumen von Zielkonflikten.

c) Praxistipps
Sie ahnen schon, die oben vorgestellte Vorgehensweise fordert die Organisation stärker das strikte *top-down* Verfahren. Mit einem geringfügig höheren Aufwand werden Sie aber erhebliche Verbesserungen erzielen können:

- Formulieren Sie die für den Unternehmenserfolg wichtigen Ziele einfach, aber vollständig. Fokussieren Sie die Kraft Ihrer Organisation auf eine überschaubare Anzahl von Zielen.

- Fördern Sie die vertikale und horizontale Abstimmung beim Zielfindungsprozess. Bereichsegoismen führen zu Zielkonflikten, die Sie durch interne Abstimmung ausräumen können.

- Sprechen Sie Zielkonflikte offen an und unterstützen Sie die Kollegen bei der gemeinsamen Lösungsfindung.

- Stimmen Sie Ziele und Aktivitätspläne bereichsübergreifend aufeinander ab. Die Chance auf Realisierung steigt aufgrund der höheren Akzeptanz erheblich!

- Führen Sie nach sechs Monaten einen Zielereview durch. So stellen Sie fest, an welchen Stellen Sie die Organisation überschätzt oder unterfordert haben.

d) Checkliste zur Zielformulierung
Trotz ihres wesentlichen Beitrags zur Steuerung von Unternehmen weisen Ziele hinsichtlich ihrer Formulierung und ihres inhaltlichen Anspruchs in der Praxis oft erhebliche Schwachstellen auf. Dadurch verringert sich ihre Schlagkraft:

Ziele formulieren: Checkliste

- Ein Ziel kann „verjähren" und sollte regelmäßig auf Zweckmäßigkeit und Realisierbarkeit geprüft werden.

- Offene und unscharfe Zielformulierungen sind zu vermeiden, ansonsten sinkt die Wahrscheinlichkeit der Umsetzung.

- Ein Ziel sollte auf einen konkreten, realistischen Zeithorizont bezogen sein. Übertriebener Ehrgeiz wirkt kontraproduktiv.

- Einzelziele, die mit übergeordneten Zielen nicht harmonieren, sind zwar nichts Ungewöhnliches, gefährden aber die Glaubwürdigkeit des Zieleprozesses.

- Geheimniskrämerei ist fehl am Platz: Erst die Bekanntmachung der vereinbarten Ziele im Unternehmen kann die erhoffte Sogwirkung entfalten.

Beachten Sie darüber hinaus bei der Zielformulierung vier wesentliche Kriterien: Zielinhalt, Zielausmaß, Zeitbezug, Geltungsbereich.

1. Zielinhalt: Legen Sie fest, ob ein quantitatives Ziel (EBIT in Mio. €) oder ein qualitatives Ziel (Neuausrichtung des Servicebereichs) erreicht werden soll. Beschreiben Sie den Inhalt exakt!

   Bsp. für ein quantitatives Ziel: *Die Geschäftsführung der Clever GmbH definiert als Zielgröße den Unternehmensgewinn.*

2. Zielausmaß: Für den richtungsweisenden Charakter eines Zieles legen Sie das Zielausmaß fest. Es bestehen mehrere Möglichkeiten diese zu quantifizieren:
   - Zielmaximierung (Gewinnmaximierung) vs. Zielminimierung (Minimaler Kapitaleinsatz)
   - Fixes Ziel (Kapazität maximal 12.000 Stück) vs. Zielkorridor (Umsatzwachstum 10–15%)
   - Mindestwert (Gewinn mindestens 10 € pro Stück) vs. Höchstwert (Maximale Stückkosten 5 €)

   Bsp.: *Die Geschäftsführung der Clever GmbH definiert als Zielgröße ein Gewinnwachstum von 10–12%*

3. Zeitbezug: Geben Sie den Zeitpunkt (bis zum 31.12.2020) oder den Zeitrahmen (im ersten Halbjahr 2020) exakt an.

   Bsp.: *Die Geschäftsführung der Clever GmbH definiert als Zielgröße einen Gewinnzuwachs von 10–12% bis zum Jahresende 2020.*

4. Geltungsbereich: Um letztendlich Klarheit zu schaffen für wen die Zielfestlegung gilt, definieren Sie den spezifischen Geltungsbereich.

   Bsp.: *Die Geschäftsführung der Clever GmbH definiert als Zielgröße ein Gewinnwachstum von 10–12% bis zum Jahresende 2020 im Geschäftsfeld Fruchtsaftverarbeitung.*

Neben der richtigen Formulierung der Ziele sollte deren Priorisierung nicht aus den Augen verloren werden. Oft werden auf Mitarbeiterebene mehrere Ziele zwischen Führungskraft und Mitarbeiter vereinbart. Eine gleichmäßige Verteilung des Arbeitseinsatzes auf alle Ziele ist – realistisch gesehen – nicht möglich, da je nach Unternehmenssituation bestimmte Ziele höher zu priorisieren sind.

3.6 Megatrends nutzen: Was morgen unser Geschäft beeinflusst

„Chef, momentan läuft's wie geschmiert. Die Auftragssituation ist wirklich sensationell. Ich habe schon überlegt, ob wir Anfragen an Unterlieferanten weitergeben, denn wir platzen wirklich aus allen Nähten", freut sich Werner Wühlmann, Leiter des neugegründeten Auftragsabwicklungszentrums, kurz AAZ. Erst kürzlich hatte Willy Weitblick das Erstellen der Angebote und deren Abwicklung in einer Einheit zusammengeführt, um Kundenanfragen und Aufträge über die Geschäftsbereiche hinweg möglichst effizient handhaben zu können. Nach anfänglichen Schwierigkeiten hatte das neue Modell nun auch bei den Mitarbeitern Anklang gefunden. Manchmal hatte er eben doch den richtigen Riecher, dachte sich Weitblick.

Apropos Riecher: „Nun, mein lieber Wühlmann, immer mit der Ruhe. Die letzten Ergebnisse unserer Trend Scouts deuten in Richtung einer sich deutlich abschwächenden Nachfrage im südostasiatischen Raum – dort wollten wir eigentlich kräftig wachsen. Bevor wir also Aufträge fremdvergeben, schauen wir uns diese Entwicklung genauer an. Da steckt bestimmt mehr dahinter. Ich halte Sie auf dem Laufenden."

Megatrends: Was steckt dahinter?
Nehmen wir an, Sie möchten die Produktionsplanung optimieren, das Produktportfolio neu strukturieren oder die weltweite Vertriebsorganisation straffen – Sie werden sich im Vorfeld stets fragen, welche Veränderungen der Unternehmensumwelt zu erwarten sind.

Dabei stellen sich unter anderem folgende Fragen:

- Was werden die Kunden in den nächsten Jahren von uns erwarten?
- Welche Märkte werden als Emerging Markets lukrativ?
- Wie können wir unsere Kernkompetenzen möglichst effektiv einsetzen – und welche Fähigkeiten müssen wir neu aufbauen oder stärken?

Zur Beantwortung werden Sie das engere (Mikro-) Umfeld wie auch das weitere (Makro-) Umfeld Ihres Unternehmens beobachten. Ziel ist es, jene Entwicklungen intensiver zu analysieren, die einen signifikanten, im Vorfeld erkennbaren Einfluss auf Ihr Geschäft haben könnten.

Bei der Betrachtung des Mikro-Umfelds nehmen wir die Unternehmenssicht ein. Hier befassen wir uns mit Bedürfnissen der Supply-Chain unserer Produkte (von den Lieferanten über alle Zwischenglieder bis hin zum Kunden), unseren direkten Wettbewerbern und, nicht zu vergessen, unserer eigenen Unternehmung.

Das wirkliche Potential zu einer nachhaltigen Ausrichtung des Produktportfolios liegt jedoch in der Analyse des Makro-Umfelds. Dazu gehören Elemente des ökologischen, demografischen, technologischen, ökonomischen, politischen oder kulturellen Wandels. Bestimmte Entwicklungen sind nicht aufzuhalten, einzelne Unternehmen können sich lediglich in geeigneter Weise anpassen – je früher und konsequenter, desto besser.

Der Begriff Megatrend wurde von John Naisbitt bereits 1982 geprägt. Als Wegbereiter der Trendforschung in Wirtschaft und Gesellschaft versuchte Naisbitt die Jahrtausendwende in einem Bild der Zukunft mit durchgreifenden Entwicklungen zu beschreiben. Rückwirkend lässt sich konstatieren, dass es ihm an Weitsicht in seinen Analysen nicht mangelte: Er prägte den Begriff der Globalisierung und sagte den endgültigen Wechsel vom Industriezeitalter in das Informationszeitalter präzise voraus.

Megatrends beschreiben besonders nachhaltige Entwicklungen und Veränderungen in den genannten Makro-Elementen. Diese sind nicht zu vergleichen mit kurzfristigen Trends wie einer Modefarbe im Sommer, dem Tamagotchi-Boom 1997/1998 oder der anhaltende Sortenwechsel von originärem Bier zu unzähligen Bier-Mischgetränken.

Megatrends beschreiben nachhaltige Entwicklungen und Veränderungen

Bei Megatrends handelt es sich um großflächige Veränderungen, die sich langsam vollziehen, aber offensichtlich sichtbar und erlebbar sind. Die Forschung beruft sich auf Daten der letzten Jahrzehnte und projiziert diese in die Zukunft. Die Veränderungen, die von Megatrends angestoßen werden, haben Auswirkungen auf alle Lebensbereiche und wichtig: Sie haben globalen Charakter und verkraften Rückschläge.

Offensichtlich kann dem Thema Megatrends gar nicht genug Bedeutung beigemessen werden, wenn es um unternehmerische Entscheidungen hinsichtlich Ausrichtung, Erschließung neuer Märkte, Anpassung des Technologieportfolios etc. geht.

Dabei sollte man sich allerdings nicht von den neuesten Hypes blenden lassen. Nur weil alle Welt zur Zeit vom „Internet der Dinge" spricht, heißt es nicht, dass Sie die schon länger kursierende Warnung vor einer „Überalterung der Gesellschaft" außer Acht lassen sollten. Im Gegenteil: Ein vermeintlich bereits überholter Megatrend kann in unmittelbarer Zukunft auf dem Zenit seiner Auswirkungen stehen und gehört folglich auf die oberste Stelle Ihrer To-do-Liste.

Diese Unübersichtlichkeit macht die Megatrends auch so gefährlich für Unternehmen: Aus einer vermeintlich harmlosen Idee entwickelt sich im Lauf der Zeit eine kraftvolle Bewegung, die in der Lage ist, Märkte und Branchen zu verändern.

Im Folgenden haben wir einige dieser global wirksamen Tendenzen zusammengestellt. Drei Fragen dienen zur Analyse:

- Wie definiert sich der Megatrend?
- Welche Elemente sind Teil dieser großflächigen Veränderungen?
- Welche beispielhaften Herausforderungen ergeben sich für Unternehmen?

1. Demografischer Wandel   **Demografischer Wandel**

Die Weltbevölkerung wächst kontinuierlich. Die Geburtenrate steigt in weiten Teilen der Erde stetig an, in besonders hohem Maße z.B. in Indien, Niger und Mali. Im Westen dagegen altert die Bevölkerung zunehmend bei gleichzeitigem Populationsrückgang. Die daraus abgeleiteten Negativszenarien sind weithin bekannt, jedoch häufig überzeichnet. Zumeist stützen sich diese Prophezeiungen auf ein Rentnerbild, das im Industriezeitalter noch Bestand hatte, in unserer heutigen Dienstleistungsgesellschaft jedoch nicht mehr haltbar ist.

Tatsächlich ist die Alterung der Gesellschaft nicht zu leugnen. Richtig ist aber auch, dass ein großer Teil der Gesellschaft zukünftig nicht nur ein höheres Lebensalter erreichen wird, sondern dabei auch noch deutlich gesünder bleiben wird als die Altersgenossen in den vorangegangenen Generationen. Die Fortschritte der Medizin und die stetig steigende Lebenserwartung eröffnen neue Perspektiven. Manche der sogenannten Silver Ager werden weiterhin in Teilzeit arbeiten wollen, andere werden die Welt bereisen, ihren Hobbys nachgehen, neue Sprachen lernen – kurzum, sie werden weiterhin fleißig konsumieren und aktiver Teil der Gesellschaft bleiben. Die über 50-Jährigen haben die größte Kaufkraft in Deutschland. Unternehmen, die diese Zielgruppe ignorieren, setzen bewusst oder unbewusst ihr Wachstum aufs Spiel.

Unternehmerische Herausforderung:

- Anpassung der Human Resources Strategie: Aktives Gesundheitsmanagement für die im Durchschnitt immer älter werdende Belegschaft, Förderung von interkultureller Kompetenz, Verzahnung von Dynamik der Jüngeren und Erfahrung der Älteren

- Innovative, altersunabhängige Produktanpassung, anstatt sich lediglich an den vermeintlichen Schwächen der Älteren zu orientieren: Intuitivere Bedienung von elektronischen Geräten; keine Seniorenprodukte, sondern besseres, stimmiges Design

- Frühzeitiges Erschließen von Seniorenmärkten, der sog. „silver markets"

2. Zunehmende Globalisierung   **Globalisierung**

Die Weltwirtschaft wird sich weiter vernetzen und jede Volkswirtschaft vor individuelle Herausforderungen stellen. Vieles spricht dafür, dass Asien zum bestimmenden Faktor der globalen Wirtschaft werden wird, was die westliche Welt in eine neue Rolle drängt. Produktion, Kapitalströme, Absatz- und Beschaffungsmärkte sowie in der Konsequenz das eigene Unternehmensgefüge werden komplexer. Die zunehmende Anzahl der mit wachsender Kaufkraft ausgestatteter Konsumenten in den aufstrebenden Ländern Südamerikas, in Russland, Indien und China sowie weiterer asiatischer Volkswirtschaften beeinflussen mit ihren Bedürfnissen nachhaltig die Märkte.

Diese Länder bieten ein enormes Kundenpotential; die Anforderungen an Produkte und Dienstleistungen unterscheiden sich jedoch häufig von denen in den industrialisierten Ländern. Zudem werden Preise transparenter, woraus in vielen Fällen einen Anpassungsdruck nach unten entstehen wird. Für westliche Unternehmen mit hohen Fixkostenanteilen wird es eine beachtliche Herausforderung darstellen, ihre Strukturen so zu verändern, dass man auch in Bezug auf internationale Wettbewerber weiterhin konkurrenzfähig bleibt.

Der Kampf um die Kunden wird intensiver. Unternehmen mit starken Marken profitieren in der Regel von intensivem Wettbewerb, da sie Orientierung und Sicherheit bieten. Dennoch werden auch starke Marken nicht automatisch einen signifikanten Preisaufschlag rechtfertigen können. Zusätzliche Leistungen wie Service, Wartung oder Garantien werden bei immer stärker konvergierender Produkt- und Servicequalität zu den entscheidenden Kaufkriterien.

Doch Vorsicht: Ein Produkt, dass sich auf dem europäischen Markt bestens verkauft, kann in Indien trotz eines offensichtlichen Bedarfs ein Ladenhüter sein. Ein einfaches Beispiel: Würde die Fastfood-Restaurantkette McDonald's die gleichen Burger, die in Amerika verkauft werden, auch in China anbieten, blieben die Absatzzahlen weit unter den Erwartungen. Der Eintritt in einen neuen Markt bedarf vor allem der Kenntnis der Kultur, der Vorlieben und vor allem der tatsächlichen Grundbedürfnisse der Kunden.

Allerdings gestaltet sich der Blick durch die Brille des Kunden für das expandierende Unternehmen nicht immer einfach. Langjährige Erfahrung, gepaart mit Erfolg in den Stammmärkten, führt in vielen Fällen zu einer reduzierten Ausrichtung auf die eigentlichen Erfordernisse der Kunden. Die Kunst besteht darin, für den Kunden vorauszudenken – und die jeweils erforderliche Lösung bereitzustellen. Konkret bedeutet das in einer globalisierten Welt, dass in Emerging Countries Lösungen angeboten werden, die nur einen Bruchteil dessen kosten, was für vergleichbare Produkte in den Industrieländern erlöst werden könnte. Die Leistungsfähigkeit liegt dennoch nur knapp darunter; demgegenüber nimmt der Kunde ggf. Abstriche bei Anmutung, Haltbarkeit und außergewöhnlicher optischer Gestaltung in Kauf.

Genau darin liegt die Schwierigkeit: Kunden in neuen Märkten legen ggf. gar keinen Wert auf die vermeintlichen Stärken, die man sich über Jahrzehnte mit viel Aufwand angeeignet hat. Es zählen schlicht andere Dinge – das zu verstehen, verlangt eine ausgeprägte Fähigkeit zur neutralen Beobachtung der Situation der Kunden: Was ist erforderlich? Wie hoch ist die maximale Zahlungsbereitschaft, auch vor dem Hintergrund einer vernünftigen Amortisationsdauer der Investition? Und: Auf welche Features können Kunden in den neuen Märkten problemlos verzichten?

Unternehmerische Herausforderung:

- Frühzeitiger Aufbau von Märkten und einer Kundenbasis in Asien
- Entwicklung von globalen Strategien, die eine regionale Anpassung und Umsetzung ermöglichen
- Management von kultureller Vielfalt im eigenen Unternehmen

3. Steigende Individualisierung des Kunden   **Individualisierung**

Die Menschen haben ein steigendes Bedürfnis nach Individualität. Auf einzelne Zielgruppen zugeschnittene, personalisierbare Lösungen sind gefragter denn je. Der Kunde wendet sich ab vom Massenprodukt-Konsum. An die Stelle einiger weniger starker Beziehungen eines Menschen treten viele lose Bindungen (Social Networking). Der Mensch tritt außerhalb einer starken Gruppe als selbstbewusstes Individuum auf und positioniert sich in steigendem Maße als einflussreicher, mächtiger Spieler gegenüber den Anbietern von Produkten und Dienstleistungen.

Die Kunden kennen die Produktvielfalt und sind gut informiert, bevor sie ihre Kaufentscheidung treffen. Dies gilt für B2C und B2B Märkte in gleichem Maße. Die eigentliche Kaufentscheidung wird durch zahlreiche Faktoren beeinflusst. Eine erfolgreich aufgebaute, im Markt verankerte und positiv aufgeladene Marke ist dabei nur ein Aspekt unter vielen. Kunden probieren gerne aus, suchen Produkte unter der Maßgabe aus, dass sie zum individuellen Lebensstil passen, die Persönlichkeit unterstreichen.

Unterstützt wird dieses Selektionsverhalten durch neue Medien. Das Internet liefert schnell, bequem und in den meisten Fällen kostenlos Informationen, Erfahrungsberichte und Empfehlungen, welche die Kunden bei ihrer Auswahl unterstützen. Gewinnen werden dabei regelmäßig jene Anbieter, die es verstehen, die potentiellen individuellen Bedürfnisse der Kunden im Vorfeld zu erkennen, diese ernst zu nehmen und in die Produkteigenschaften einfließen zu lassen. Ob es sich dabei um ein Markenprodukt handelt, ist zwar nicht unwichtig. Neben diese bislang wichtige Orientierungsfunktion in Bezug auf Qualität, einen hohen technischen Anspruch oder eine lange Lebensdauer tritt aber künftig die Berücksichtigung individualisierter, ggf. nicht explizit geäußerter Bedürfnisse. Insbesondere bei Konsumgütern wird letzteres Kriterium für die Kaufentscheidung immer bedeutsamer werden.

Diese Entwicklung ist mit höheren Anforderungen an das Marketing verbunden: Man muss sich schon etwas Besonderes einfallen lassen, um die indivi-

dualisierte Käuferschaft zu erreichen. Die Märkte reflektieren diese Bestre-
bungen bereits: Produkte mit austauschbaren Gestaltungsmerkmalen haben es
zunehmend schwerer, Käufer zu finden, während individuell gestaltbare Features die Märkte für Konsumgüter regelrecht erobern. Apple bietet für ausgewählte Produkte seit Jahren eine individuelle Gravur. Ohne Aufpreis lässt sich
damit ein Commodity zum individuellen Begleiter des täglichen Lebens ver-
wandeln. Beim Sportartikelhersteller Nike kann man sich online nach dem
Baukastenprinzip *seinen* Turnschuh entwerfen. So viel Individualität hat in
diesem Fall seinen Preis. Nike weiß das, und der Kunde lässt sie sich gerne
mehr kosten.

Unternehmerische Herausforderung:

- Für den Kunden vorausdenken: Welche Bedürfnisse bewegen sich schon
  jenseits der eigentlichen Kernfunktion des nachgefragten Produkts – und
  welche weiteren Möglichkeiten zur Individualisierung bieten sich? Limitie-
  rend ist nicht die Vorstellungskraft des Anbieters, sondern jene des Kunden. In dieser Beziehung gilt es umzudenken und eingeschliffene Gewohn-
  heiten über Bord zu werfen. Individuelle Gestaltung ist Trumpf – und ein
  immer schlagkräftigeres Verkaufsargument.
- Kontinuierliche Reduktion der Losgröße bis hin zur Manufaktur für Kleins-
  terien bei gleichzeitig überschaubaren Kosten. Die intelligente Kombination von Gleichteilen und der damit entstehende Baukasten, aus dem sich
  viele äußerlich verschiedenartige (aus Sicht des Kunden: individualisierte)
  Produkte fertigen lassen, hilft bei der Einhaltung der Kostenziele.
- Kontrolle und Steuerung der Variantenvielfalt von Produkten in der Logis-
  tikkette: Die rasche Verfügbarkeit individualisierter Lösungen wird vom
  Kunden vorausgesetzt. Einzelne Logistik Hubs in den verschiedenen Regionen können helfen, Lieferzeiten kurz zu halten, ggf. in Verbindung mit
  einer Montage bzw. einem Assembling der Produkte vor Ort.

Mobilität   *4. Neue Dimensionen der Mobilität*

Die Zukunft wird mobiler – für Menschen und Produkte. Arbeitsplätze außerhalb des Unternehmens oder des Home Office werden sich etablieren („third
places"). Namhafte Unternehmen beziehen in den Randbezirken der Mega
Cities puristische Büroareale, die den Arbeitnehmern nicht wesentlich mehr
bieten als einen Schreibtisch mit sicherem Internetzugang. Ergänzt um Mobil-
telefon und Notebook ist der Arbeitsplatz der Zukunft auch schon komplett.
Den Beschäftigten spart das Zeit, denn das tägliche, zeitaufwendige Pendeln
zu den Arbeitsplätzen im Zentrum der Mega Cities beschränkt sich auf ein
Mindestmaß. Die heutigen Informations- und Kommunikationslösungen ermöglichen Internetzugang weltweit zu jeder Zeit an jedem Ort und gestatten
auf diese Weise ein räumlich und zeitlich überaus flexibles Arbeiten. Selbst

vergleichsweise günstiges Mobil-Telefonieren in Flugzeugen ist bei immer mehr Airlines bereits im Angebot.

Der Mobilitätsbedarf in den südamerikanischen und asiatischen Wachstumsregionen wie auch in den westlichen entwickelten Industrieländern steigt permanent. Neue Fahrzeugkonzepte und die viel diskutierten alternativen Antriebe sind dabei, den Automobilmarkt zu revolutionieren. Das Wettrennen zwischen den großen Herstellern ist bereits in vollem Gange. In wenigen Jahren schon werden Elektrofahrzeuge einen festen Platz im Produktprogramm einnehmen. Der Konkurrenzkampf wird determiniert durch die Kriterien Reichweite, Sicherheit, Design und Preis. Der Verkehrsstrom nimmt beständig zu. In vielen europäischen Großstädten setzen sich intelligente Carsharing-Konzepte durch, die zumindest in Ballungsräumen eine echte Alternative zu einem eigenen Auto bieten. In London dürfen Elektrofahrzeuge mautfrei in die Stadtmitte fahren, Frankreich bezuschusst üppig den Kauf von Fahrzeugen mit emissionsarmen Antrieben.

Unternehmerische Herausforderung:

- Bereitstellung von technischen Hilfsmitteln für die Mitarbeiter zur Förderung deren Produktivität („third places")
- Kostenkontrolle durch zunehmende Globalisierung und Reisebedarf der Mitarbeiter
- Erkennen der zukunftsträchtigen Technologien im Transport- und Automobilsektor

5. *Gesundheitswesen*   **Gesundheitswesen**

Der Gesundheitsmarkt konnte in den vergangen Jahren einen unvergleichlichen Boom verzeichnen. Ob Wellness, medizinische Versorgung, Bio-Produkte oder Fitness-Angebote – der Gesundheitssektor entpuppt sich als aufstrebender Markt mit Milliardenvolumen. Das Bedürfnis der Menschen, gesund zu leben, steigt weiter an. Ob Privatleben, Arbeitsumfeld oder Freizeitbereich – man achtet auf einen gesunden Lebensstil mit Wohlfühlfaktor.

Der Begriff Gesundheit entwickelt sich kontinuierlich zu einem Konsum- und Lifestyle-Produkt. Diese Entwicklung überrascht nicht: In gesättigten Märkten ist zusätzliche Lebensqualität nicht mehr durch weiteren materiellen Wohlstand zu erreichen, sondern durch Gesundheit und alles, was dazu gehört. Der Megatrend Gesundheitswesen definiert die Gesellschaft neu. Themen wie Übergewicht, psychische Erkrankungen, Mobbing und Burn-out beherrschen regelmäßig die Titelseiten der Magazine und werden in den Medien ausgiebig diskutiert.

Dies sind klare Anzeichen für einen Wandel unseres Wertesystems. Das in den 1980er Jahren prophezeite Waldsterben trat im damals abgeschätzten Umfang nicht ein, es stärkte aber unser Bewusstsein für Natur- und Umweltschutz. Für

Erkrankungen, die auf unseren Lebensstil zurückgehen, werden wir künftig einen immer höheren Eigenbeitrag einplanen müssen. Wer sich dies nicht leisten können wird, wird gezwungen sein, einen Lebensstil zu pflegen, der auf mehr Bewegung und gesunder Ernährung basiert. Insofern werden Investitionen in das Gesundheitswesen – ob persönlicher, betrieblicher oder staatlicher Natur – ein Treiber des wirtschaftlichen Wachstums sein.

Unternehmerische Herausforderung:

- Ausrichtung der unternehmerischen Aktivität auf den Gesundheitssektor (Pharma, Kosmetik, Medizin oder Ernährung)
- Produkt- und Dienstleistungsinnovationen zur Befriedigung des Gesundheitsstrebens der Kunden
- Aufbau einer positiven Kundenwahrnehmung des Unternehmens (Social Responsibility, Sustainability)

Konsummuster

6. Anpassung des Konsummusters

Kunden in der westlichen Welt konsumieren zunehmend nachhaltiger. Die Kaufentscheidung orientiert sich nicht mehr nur an der Marke. Eine wachsende Rolle spielen soziales Engagement, ethisches Verhalten und Umweltaspekte eines Unternehmens. Nach dem Europa Konsumbarometer 2013, einer Verbraucherbefragung im Auftrag der Commerz Finanz GmbH, richten 55% der Europäer ihr Konsumverhalten nach Nachhaltigkeitskriterien aus. Zudem gewinnt Regionalität einen größeren Stellenwert: Drei Viertel der Befragten gaben an, möglichst oft direkt beim Erzeuger einzukaufen. Das Thema Nachhaltigkeit ist heute in aller Munde und wird auch von zahlreichen Unternehmensverbänden vorangetrieben. Eine nachhaltige Unternehmensführung und wirtschaftlicher Erfolg stehen nicht etwa im Widerspruch zueinander, im Gegenteil. Die Verflechtung wirtschaftlichen Handelns mit gesellschaftlicher Verantwortung ist ein erwiesener Wachstumstreiber. Der Chemieriese BASF stellt seine neue Unternehmensstrategie sogar unter die Flagge der Nachhaltigkeit: „We create chemistry for a sustainable future", lautet eine der Kernbotschaften des jüngst vorgestellten Fahrplans.

Das öffentliche Bekenntnis von Unternehmen zur Nachhaltigkeit ist jedoch kein Altruismus. Vielmehr ist es die konsequente Anpassung an das geänderte Konsumverhalten der Kunden. Der Kunde versucht mehr und mehr, den eigenen Genuss mit gelebter sozialer Verantwortung zu vereinbaren. Nachhaltiges Wirtschaften gilt als zentraler Beweggrund für die Kaufentscheidung. Experten sprechen von Subtrends wie „LOHAS" (Lifestyle of Health and Sustainability) und „Eco Chic", Gruppen, deren Werte zunehmend auf die Produkte des Massenmarkts überschwappen. Fair gehandelte Lebensmittel haben es aus den Dritte-Welt-Läden in die Discounter geschafft.

Der Trend zur Nachhaltigkeit beschränkt sich lange nicht mehr nur auf Kaffee und Schokolade. LOHAS-Märkte decken inzwischen das gesamte Konsumspektrum ab: Mode, Gesundheit, Design, Tourismus, Freizeit und Medien. Ebenfalls positiv: Die Anhängerschaft der LOHAS-Bewegung nimmt stetig zu. Gemäß einer im Jahr 2007 durchgeführten Studie von Porter Novelli und dem Natural Marketing Institute führten 40 Millionen Erwachsene in den USA und 50 Millionen Erwachsene in Europa den Lifestyle of Health and Sustainability, Tendenz steigend. Besitz wird ein zunehmend dehnbarer Begriff. Unternehmen wie Leihdirwas.com machen sich genau diese Entwicklung zunutze. Es gibt fast nichts, was man sich nicht über diese Plattform gegen eine kleine Gebühr ausleihen kann.

Unternehmerische Herausforderung:

- Offenlegung von sozialen und ökologischen Produktionsbedingungen zur Gewinnung des Kundenvertrauens
- Optimierung des Informationsflusses zum Endkunden zur positiven Gestaltung des Fremdbildes der Unternehmung
- Anpassung des Produktportfolios in Entwicklungsländern auf zunehmenden Luxuskonsum

7. Die zunehmend wichtigere Rolle der Frau   **Rolle der Frau**

Dieser Megatrend nimmt unaufhaltsam Einfluss auf alle Bereiche des gesellschaftlichen Lebens. Fast täglich ist in Politik und Wirtschaft von der Frauenquote zu lesen. Die Rolle der Frau hat sich mit der Verschiebung von der Industrie- hin zur Dienstleistungsgesellschaft grundlegend geändert. Frauen sind in beruflicher Hinsicht gewissermaßen auf dem Vormarsch. Deutsche Universitäten haben bereits einen Anteil von über 50% an weiblichen Studenten. Diese schließen ihr Studium auch meist besser ab als ihre männlichen Mitstreiter – und das nicht nur in den westlichen Ländern. Auch im ehemaligen Ostblock holen die Frauen auf. Auch in den Schwellenländern ist ein langsamer, aber stetiger Wandel des Frauenbilds zu beobachten. Karriere und Familie schließen sich nicht länger aus, sondern bilden die seitens der Frauen bevorzugte Kombination. Flexible Arbeitszeitmodelle, Elternzeit für Väter und Betriebskindertagestätten sind nur drei Antworten der Unternehmen auf diese Entwicklung.

Die Motivation dafür liegt auf der Hand: Der häufig zitierte War for Talents wird bereits geführt. Kein Unternehmen kann es sich leisten, dem Fachkräftemangel tatenlos zuzusehen. Doch auch die Bedeutung der Frau als individuellem Marktakteur wird weiter zunehmen. Sie rückt zusehends in den Fokus der Konsumgüterindustrie. Selbst klassische Männerdomänen wie Autobauer und Baumärkte haben die Frauen als neue Zielgruppe ausgemacht – ob zufällig oder beabsichtigt, das ist erst einmal nebensächlich. Frauen waren ursprünglich nicht die Zielgruppe des Mini Cooper. BMW hat aber schnell reagiert. Holt eine Frau *ihren* Mini aus der Vertragswerkstatt ab, könnte ein Post-it auf dem Armaturenbrett kleben: „Ich habe Dich vermisst." – in einem 7er BWM völlig undenkbar. Die Frauen danken es mit gesteigerter Markensympathie.

Wenn Frauen den größten Teil der Einkäufe erledigen, wird auch der Konsum an sich „weiblicher": Die sich durchsetzenden Aspekte wie sozialverträgliche Produktionsmethoden, fairer Handel oder Bioanbau rühren nicht zuletzt daher. Im Privatleben wird sich ein neues Rollenverständnis durchsetzen und die Bedeutung der Work-Life-Balance für beide Partner der Gemeinschaft steigen. Die klassische Rollenverteilung ist – im übertragenen Sinne – am Ende ihres Lebenszyklus angekommen.

Unternehmerische Herausforderung:

- Frauen werden im Erwerbsleben auch als Führungskräfte zu fördern und zu integrieren sein.
- Die Frau als Marktteilnehmer prägt mit zunehmender Bedeutung Produkteigenschaften, die es zu adaptieren gilt.
- Die unkonventionelle, kreative Gestaltung von Arbeitszeitmodellen wird ein Schlüsselfaktor für die Bindung qualifizierter Mitarbeiter werden – unabhängig davon, ob sie von Männern oder Frauen in Anspruch genommen werden wird.

Digitalisierung

8. *Digitalisierung des Alltags*

Genau genommen lässt sich dieser Megatrend an der Entwicklung des Computers nachvollziehen: Vom sporthallengroßen Ungetüm zum handlichen, um ein Vielfaches leistungsfähigeren Netbook für wenige hundert Euro. Fast jeder hat heutzutage die Möglichkeit, sich in die digitale Welt einzuwählen. Smartphones sind unsere treuesten Begleiter. Bei momentan knapp 700.000 Apps allein in Apples App Store findet sich für jedes Alltagsphänomen das entsprechende Programm. Die permanente Erreichbarkeit hat allerdings auch negative Begleiterscheinungen wie Internetsucht oder andere psychische Krankheiten, die auf übermäßig erhöhte Onlineaktivität zurückzuführen sind. Unternehmen reagieren nach anfänglichem Zögern durchaus verantwortungsbewusst und schränken den geschäftlichen E-Mail-Verkehr außerhalb der Arbeitszeiten drastisch ein.

Doch auch im Privatleben wird dank Datenflatrate für das Smartphone die Trennung zwischen Online und Offline immer schwieriger, zunehmend mehr Menschen sind daueronline. Dass es auch eine Welt jenseits von Internet und Social Media gibt, führt uns ausgerechnet die Werbung vor Augen. Bacardi („Ausgehen ist das neue Einloggen") oder Mastercard (Jederzeit mit der Kreditkarte online einkaufen, Freundschaften offline pflegen ist aber „unbezahlbar") wollen uns zeigen, dass es tatsächlich noch ein Leben in der analogen Welt gibt. Ein weiterer Aspekt ist, dass mit Programmen wie „iTunes" das physische Trägermedium wie z.B. CD oder DVD mehr und mehr abgelöst wird. Mit dem iPod antwortete Steve Jobs gleich auf zwei Megatrends, die häufig in Kombination auftreten: Digitalisierung und Individualisierung. Der passende Soundtrack in jeder Lebenslage. Überall.

Mit dem iPod oder anderen digitalen Musikabspielgeräten lässt sich die durchschnittliche Musiksammlung praktisch in der Hosentasche unterbringen. In Sozialen Netzwerken wie Facebook oder Twitter wird blitzschnell ein globaler Informationsfluss nicht nur ermöglicht, sondern bewusst und unbewusst um ein Vielfaches verstärkt. Nie waren wir vernetzter als heute, gleichzeitig aber auch zu keiner Zeit einer solch immensen Datenflut ausgesetzt.

Unternehmerische Herausforderung:

- Effektive Handhabung der Datenflut durch geeignetes Wissensmanagement, idealerweise unter Einsatz intelligenter, selbstlernender Filter
- Gewährleistung des Datenschutzes bei sämtlichen zum Einsatz kommenden Informations- und Kommunikationstechnologien – inkl. mobiles CRM, Konfigurator auf Tablet PCs mit Anbindung zum Enterprise Resource Planning System etc.
- Eindämmen der Gefahren durch Soziale Netzwerke, Regelungen für Äußerungen eigener Mitarbeiter in den einschlägigen Foren, Vorkehrungen treffen für den Fall reputationsschädigender Äußerungen Dritter
- Nutzen der digitalen Netzwerke zu Markterschließung und zum Ausbau des Bekanntheitsgrades, zur Kommunikation mit den Kunden, Präsentation von Innovationen etc.

9. Wandel in Energie- und Ressourcennutzung   **Energie- und
                                                                        Ressourcennutzung**

Natürliche Ressourcen werden jeden Tag knapper: Sauberes Wasser, Metalle, Mineralien und nicht zuletzt die fossilen Energieträger sind endlich. Die Rolle nachwachsender Rohstoffe und alternativer Energiequellen wird durch staatliche Förderung gezielt in den Mittelpunkt gerückt.

Der Energieverbrauch wird nach dem Trend Compendium 2030 von Roland Berger bis 2030 um 26% ansteigen; Öl wird Marktanteile zugunsten alternativer Energiequellen abgeben. Die aufstrebenden Märkte, der Bevölkerungszuwachs und der zunehmende Verkehr tragen dazu bei, dass der weltweite Energiebedarf im Jahr 2030 voraussichtlich 75% über jenem des Jahres 2008 liegen wird.

Fraglich ist, wie dieser beträchtliche Zuwachs an Energiebedarf unter Rückgriff auf alternative Energiequellen zu decken sein wird. Trotz der nicht ausschließlich positiv zu sehenden Entwicklung ergeben sich für eine Reihe von Unternehmen Chancen. Beispiele hierfür sind die verstärkte Nutzung nachwachsender Rohstoffe zur Energieerzeugung sowie die effizientere Nutzung der Energieträger durch innovative Heiz- und Dämmsysteme, die einen Nachfrageboom nach Beratungsleistungen und geeigneten Produkten erzeugen, um der Ressourcenknappheit angemessen zu begegnen. Weitere Stichworte sind ausgereifte Mess- und Regeltechnik sowie ein intelligentes Energiemanagement nicht nur in privaten Haushalten, sondern auch in Unternehmen. Eigene Blockheizkraftwerke senken nicht nur die unternehmensspezifischen Energiekosten, sondern fördern auch ein ökologisches, nachhaltiges Unternehmensimage.

Unternehmerische Herausforderung:

*   Vorausschauend auf Umweltrestriktionen reagieren und das Thema Nachhaltigkeit aktiv besetzen. Dies gilt gleichermaßen für B2C wie B2B: Ein verantwortungsvoller „ökologischer Fußabdruck" wird immer öfter zu einem maßgeblichen Entscheidungskriterium bei sonst ähnlichen Voraussetzungen der konkurrierenden Anbieter
*   Nachhaltige Reduktion der internen Energiekosten durch Nutzung alternativer Energiequellen
*   Effiziente Ausnutzung von Roh-, Hilfs- und Betriebsstoffen (Reduktion von Verschnitt, Nutzung von Recyclinganlagen etc.)

Urbanisierung

10. Urbanisierung

Bezogen auf diesen Begriff war 2008 ein besonderes Jahr: Zum ersten Mal lebte ein größerer Teil der Erdbevölkerung in Städten als auf dem Land. Laut einer Prognose der Vereinten Nationen wird sich das Verhältnis zwischen Stadt- und Landbewohner bis ins Jahr 2030 weiter verschieben, auf 60% zu 40% zu Gunsten der Städte. Großstädte, insbesondere in Asien und Afrika, entwickeln sich zu Mega Cities weiter und treiben auf diese Weise die Urbanisierung voran.

Auch die Infrastruktur muss mitwachsen: Die logistischen Anforderungen im Rahmen des Personen- und Gütertransports innerhalb der Mega Cities sowie zwischen den Ballungszentren sind beträchtlich. Bereits im Jahr 2025 wird voraussichtlich weltweit mehr als jeder zweite Mensch in einer Stadt leben. Im Jahre 2050 werden sogar knapp 70% der Bevölkerung in Städten leben. Neben den Problemen der Infrastruktur wird aber auch die Versorgung der urbanen Bevölkerung mit Wasser (inklusive Abwasserbehandlung), Lebensmitteln und Wohnraum die Unternehmen zu Innovationen zwingen. Dies gilt auch für die Behandlung der Abwässer und die Frischwassererzeugung in den Kommunen. Anbauflächen für Grundnahrungsmittel müssen künftig noch effizienter genutzt werden. Hinzu kommt in den immer größer werdenden Ballungszentren ein systembedingter Platzmangel, der neue Formen des Wohnens und Arbeitens notwendig machen wird.

Unternehmerische Herausforderung:

- Anpassung des Produkt- und Dienstleistungsportfolios auf veränderte Lebensgewohnheiten in den Mega Cities: Schnelllebigkeit, Mangel an Ressourcen etc.
- Korrektur von Standortstrategien aufgrund von infrastrukturellen Änderungen am Standort; z.B. bedingt Landflucht einen Mangel an Facharbeitern in ländlichen Gebieten

Zu diesen hier ausgewählten Megatrends lassen sich weitere hinzufügen. Diese können ebenfalls zur Ableitung von Chancen zur Erschließung neuer Märkte, Kundensegmente oder ganzer Regionen herangezogen werden:

- Neuordnung der politischen Welt: Wachsende Bedeutung von China, Indien und anderen asiatischen Ländern
- Wachsende globale Sicherheitsbedrohungen durch Terrorismus, kulturelle und politische Konflikte
- Steigende Umweltbelastung
- Globaler Klimawandel
- Wandel der Arbeitswelt: Höhere räumliche und mentale Flexibilität, zunehmende Verschmelzung von Arbeitswelt und Familie, stärkeres Arbeiten in Netzwerken
- Wissensbasierte Ökonomie und damit verbundenes lebenslanges Lernen

Megatrends: Von der Theorie zur Praxis
Eine Steria-Mummert Studie aus dem Jahre 2007 ergab folgende Ergebnisse:

- Mehr als 50% aller Unternehmen sehen im Aufspüren und Ableiten von Megatrends eine der wichtigsten Herausforderungen
- 54% der befragten Finanzdienstleister (40% im Gesundheitswesen, 30% im Telekommunikations-, IT-, und Medienbereich) haben bereits ein Kennzahlensystem entwickelt welches eine Einbindung der sich abzeichnenden Megatrends in die Geschäftsstrategie ermöglicht
- 55% der Konzerne mit mehr als 1.000 Mitarbeitern haben intern Prozesse definiert, um Megatrends aufzuspüren. Im Mittelstand gilt dies hingegen lediglich für 37% der Unternehmen.

Es ist deutlich ersichtlich, dass Megatrends in vielen Konzernen ein strategisch relevantes Thema darstellen. Besonders deutlich wird dies bei Siemens, wo bereits unter dem früheren Vorstandsvorsitzenden Klaus Kleinfeld die Aktivitäten der Geschäftsfelder auf zwei wesentliche Megatrends ausgerichtet wurden: „Urbanisierung" und „Demografischer Wandel".

Der Sportartikelhersteller Nike dagegen setzt auf den Trend der Individualisierung. Mit der Strategie „The Consumer Decides" wandte man sich vor Jahren vom „Market Push" ab und orientierte sich konsequent am Konsumenten:

„Clearly, the power has shifted to consumers." (CEO Mark Parker)

Ihre Experten im Corporate Development sind gefordert, diese Megatrends im unternehmensspezifischen Produktportfolio zu verankern. Auf diese Weise gehören Sie vielleicht nicht zu den Ersten, die sich mit diesen Themen beschäftigen, aber Sie generieren einen Vorsprung, der durch andere, später auf den Zug aufspringende Unternehmen kaum noch einzuholen ist. Ein schlagkräftiges Argument für die frühzeitige Adaptierung an veränderte Umweltbedingungen wie die hier behandelten Megatrends ist die sogenannte Organizational Inertia, die Trägheit größerer, komplexer Organisationen. Veränderungen bzw. Anpassungen beanspruchen Zeiträume, die deutlich oberhalb von einigen Monaten liegen. Erfahrungsgemäß benötigen kulturelle Änderungen in Unternehmen etwa drei Jahre, bis sie gelebt werden, d.h. bis die meisten Widerstände abgebaut sind und die Belegschaft den neuen Kurs sichtbar unterstützt.

Von Megatrends profitieren

Wie können Unternehmen aus Megatrends einen Mehrwert generieren? Erst wenn ein Megatrend umfassend analysiert wird und alle Informationen unternehmensspezifisch übersetzt werden, ist es möglich, zukünftige Innovationen, Märkte und letztendlich Produkte zu definieren. Der Trend selbst tritt dann in den Hintergrund, und die strategischen Einflüsse werden sichtbar.

Mögliche Techniken zur Ableitung von Megatrends können sein:

* Bereichsübergreifende Inhouse-Workshops mit Experten der Fachrichtungen zur Ableitung einer Analyse von Stärken, Schwächen, Chancen und Risiken (SWOT) zu einzelnen Megatrends
* Vergabe und Einbindung von Bachelor- bzw. Masterthesen sowie Berücksichtigung von wissenschaftlichen Studien zu Megatrends und Auswertung unter strategischen Gesichtspunkten: Was verändert sich in unseren Märkten? Welche Alternativen sehen wir für unsere künftige Positionierung im Markt?
* Erfahrungsaustausch zu den Auswirkungen grundlegender Trends mit branchenfremden Unternehmen zur Sicherstellung offener, konstruktiver Diskussionen

John Naisbitt hatte als großer Visionär ein Gefühl für das, was wir 20 Jahre später erleben konnten. Einen Vorausdenker wie Naisbitt in den eigenen Reihen zu wissen, ist im wahrsten Sinne des Wortes Gold wert. Sich jetzt schon, losgelöst vom operativen Geschäft, mit Entwicklungen der Zukunft zu beschäftigen, zeugt von Weitsicht und unternehmerischem Handeln.

Zahlreiche Forschungsinstitute und private Organisationen stellen für einen vergleichsweise geringen finanziellen Aufwand umfassende Analysen mit großen Datenmengen zur Verfügung. Die Aufgabe des Corporate Development besteht in dem zielgenauen Filtern der für das jeweilige Unternehmen relevanten Daten, basierend auf dem bisherigen Kerngeschäft: An welchen

Stellen könnte unser Geschäft wegbrechen, und womit können wir diese Entwicklung (über)kompensieren? Basierend auf Szenarien ist es dann die Aufgabe der Unternehmensleitung, neue Zielkorridore zu definieren, Innovationen zu fördern, Mut und Entschlossenheit bei der Erschließung der neuen geschäftlichen Möglichkeiten zu demonstrieren. Wichtig ist die klare Priorisierung der neuen Themen durch das Top Management. Andernfalls wird sich wenig ändern, und die Analyse der Megatrends bleibt eine rein akademische Übung.

Willi Weitblick hat die Zeichen der Zeit erkannt. Er sieht, nach umfassender Analyse, im Megatrend Urbanisierung die größten Chancen für sein Unternehmen. Gemeinsam mit seinen internen Experten aus dem Bereich Corporate Development hat er einen Fahrplan entwickelt, mit dem er die Herausforderungen der Urbanisierung zu Chancen der Clever GmbH umwandelt. Eines zeichnet sich ganz klar ab: Urbanisierung bedeutet Wachstum für sein Unternehmen. Sah er eine solche Entwicklung früher ausschließlich positiv, kommen ihm heute als erfahrenem Unternehmer auch die nicht unbeträchtlichen Entwicklungs- und Markterschließungskosten in den Sinn. Na, aber dafür hat er ja jetzt seine Spezialisten. „Gut gemacht" hört er seine Frau gedanklich sagen, „dann können wir ja doch noch eine Woche in den Pfingsturlaub gehen". Hmm, er hätte es wissen müssen ... doch jetzt ist es bereits zu spät.

Literatur

Arnold, Jürgen: Unternehmensentwicklung. Mit Strategie zu mehr Erfolg, 1. Auflage. – Würzburg: Schimmel 1999

Roland Berger Strategy Consultants: Trend Compendium 2030, 2011. Abrufbar unter http://www.rolandberger.com/gallery/trend-compendium/tc2030/content/assets/trendcompendium2030.pdf

Campbell, Andrew; Devine Marion; Young, David: Vision, Mission, Strategie. Die Energien des Unternehmens aktivieren, 1. Auflage. – Frankfurt a. M.; New York: Campus 1992

Camphausen, Bernd: Strategisches Management. Planung, Entscheidung, Controlling, 2. überarb. und erw. Auflage. – München; Wien: Oldenbourg 2007

Commerz Finanz GmbH: Europa Konsumbarometer 2013. Zu bestellen unter: http://www.markt-studie.de/studien/europa-konsumbarometer-2013-p-304985.html

Fahrenschon, Georg (Hrsg.): Globalisierung und demografischer Wandel. Fakten und Konsequenzen zweier Megatrends, 1. Auflage. – München: Hanns-Seidel-Stiftung 2006

Giesel, Katharina D.: Leitbilder in den Sozialwissenschaften. Begriffe, Theorien und Forschungskonzepte, 1. Auflage. – Wiesbaden: VS, Verlag für Sozialwissennschaften 2007

Grömling, Michael; Haß, Hans-Joachim: Globale Megatrends und Perspektiven der deutschen Industrie, 1. Auflage. – Köln: Dt. Instituts-Verlag 2009

Heuskel, Dieter: Wettbewerb jenseits von Industriegrenzen. Aufbruch zu neuen Wachstumsstrategien, 1. Auflage. – Frankfurt u.a.: Campus 1999

Horx, Matthias u.a.: Zukunft machen. Wie Sie von Trends zu Business-Innovationen kommen. Ein Praxis-Guide, limit. Sonderausgabe – Frankfurt a. M.: Campus 2009

Kaufmann, Lutz: China Champions. Wie deutsche Unternehmen den Standort China für ihre globale Strategie nutzen, 1. Auflage. – Wiesbaden: Gabler 2005

McCreadie, Karen: Sunzis Die Kunst des Krieges. 52 brilliante Ideen für Ihr Business, 1. Auflage. – Offenbach: GABAL Verlag 2010

Menzenbach, Jutta: Visionäre Unternehmensführung. Grundlagen, Erfolgsfaktoren, Perspektiven, 1. Auflage. – Wiesbaden: Gabler Verlag 2012

Naisbitt, John: Megatrends. Ten New Directions Transforming Our Lives, 1. Auflage. – New York: Warner Books 1982

Nasner, Nicolas: Strategisches Kernkompetenz-Management. Prozessorientierte Konzepte, Implementierungshinweise, Praxisbeispiele, 1. Auflage. – München; Mering: Hampp 2004

Petzke, Amadeus: Nähe zum Kerngeschäft als Kriterium für Portfolioentscheidungen, 1. Auflage. – München; Mering: Hampp 2009

Porter Novelli; Natural Marketing Institute: Ethisches Verbraucherverhalten, 2007

Raps, Andreas: Erfolgsfaktoren der Strategieimplementierung. Konzeption, Instrumente und Fallbeispiele, 3. überarbeitete Auflage. – Wiesbaden: Gabler 2008

Steria Mummert Consulting: Potenzialanalyse Megatrends, Oktober 2007. Zu bestellen unter http://www.steria.com/de/no_cache/presse/publikationen/studien/studien-details/studien/potenzialanalyse-megatrends/?cque=

Strasmann, Jochen (Hrsg.): Kernkompetenzen. Was ein Unternehmen wirklich erfolgreich macht, 1. Auflage. – Stuttgart: Schäffer-Poeschel 1996

Tarlatt, Alexander: Implementierung von Strategien im Unternehmen, 1. Auflage. – Wiesbaden: Dt. Univ.-Verlag 2001

Thomsen, Eike-Hendrik: Management von Kernkompetenzen. Methodik zur Identifikation und Entwicklung von Kernkompetenzen für erfolgreiche strategische Ausrichtung von Unternehmen, 1. Auflage. – Sternenfels: Verlag Wissenschaft und Praxis 2000

Tischler, Thomas: Strategie und Change. Ein integrativer Ansatz zur Strategiegenerierung im Unternehmen, 1. Auflage. – Wiesbaden: Dt. Univ.-Verlag 1999

Toren, Adam; Toren, Matthew: Small business, big vision. Lessons on how to dominate your market from self-made entrepreneurs who did it right, 1. Auflage. – Hoboken, N.J.: Wiley 2011

United Nations: World Urbanization Prospects. The 2007 Revision. Abrufbar unter http://www.un.org/esa/population/publications/wup2007/2007WUP_Highlights_web.pdf

Waddock, Sandra A.; Rasche, Andreas: Building the responsible enterprise. Where vision and values add value, 1. Auflage. – Stanford, Calif.: Stanford Business Books 2012

Wicharz, Ralf E.: Strategie – Ausrichtung von Unternehmen auf die Erfolgslogik ihrer Industrie. Unternehmensstrategie – Geschäftsfeldstrategie – Konzernstrategie, 1. Auflage. – Wiesbaden: Springer Gabler 2012

Zook, Chris; Seidensticker, Franz-Josef: Die Wachstumsformel. Vom Kerngeschäft zu neuen Chancen, 1. Auflage. – München; Wien: Hanser 2004

4 Unternehmen steuern: Wie kommen wir zum Ziel?

4.1 Profitabel wachsen: Marktanteile sind nur der Anfang

Nach einiger Zeit der Abstinenz – Bernd Besserwisser hatte ein gutes Gespür, wann er seine Kunden mal eine gewisse Zeit alleine lassen sollte – traf er Willy Weitblick nach dessen Pfingsturlaub wie zufällig auf dem Parkplatz des hiesigen Golfclubs. „Ich hoffe, Ihre – ähm, unsere – neue strategische Ausrichtung trägt Früchte?" Was für ein Anfängerfehler. Besserwisser kratzt sich verlegen hinter dem Ohr. *Unsere* Ausrichtung natürlich.

„Schon, wenn nur der Zuwachs an Marktanteilen nicht so teuer wäre", gab Weitblick zurück und aktivierte mit seinem Smartphone die Soundanlage seines neuen Cabrios. Nicht, dass er Besserwisser abwürgen wollte, doch ließ ihm das Thema Wachstum seit Monaten keine Ruhe. Die Markterschließungskosten würden ihn noch auffressen, und dass er derart hohe Vorfinanzierungskosten im Entwicklungsbereich würde stemmen müssen, hatte selbst Konrad Krosstschek, sein Geschäftsführungskollege für den Bereich Finanzen, übersehen.

„Weitblick, Sie machen Ihrem Namen doch alle Ehre. Sie schauen nach vorne und investieren in die richtigen Märkte und Technologien. Sie wissen, dass es sehr wichtig ist, bestimmte Themen als Erster zu besetzen. Das bedeutet auch, dass der Gewinn nicht gleich zu Anfang sprudeln kann – aber sicher, irgendwann möchte man auch ernten. Nun, wenn Sie möchten ..." „Ja, dann melde ich mich. Zuerst muss ich den Überblick gewinnen, welche Projekte nicht nur Marktanteile bringen, sondern unter dem Strich auch etwas abwerfen. Ich habe ja in der Vergangenheit vieles von Ihnen lernen können, jetzt versuche ich das mal selbst – zusammen mit meinen Jungs vom Corporate Development" erwiderte Weitblick, schon wieder etwas besser gelaunt.

Profitabel wachsen: Was steckt dahinter?
Abgesehen von wenigen Ausnahmen ist Wachstum für ein Unternehmen unvermeidlich, um langfristig im Markt bestehen zu können. Die Anzahl der

„kleinen & feinen" Firmen, die es sich leisten können, auf einen über die Zeit steigenden Marktanteil zu verzichten, ist überschaubar. Meist handelt es sich um spezialisierte Nischenanbieter, die abseits des Mainstream einen begrenzten Kundenkreis bedienen. Die Mehrheit der Unternehmen kann sich jedoch den Vorteilen kaum entziehen, die mit mehr Umsatz und steigender Marktmacht verbunden sind. Ziel ist in der Regel die Steigerung des Unternehmenswertes. Doch genau letzteres ist nicht allein mit Umsatzwachstum zu erreichen.

Profitabel wachsen bedeutet Steigerung des Unternehmenswertes

Das St. Gallen Center for Organizational Excellence (CORE) analysierte im Zeitraum von 1994 bis 2004 die 300 größten börsennotierten Unternehmen im europäischen Wirtschaftsraum in Bezug auf ihre Wertsteigerung. Als Vergleichswert der Langzeitstudie zogen die Wissenschaftler die jährliche Aktienrendite der Unternehmen heran. Das Ergebnis:

Nur die Unternehmen, die Umsatz und Gewinn gleichzeitig steigern konnten, erreichten die größte Wertsteigerung.

- Hohes Gewinnwachstum bei geringem Umsatzwachstum führte zu einer durchschnittlichen Aktienrendite von beachtlichen 5,7%
- Hohes Umsatzwachstum bei geringem Gewinnwachstum führte zu einer durchschnittlichen Aktienrendite von lediglich 3,9%

Einseitiges Wachstum bei Umsatz oder Gewinn ist für eine hohe Wertsteigerung offensichtlich eher hinderlich: Firmen mit gleichzeitig hohem Umsatz und Gewinnwachstum (über 15%) konnten eine bemerkenswert hohe Aktienrendite von durchschnittlich 21,4% verbuchen. Selbst bei moderatem Wachstum beider Kennzahlen stellte das CORE höhere Aktienrenditen als bei einseitigem Wachstum fest.

Erschreckend jedoch ist, dass die Mehrheit der betrachteten Firmen nicht in der Lage war, ein konstantes Wachstum von Umsatz und Gewinn zu realisieren: Mehr als die Hälfte der beobachteten Unternehmen konnte entweder nur den Umsatz oder nur den Gewinn steigern. Lediglich ein Viertel der Unternehmen realisierte bei steigendem Umsatz ein konstantes Gewinnwachstum.

a) Warum es so schwierig ist, profitabel zu wachsen

Hürden des profitablen Wachstums

Wachstum bedeutet oft auch Veränderung: Aufbau neuer Geschäftsfelder, Erschließung neuer Märkte, Investitionen in Wissen und Anlagen etc. Diese Veränderungen erfolgreich zu bewältigen, erfordert einen verantwortungsvollen Umgang mit den Ressourcen – was bei weitem nicht allen Unternehmenslenkern gelingt. Nicht wenige Manager verkalkulieren sich auf dem „Weg nach oben": Mit umfangreichen Investitionen wird das Unternehmenswachstum gestützt – mit der Folge einer angespannten Cash-Flow-Situation. Hierdurch wird der Ausgleich der Verbindlichkeiten gegenüber anderen Unternehmen und den Kapitalgebern deutlich erschwert. Nicht nur für Start-Up

Unternehmen verschiebt sich der Break Even, und auf ein stark forciertes Umsatzwachstum folgt nicht selten eine Phase ernüchternder Abkühlung.

Umsatzwachstum verlangt also Augenmaß. Neben unternehmerischem Gestaltungswillen zählt vor allem die Fähigkeit zur Fokussierung: Was ist wirklich nötig, um zu expandieren? Und welche Aktivitäten zehren eher an den Kräften, sind mit Ineffizienzen verbunden, lähmen, führen zu einer Schwächung des Unternehmens – statt es zu stärken?

Letztlich geht es um Disziplin, genauer gesagt um Selbstdisziplin. Unternehmer kommt von *etwas unternehmen*. Dennoch zahlt sich – wenn auch auf den ersten Blick unpopulär anmutend – Disziplin in Bezug auf die folgenden drei Aspekte auf mittlere Sicht in jedem Fall aus:

* Kosten
* Kapital
* Komplexität

Der erste Aspekt läuft Gefahr, als Gemeinplatz abgetan zu werden. Vorsicht: Wachstum kostet Geld, wird oft vorfinanziert und ist der Schlüssel zum künftigen Erfolg – mit Betonung auf *künftig*. Aufholen ist oft einfacher, als sich dauerhaft an der Spitze des Feldes zu behaupten. Kostendisziplin ist hierbei oft ein wesentlicher Faktor: Wer auf Dauer profitabel wächst, hält meist auch die Kosten unter Kontrolle.

Womit wir beim zweiten Aspekt wären: Fremdkapital ist wichtig; auf Dauer zählt aber vor allem die Eigenkapitalquote. Hieran bemisst sich, wie viel Risiko der Unternehmer selbst zu tragen bereit ist. Fremdgeschäftsführer nehmen es, wenn es um die Finanzierung von Akquisitionen zur Realisierung anorganischen Wachstums geht, mit dem Verschuldungsgrad nicht immer so genau. Für eine Übergangszeit ist dies in Ordnung; dauerhaft sollte die Eigenkapitalquote den Wachstumsbestrebungen jedoch nicht geopfert werden.

Der dritte Aspekt, die mit dem Wachstum oft einhergehende steigende Komplexität im Unternehmen, wird häufig erst adressiert, wenn es bereits zu ausreichend „Bauchweh" gekommen ist. Die Erfahrung lautet dann: Vielfalt kostet Geld. Selten gelingt es zu wachsen, ohne die Vielfalt an Produkten zu erhöhen. Aber nur wer diese Komplexität beherrschen lernt, wird auf Dauer profitabel wachsen. Ziel ist es, kundenindividuelle Lösungen zu ermöglichen, die Komplexität und damit die Kosten für diese von außen wahrnehmbare Vielfalt aber gering zu halten. Ansatzpunkte hierfür können Plattformkonzepte, Baukastensysteme oder Konfigurator-Programme sein. In allen Fällen sind definierte Varianten möglich, ohne dass sich die Anzahl der hierfür benötigten Teile überproportional erhöht. Damit sinken auch die Vorfinanzierungskosten im Entwicklungsbereich und in der Lagerhaltung.

Anhand eines Beispiels möchten wir Ihnen die Bedeutung einer strikten Kostenkontrolle in stark wachsenden Unternehmen noch einmal verdeutlichen. Gerade in Phasen ausgedehnten Wachstums müssen erfolgskritische Unternehmenseinheiten weiterentwickelt und auftretende Engpässe schnell behoben werden. Wird dies vom Management nicht erkannt, sehen sich schnell gewachsene Firmen rasch massiven Problemen gegenüber. Ein Beispiel für eine derartige Sogwirkung ist das Solarunternehmen Conergy AG. Das 1998 gegründete Solarunternehmen besaß in Frankfurt (Oder) eine vollautomatische Wafer-, Zellen- und Modulfabrik und musste im Geschäftsjahr 2008 mit knapp 1 Mrd. € Umsatz (+40% zum Vorjahr) einen Verlust von 253,5 Mio. € hinnehmen.

In den Jahren zuvor hatten die Aktien der Firma einen wahren Boom erlebt: Im Sog des euphorischen Sektor-Sentiments vermerkte man noch im September 2007 ein neues Allzeithoch von mehr als 22 € pro Aktie. Es sah danach aus, als ob sich die rasanten Umsatzsteigerungen auch in den Folgejahren fortsetzen würden. Die Solar-Branche prognostiziert ein weltweites Wachstum des Photovoltaik-Markts von 40 Prozent. Im Jahr 2009 war die Conergy-Aktie zeitweise nicht einmal mehr einen Euro wert.

Was war passiert? Conergy erhöhte im Rahmen des Unternehmenswachstums die Mitarbeiterzahl beträchtlich und dehnte die Fixkostenstruktur stark aus. Den Kosten für Personal und IT im Zuge der Umstellung auf SAP brachte das Management zu wenig Aufmerksamkeit entgegen: Die Zeichen standen schließlich auf Wachstum. Gleichzeitig wuchsen die internen Controlling- und Managementstrukturen nicht gebührend mit: Die Etablierung effizienter interner Prozesse konnte mit dem Wachstumstempo nicht Schritt halten, und das Management steuerte quasi im Blindflug durch das starke Wachstum. Aufgrund falscher Planungen erwartete man Mitte 2007 ein starkes Umsatzwachstum für das 3. Quartal – welches nicht eintraf. Das zuvor stark angestiegene Fixkostenniveau führte zu Liquiditätsabflüssen, die in keinem Verhältnis zu den niedrigen Umsatzzahlen standen.

Zudem kämpfte Conergy mit einem Lieferengpass in der Supply Chain. Das Nadelöhr zur Herstellung von Solarzellen ist der Rohstoff Silizium. Dieser wird zu Ingots, Wafern und im letzten Schritt zu Solarzellen verarbeitet. Zusammen mit anderem Zubehör werden dann komplette Module hergestellt. Der Engpass bestand bei der Zulieferung dieser Solarmodule. Aufgrund der hohen Nachfrage war der Markt für Solarmodule wie leer gefegt. Conergy konnte trotz des hohen Auftragsbestands nur wenige Produkte verkaufen und deshalb kaum Umsatz erzielen. Mehrere, vor allem chinesische, Lieferanten lieferten fest zugesagte Solarmodule nicht an. Die radikale Marktbereinigung, die zu einem späteren Zeitpunkt einsetzte und die allermeisten deutschen Firmen zur Aufgabe des Solargeschäfts zwang, war zu diesem Zeitpunkt allerdings noch nicht abzusehen.

Doch zurück: Im November 2007 gelangte die Nachricht, Conergy stecke in finanziellen Schwierigkeiten, an die mehr als überraschte Öffentlichkeit. Zur Sicherstellung der Liquidität benötigte das Unternehmen einen dreistelligen Millionenbetrag. Erst eine Notfall-Kapitalerhöhung und eine Reihe von Bankkrediten brachten die Conergy AG wieder zurück zur Zahlungsfähigkeit.

b) Unternehmenswachstum auf Pump – Vorsicht bei der Finanzierung

Die Art und Weise, wie Wachstum finanziert wird, ist ebenfalls ausschlaggebend für die Realisierung profitablen Unternehmenswachstums. Bei innenfinanzierten Investitionen schöpfen sich die liquiden Mittel aus einbehaltenen Gewinnen bzw. Jahresüberschüssen. Vor allem in einem schwierigen Kapitalmarktumfeld mit restriktiver Vergabe von Krediten sind Unternehmen mehr denn je gezwungen, Investitionen und Wachstumsprojekte aus eigener Kraft heraus zu finanzieren.

Profitables Wachstum kostet zunächst Geld

Ein starkes Umsatzwachstum kann selbstverständlich auch fremdfinanziert werden – die Zinsbelastungen aus den Verbindlichkeiten werden aber schnell zum Stolperstein für profitables Wachstum.

Ein Beispiel für „Wachstum auf Pump" lieferte in den vergangenen Jahren ein großer deutscher Lebensmittelfilialist. Dessen Umsatz hatte sich innerhalb von zehn Jahren vervierfacht. Mit etwa 10.000 Filialen bedient man mittlerweile Kunden in mehr als 20 europäischen Ländern. Die ambitionierte Expansionsstrategie war das erklärte Ziel der Unternehmensleitung. Mit dem zusätzlichen Umsatz wollte man den eigenen Einfluss im Markt stärken und Mitbewerbern signifikante Marktanteile abnehmen.

In Spitzenzeiten eröffnete man im Schnitt 10 neue Filialen pro Woche, um der ausgeprägten Wachstumsorientierung Rechnung zu tragen. Im Schnitt wuchs das Unternehmen damit zwar schneller als die Konkurrenz, der Umsatz pro Quadratmeter, eine wichtige Kennzahl für Verbrauchermärkte, jedoch sank. Im Ergebnis bedeutete dies: Die Kosten stiegen schneller als die Erlöse.

Gründe für die mangelnde Profitabilität: Das Management vernachlässigte durch die Umsatzorientierung wichtige Aspekte, die auf die Gewinnmargen drückten. So wurden beim Versuch, neue Länder zu erschließen, nationale Eigenheiten zu wenig beachtet. Man ging unvorbereitet in diese Märkte hinein, um sich später, um viele Erfahrungen reicher, wieder zurückzuziehen. Über den zentralen Einkauf wurde den Auslandsniederlassungen ein weitestgehend standardisiertes Sortiment angeboten; Abweichungen waren nicht vorgesehen. Im skandinavischen Raum straften die Kunden dieses Vorgehen ab, das wenig Rücksicht auf individuelle Bedürfnisse in einzelnen Regionen nimmt.

Die im Laufe des Expansionsprozesses angestiegene Produktvielfalt sorgte für höheren Aufwand in Administration und Disposition in Form gestiegener Fixkosten für Personal. In Märkten mit hoher Wettbewerbsintensität ist profitables Wachstum unter diesen Umständen kaum möglich – zumindest nicht kurz- bis mittelfristig.

Anders als bei Mitbewerbern wurde das Wachstum über externe Kreditgeber finanziert. Je nach Zinsbelastung kann eine im Lebensmitteleinzelhandel üblicherweise erzielbare Umsatzrendite von gut 1% vor Steuern kaum die Basis für nachhaltiges, profitables Wachstum bieten. Wachstum um jeden Preis rechnete sich auch in diesem Fall nicht.

Einmal mehr zeigt sich, dass in kompetitiven Märkten bei geringen Margen die Vorgehensweise der Cash-Flow-finanzierten Expansion zumindest außerhalb von Niedrigzinsphasen klar zu bevorzugen ist. Allerdings wird dann das Wachstumstempo durch die in der Vergangenheit erwirtschafteten Erträge limitiert, was in der Unternehmensleitung eine gewisse Geduld bei der Umsetzung der Expansionspläne voraussetzt.

c) Worauf es bei profitablem Wachstum ankommt

Profitables Wachstum: Checkliste

Aus den Fallstudien von Conergy und dem Filialisten im Lebensmitteleinzelhandel lassen sich Kriterien ableiten, deren Beachtung die Wahrscheinlichkeit erhöht, dass Umsatzwachstum letztlich auch mit Ergebniszuwachs einhergeht:

- Investitionen in die Erschließung neuer Märkte sind nötig, aber mit Augenmaß anzugehen. Die Vorfinanzierung einer Expansion beträgt je nach Branche 50 bis 100% des angepeilten Mehrumsatzes. Kalkulieren Sie sorgfältig und stellen Sie in verschiedenen Szenarien Aufwand und zu erwartende Umsatzerlöse gegenüber.

- Prüfen Sie, ob nicht auch stetiges Wachstum im einstelligen Prozentbereich mit Ihren Unternehmenszielen vereinbar ist. Sie reduzieren damit Risiken und erhöhen die Chance, neben Umsatzzuwächsen auch den Ertrag zu steigern.

- Behalten Sie die Kosten im Auge. Auch in wirtschaftlich guten Zeiten gilt es, Kosteneinsparungen bzw. Skaleneffekte durch Nutzung von Gleichteilen bzw. Plattform- oder Modulkonzepten, Einsatz eines Konfigurators, Realisierung eines effizienteren Produktionslayouts oder auch Verlagerung von Teilen der Produktion zu prüfen. Und: Begegnen Sie ersten Anzeichen einer ausufernden Variantenvielfalt mit Entschlossenheit!

- Entwickeln Sie Ihre Organisationsstruktur parallel zum Unternehmenswachstum weiter. Ihr Unternehmen sollte in der Lage sein, die steigende Arbeitsbelastung zu meistern, ohne dass Überlastungserscheinungen auftreten. Ansonsten gefährden Sie Ihr Unternehmen mehr, als Sie durch Umsatzwachstum gewinnen können: Stammkunden werden sich für Ihre Mitbewerber interessieren, sobald die als wesentlich empfundenen Leistungen wie Liefertreue und Service-Reaktionszeiten nicht mehr stimmen.

- Innenfinanzierung vor Fremdfinanzierung: Der gesündeste Form des Unternehmenswachstums ist es, den Cash-Flow als Finanzierungsquelle zu nutzen. Eine hohe Eigenkapitalquote bewahrt das Unternehmen vom Willen der Fremdkapitalgeber abhängig zu sein.

Zwei dieser Erfolgsfaktoren möchten wir Ihnen in den folgenden beiden Abschnitten vorstellen. Zunächst beleuchten wir die Komplexitätsreduktion am Beispiel der Schmitz Cargobull AG unter dem Aspekt „Wachstum durch Verzicht". Der Erfolgsfaktor Organisationsentwicklung in punkto Innovation und Effizienz wird in Abschnitt f) diskutiert.

d) Erfolgsfaktor Komplexitätsreduktion
Die Schmitz Cargobull AG ist europäischer Marktführer für Sattelauflieger, Aufbauten und Anhängern für LKW. Mit der Produktion und dem Vertrieb von Kühlfahrzeugen, Sattelkippern, Planenfahrzeugen und Kofferfahrzeugen wurde im Geschäftsjahr 2007/2008 ein Umsatz von mehr als 2 Mrd. € erzielt.

In den neunziger Jahren erfuhr die Schmitz Cargobull AG eine ernste Krise: Großaufträge brachen weg, der Umsatz sank, im internationalen Umfeld konnten keine wettbewerbsfähigen Preise mehr erzielt werden. Hauptgrund: Die Produktion von hunderten Produktvarianten war überaus aufwendig und komplex.

Es folgte ein radikaler Umbau des Unternehmens.

Die Produktpalette und die verbundenen Prozesse und Kommunikationswege wurden auf das Wesentliche reduziert und vereinfacht. Man setzte fortan auf „Wachstum durch Verzicht". Mit dieser Neuausrichtung verbunden waren drei wichtige Ziele:

1. Bereinigung der Produktpalette (Eliminierung von 80% des Portfolios) und Reduktion von Montageteilen (Eliminierung von 85% der genutzten Teile in der Produktion)

2. Investitionen in neue Produkte sowie weitere Gestaltungsspielräume für Kundenwünsche, ohne jedoch die interne Komplexität unnötig zu erhöhen

3. Skaleneffekte durch eine höhere Anzahl an Gleichteilen und somit geringere Herstellkosten pro Stück mit positiven Effekten für den relativen und den absoluten Ertrag

Im ersten Schritt baute man die Produktion drastisch um: Vor der Neuausrichtung wurde jedem zusätzlichen Kundenwunsch nachgegeben, was zu einer komplexen Koordination und langen Durchlaufzeiten führte. Statt der Produktion von zahllosen unterschiedlichen Varianten stellte Schmitz Cargobull jetzt nur noch vier umsatzstarke Grundtypen im Bereich LKW-Auflieger (auch

Trailer genannt) her. Ganze Baugruppen wie die Achsen standardisierte die Entwicklung und machte diese zum Gleichteil für alle Trailer.

Durch diese Maßnahmen konnte das Management die für die Produktion eines Anhängers notwendigen Arbeitsstunden signifikant auf nur noch 40 Stunden reduzieren. Der Lohnkostenanteil für einen Anhänger verringerte sich von durchschnittlich 20% auf lediglich 6–8%. Bemerkenswert erscheint vor allem die Durchlaufzeit: Die Lieferzeit nach Bestellung konnte von fünf Wochen auf unglaubliche fünf Tage reduziert werden.

Zwar drohten einige Kunden mit Abwanderung zur Konkurrenz, falls ihre spezifischen Wünsche nicht erfüllt würden. Doch in den wenigsten Fällen waren die Änderungswünsche wirklich essentiell. Letztlich sprang nur ein kleiner Teil der Kunden tatsächlich ab und kaufte bei anderen, spezialisierten Unternehmen ein. Alle anderen Konkurrenten der Schmitz Cargobull AG konzentrierten sich ebenfalls auf die Produktion standardisierter Lösungen.

Obwohl man sich zu Beginn der Neuausrichtung mit roten Zahlen konfrontiert sah, wurden keine Mitarbeiter entlassen. Im Gegenteil: Aufgrund des rasanten Wachstum, das die Unternehmensführung durch die wettbewerbsfähigen Preise auslöste, musste kontinuierlich Personal eingestellt werden.

Um zukünftig nicht in alte Verhaltensmuster zurückzufallen verzahnte das Unternehmen alle Einheiten (Vertrieb, Entwicklung, Produktion, Buchhaltung und After Sales Service) eng miteinander, um konsequent am Gedanken „schlank und einfach" festzuhalten.

Auch die Variantenvielfalt wurde weiterhin kontrolliert. Jede neue Variante hatte zwei Kriterien erfüllen: Mindestens 1.000 Stück mussten im ersten Jahr abgesetzt werden können und zudem europaweit verkäuflich sein.

e) Strategien zur Komplexitätsreduktion

Komplexität strategisch reduzieren

Schmitz Cargobull hat die Wende geschafft. Unter dem Motto „Wachstum durch Verzicht" verringerte das Management drastisch die aufgelaufene Komplexität – ausgelöst durch die ursprüngliche Idee, sämtliche Kundenwünsche zu erfüllen.

Ohne Zweifel, die Kunden und deren Wünsche stehen im Zentrum jeder unternehmerischen Tätigkeit. Wird aber jedem Kundenwunsch nachgegeben, erhöhen sich die Komplexitätskosten überproportional: Intern wächst der Abstimmungsbedarf, die Durchlaufzeit der Aufträge steigt. In der Konsequenz erhöht sich die Liefer- und damit die Wartezeit des Kunden; die Kundenzufriedenheit sinkt. Bezieht man darüber hinaus die steigenden Prozesskosten für Abstimmung, Änderung und Doppelarbeit ein, zahlt der Kunde letztlich weniger, als er für sein individuell entwickeltes und gefertigtes Produkt zahlen müsste. Ist dieser Zustand von Dauer, ergibt sich eine Abwärtsspirale: Kunden springen ab, der Umsatz sinkt und damit die Liquidität. Im schlimmsten Fall steht das Unternehmen letztlich vor der Insolvenz.

Dass es auch anders geht, zeigt die folgende Abbildung. Jede dort ausgewiesene Komplexitätsstrategie weist spezifische Vor- und Nachteile auf. Betrachtet man die beiden Größen „Breite des Produktsortiments" und die „Variantenvielfalt" ergeben sich folgende Positionierungsstrategien:

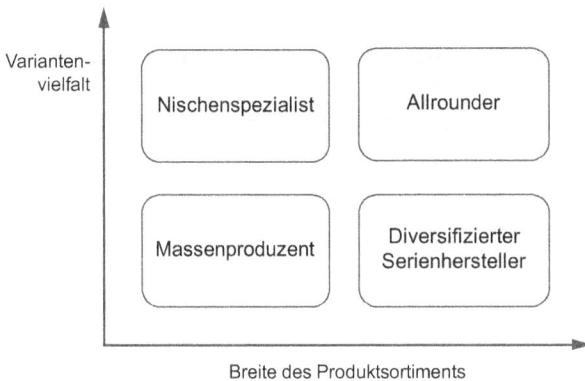

Abb. 7: Positionierungsstrategien

- Ein **Massenproduzent** verkauft wenige, standardisierte Produkte mit geringer Variantenvielfalt. Die meist kostengünstige Produktion ist vielfach mit einer starken Abhängigkeit von konjunkturellen Zyklen verbunden. Zudem bestehen kaum Chancen, sich über das Produkt beim Kunden zu profilieren. Dessen Kaufentscheidung wird stark vom Preis beeinflusst. Im Fall einer hohen Wettbewerbsintensität sind deshalb nur sehr niedrige Margen zu erwarten.

- Der **Nischenspezialist** bedient den Markt nur mit ausgewählten Produkten. Er bietet viele Varianten an, die sein umfassendes technisches Know-how und seine ausgeprägte Kundenorientierung reflektieren. So wird er für den Kunden zum kompetenten Problemlöser, ist aber aufgrund der geringen Differenzierung ebenfalls konjunkturanfällig.

- Ein **diversifizierter Serienhersteller** bietet den Kunden eine breite Palette von standardisierten Produkten an. Durch die Diversifikation ist die konjunkturelle Anfälligkeit geringer. Zugleich ermöglicht die Standardisierung der Produkte kostengünstige Produktion. Tendenziell können die niedrigen Herstellkosten der Massenproduzenten nur schwerlich erreicht werden.

- Der **Allrounder** ist des Kunden Erfüllung: Zu einem breiten Produktsortiment kommt eine hohe Variantenvielfalt. Jeglicher Kundenwunsch kann erfüllt werden – das macht das Unternehmen krisensicherer. Doch hohe Komplexität verteuert die Produkte und verhindert die Bündelung interner Kräfte.

Zweifellos hat jede der dargestellten Strategien ihre Daseinsberechtigung. Bei Lebensmitteln oder im Low-Price-Segment bei Automobilen ist die Ausrichtung auf die outputorientierte Massenproduktion nachvollziehbar. Mit hoher Auslastung und geringen Durchlaufzeiten lassen sich kleine Gewinnmargen auf Dauer halten.

Hat ein Unternehmen spezielles Know-how in Produktionsprozessen, der Produktentwicklung oder komplexen Technologien, lohnt sich eine Nischenstrategie, bei der oft hohe Margen erzielbar sind. Willy Weitblicks Clever GmbH ist als Prozessspezialist in der Lebensmittelverarbeitung tätig. Das umfassende Know-how in Bezug auf die Kundenanforderungen und die erforderlichen technologischen Lösungen bietet gute Voraussetzungen für eine nachhaltige Balance aus margenstarken individualisierten Produkten und der Realisierung von Skaleneffekten durch Einsatz von Modulen, Baukastensystemen und Konfigurator-Systemen. Lediglich die Abhängigkeit von den Kundenprozessen birgt Risiken: Verändern sich diese Prozesse und damit die Anforderungen an die dort eingesetzten Maschinen grundsätzlich, wäre das Geschäftsmodell der Clever GmbH zumindest kurzfristig in Frage gestellt. Ein gewisser Grad an Diversifizierung ist deshalb anzuraten.

f) Erfolgsfaktor Organisationsentwicklung
Wachstum erzeugt Änderungsbedarf: Es erscheint illusorisch, steigende Umsätze und somit steigenden Arbeitsbedarf mit ein und derselben Organisationsstruktur über Jahre hinweg erfolgreich handhaben zu können. Die Organisation eines Unternehmens ist das Grundgerüst und der Rahmen für Ressourcen- und Kompetenzzuweisung zugleich. Aus diesem Grund muss in einem dynamischen Wettbewerbsumfeld dem Änderungsbedarf durch kontinuierliche Organisationsentwicklung Tribut gezollt werden.

Ziel der Organisations-
entwicklung:
Steigerung der
Wettbewerbsfähigkeit
Das Ziel von Organisationsänderungen sollte stets sein, die Wettbewerbsfähigkeit eines Unternehmens zu erhöhen. Auf reinem Machtkalkül basierende organisatorische Änderungen führen selten zur Steigerung der internen Effizienz und sind unter fachlichen Gesichtspunkten nicht anzuraten.

Profitables Wachstum erfordert eine Balance aus Flexibilität und Effizienz. Einerseits sollen flexible Strukturen im Unternehmen Freiräume für die Bedienung neuer Kundensegmente und die hierfür erforderlichen Innovationen schaffen. Andererseits muss die Organisation straffe und effiziente Prozesse im operativen Geschäft aufweisen, um die höheren Aufwendungen im Zuge der Ausweitung der wirtschaftlichen Tätigkeit (über)kompensieren zu können.

Welche Organisationen sind in der Lage, diesen Spagat über längere Zeit hinweg zu realisieren? Die in dieser Hinsicht erfolgreichen Unternehmen haben eine Gemeinsamkeit: Sie schaffen den Spagat zwischen der kurzfristigen operativen Effizienz und der langfristig ausgelegten, auf Innovationen fußenden Wachstumsstrategie. Innerhalb der Organisationstheorie existieren vier Strategien die es ermöglichen, eine Balance zwischen Flexibilität und Innovation herzustellen. Anhand von vier ausgewählten Fallbeispielen in der Praxis wollen wir analysieren, wie dies möglich ist.

Strategie 1: Zyklische Organisationsänderungen

Eine einfache, aber kostenintensive und risikoreiche Möglichkeit ist, Effizienz und Innovation im zeitlichen Ablauf zu kombinieren. Phasen zur Stärkung der Innovationsfähigkeit wechseln sich mit Phasen der Optimierung von operativer Effizienz ab.

Zyklische Organisationsänderung

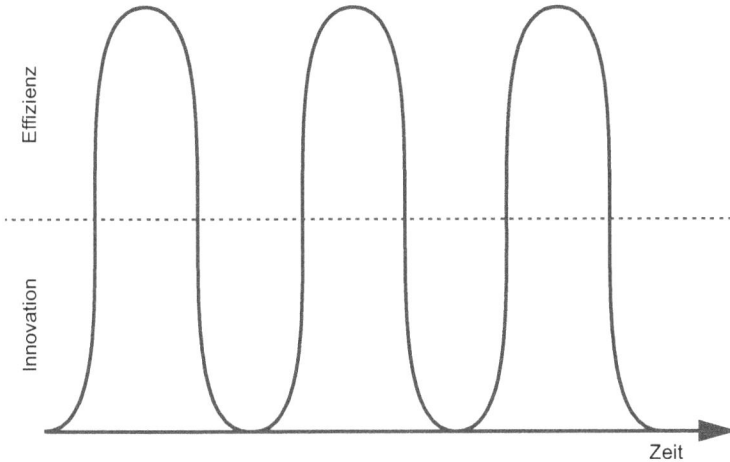

Abb. 8: Zyklischer Wechsel zwischen Effizienz und Innovation

Der Hebelarm zum Wechsel zwischen den beiden Ausprägungen Innovation und Effizienz ist der bewusste Einsatz von zentralen bzw. dezentralen Steuerungsmechanismen. Sollen Innovation gefördert werden, kann dies durch Stärkung dezentraler Impulse geschehen: Man schafft unternehmerische Freiräume in den Märkten und erzeugt auf diese Weise ein konstruktives Gegengewicht zu den bislang zentral gesteuerten Produktinitiativen. Bei rückläufiger operativer Effizienz wird man hingegen die zentrale Koordinationsfunktion stärken.

Nokia, der ehemalige finnische Weltmarktführer für mobile Kommunikation, erlebte im Jahre 2001 einen Fast-Kollaps. Die Konkurrenz hatte sich nahezu unbemerkt mit innovativen Produkten im Markt etabliert: SonyEricsson brachte das erste Farbdisplay auf den Markt, Motorola überzeugte mit den ersten Modellen mit paketorientierter Datenübertragung (GPRS) und Samsung eröffnete den Markt für moderne Klapphandys. Nach und nach bröckelte das Image der Finnen als weltweit führender Innovator für Mobiltelefone – der unternehmerische Schwung aus den Pionierzeiten der Mobiltelefonentwicklung gehörte mit einem Mal der Vergangenheit an.

Jorma Ollila, damaliger CEO von Nokia hatte die Quelle dieser Fehlentwicklung schnell lokalisiert: Die Organisationsstruktur bei Nokia war auf starke Zentralisation ausgerichtet. Man arbeitete zwar effizient und kostengünstig – der Raum für Innovation und Wettbewerbsfähigkeit war jedoch zu gering, um mit den schärfsten Konkurrenten mithalten zu können. Wie konnte man wieder zu alter Stärke zurück finden?

Das Management entschied sich 2002, die Geschäftseinheit Mobiltelefone stark zu dezentralisieren und in neun selbständig gewinnverantwortliche Einheiten aufzuteilen. Jede Einheit war nun auf Marktsegmente hin ausgerichtet, was sich direkt in einer signifikanten Beschleunigung der Entwicklungsprozesse auswirkte. Nokia konnte wieder mit innovativen Ideen aufwarten. Der Profit und die Mitarbeitermotivation stiegen an.

Doch starke Dezentralisierung hat offensichtliche Nachteile: Doppelarbeit ist aufgrund mangelnder Transparenz an der Tagesordnung, nützliche Synergieeffekte in Einkauf, Entwicklung und Vertrieb bleiben aus. Schon im Folgejahr fiel die operative Marge um knapp 50% und es wurde wieder umstrukturiert: Aus neun wurden vier Geschäftseinheiten, die das Management mit einer bereichsübergreifenden Einheit vernetzte. Ende 2004 war der operative Gewinn durch Rückkehr zur Zentralisierung wieder auf den alten Höchststand geklettert.

Übrigens: Die zuvor genannten Konkurrenten Ericsson und Sony wechselten zwischen 1997 und 2007 je fünfmal zwischen einer dezentralen und zentralen Organisation.

Strategie 2: Organisation in räumlich getrennten Einheiten

Räumliche Trennung von Organisationseinheiten

Eine weitere Möglichkeit zur erfolgreichen Kombination von Flexibilität und Effizienz ist die räumliche Trennung von innovativen und zentralen Unternehmensteilen.

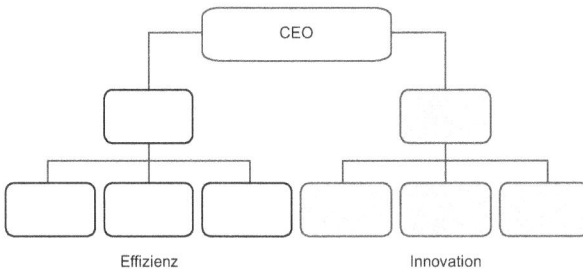

Abb. 9: Räumliche Trennung von Organisationseinheiten

Der Geschäftsführung unterstellt sind zwei Einheiten: Eine innovative Einheit, die primär auf die Geschäftsfeld- und Produktentwicklung fokussiert ist und eine operative Einheit, die das Kerngeschäft abwickelt und die beständige Prozess- und Produktoptimierung vorantreibt.

Der US-amerikanische Xerox-Konzern brachte 1949 den ersten automatischen Kopierer auf den Markt. 1970 gründete man als Tochterunternehmen das Palo Alto Research Center (PARC), welches ausschließlich durch Technologie- und Produktentwicklung zum Wachstum des Xerox-Konzerns beitragen soll. Ein kluger Schritt war es, die Mitarbeiter extern zu rekrutieren, um sich neues innovatives Know-how an Bord zu holen. Die Unabhängigkeit zahlte sich aus, denn die Forscher konnten sich in ihrer flexiblen Umgebung, ganz abgelöst vom Tagesgeschäft des Großkonzerns auf die Technologieentwicklung fokussieren. In den folgenden Jahren brachte PARC bahnbrechende Erfindungen auf den Markt: Der „8010 Star" als erster PC mit Texteditor, Maus und grafischer Benutzeroberfläche, der Farb- und Laserdrucker und schließlich 1979 das erste schnelle „Local Area Network" (LAN) zur Vernetzung von Computern.

Durch die organisatorische und räumliche Trennung der Verantwortungsbereiche „Innovation und Entwicklung" einerseits und „Effiziente Koordination des bestehenden Geschäfts" andererseits konnte das profitable Wachstum gestützt werden. Innovation und operative Effizienz wurden in ein und demselben Unternehmen vereint.

Strategie 3: Organisation in parallelen Einheiten

Bei der Strategie zur Organisation in parallelen Einheiten arbeiten die Mitarbeiter teilweise in der operativen Primärstruktur und teilweise in innovativ ausgelegten Projektstrukturen.

Organisation in parallelen Einheiten

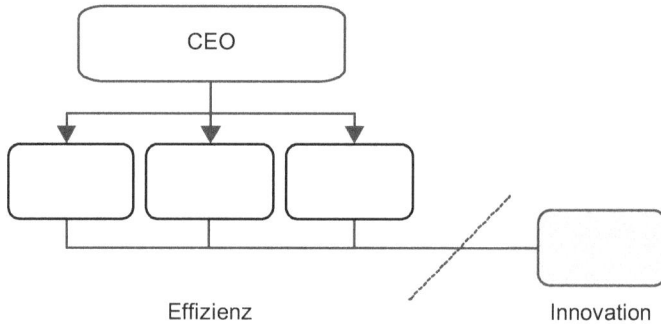

Abb. 10: Organisation in parallelen Einheiten

In dieser Strategie sind grundsätzlich zwei Vorgehensweisen möglich:

1. Die Projektstrukturen sorgen für die notwendige Innovation zum Wachstum während die primäre Zentralstruktur für die effiziente Abwicklung des Kerngeschäftes zuständig ist.

2. Eine dezentrale Primärstruktur ermöglicht ein innovatives Umfeld, welches durch eine Projektstruktur, zuständig für Effizienz und Synergien, unterstützt wird.

Ein Beispiel für den Typ 2 der Parallelstrategie findet sich bei der British Petrol (BP). In einer dezentralen Grundstruktur existieren 150 eigenständige Geschäftseinheiten, die das Management durch „Peer Groups" vernetzt.

BPs ehemaliger Chief Executive Officer John Brown initiierte die Organisationsentwicklung, um die gesamte Organisation in kleine, innovative Geschäftseinheiten aufzuteilen und gleichzeitig Doppelarbeit in den dezentralen Einheiten zu vermeiden.

Die Peer Groups tragen die Verantwortung bei der Sicherstellung operativer Effizienz und bei der Durchsetzung von Synergien.

Mit diesem Schritt transformierte Brown die ehemals vertikal organisierte British Petrol in ein horizontal orientiertes Unternehmen um: Innerhalb der 150 Geschäftseinheiten wurden Peer Groups gegründet, die aus bis zu 12 Geschäftseinheiten mit ähnlichen Geschäftsfeldern bestanden.

Im nächsten Schritt führte Brown innerhalb dieser Peer Groups die „Peer Assists" ein. Die zwei Top-Geschäftseinheiten jeder Peer Group machte Brown für die Performance von zwei kleinen Units verantwortlich. Gleichzeitig wurde 50% des Bonus dieser Manager an die Performance der zu betreuenden Units gekoppelt. Anstatt in ständigem Wettbewerb mit anderen Öl-Raffinerien zu agieren, gingen die Top-Performer auf die Low-Performer zu, um zu fragen:

„Was können wir tun um Euch zu helfen?" Aus einer Wettbewerbskultur entwickelte BP eine konstruktive Verbesserungskultur.

Strategie 4: Organisation in integrierten Netzwerken

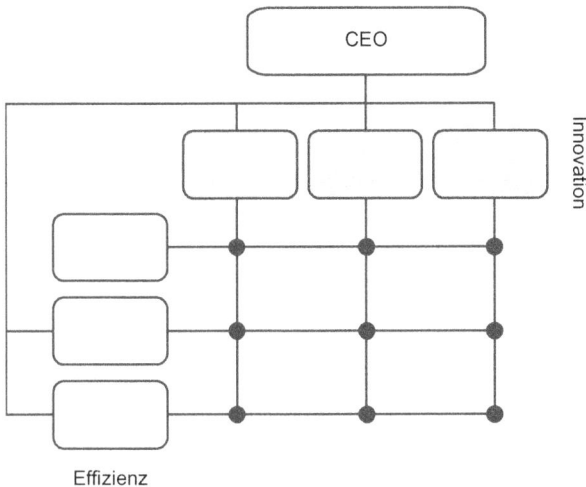

Das Meisterstück ist der Aufbau von integrierten Netzwerken im Unternehmen. Diese Art der Verbindung von Effizienz und Innovation kann vom Management durch die Einführung einer Matrix-Organisation realisiert werden. Zwei Dimensionen bilden in dieser Matrix die Primärstruktur:

Organisation in integrierten Netzwerken

CEO

Innovation

Effizienz

Abb. 11: Netzwerk durch Matrix-Organisation

- Dimension 1: Produktorientierung zur Sicherstellung der Innovation
- Dimension 2: Länder- oder Funktionsorientierung zur Verfolgung von Effizienzzielen

Der Lebensmittelkonzern Nestlé S.A. ist mit mehr als 80 Mrd. Schweizer Franken Umsatz bei einem Reingewinn von knapp 10 Mrd. Schweizer Franken (Stand 2011) das größte Industrieunternehmen der Schweiz. Im Produktportfolio findet sich von Kaffee über Mineralwasser, Milchprodukte, Fleisch- und Wurstwaren bis hin zu Tiernahrung nahezu alles, was im Bereich Nahrungsmittel in Super- und Verbrauchermärkten verkauft wird.

Die Matrixorganisation bei Nestlé ist ein wesentlicher Grund für das profitable Wachstum des Konzerns im letzten Jahrzehnt:

In der Dimension „geografische Zonen" werden die Regionen Europa, Süd- und Nordamerika sowie Asien, Ozeanien und Afrika und die jeweiligen Länderorganisationen für das operative Geschäft verantwortlich gemacht. Effizienz und kurzfristige Ertragsziele sind vordergründig. Die Dimension „globale Produktgruppen" (Getränke, Milchprodukte & Eis, Fertiggerichte, Schokolade & Süßwaren, Tiernahrung und Pharma) sind auf Innovation und Produktentwicklung ausgerichtet. Das erklärte Ziel ist es, die langfristige Unternehmensentwicklung durch die kontinuierliche Entwicklung von Produktgruppen voranzutreiben.

Die existierenden Widersprüche zwischen Innovation und Effizienz werden durch die Überlagerung dieser Dimensionen aufgelöst. Vor allem die Zielgestaltung zwischen kurzfristigem Profit und langfristigen Wachstumszielen kann vom Management optimal austariert werden.

g) Auswahl der geeigneten Organisationsstrategie

Die richtige Organisationsstrategie finden

Bei der Entscheidung für eine der vorgestellten Strategien sind zwei Rahmenbedingungen zu beachten:

1. Art der Veränderung: Wie verändert sich mein Produkt oder meine Dienstleistung im Laufe der Zeit?

    – Radikaler Wechsel von Technologie oder Methodik (z.B. Ablösung der Audio-Kassette durch die Compact Disc)
    – Kontinuierliche Weiterentwicklung (z.B. die ständige Optimierung des Kraftstoffverbrauchs bei Benzinmotoren)

2. Gewählte Wettbewerbsstrategie: Wie hat sich das Unternehmen gegenüber Wettbewerbern aufgestellt?

    – Parallele Wettbewerbsstrategie (d.h. ein Markt wird mit unterschiedlichen Geschäftsmodellen bearbeitet, z.B. Nokia baut kostengünstige Handys im Massenmarkt und differenziert sich gleichzeitig durch High-End Produkte)
    – Gebündelte Wettbewerbsstrategie (d.h. innerhalb eines Geschäftsmodells wird die Preis- und Kostenführerschaft mit einem differenzierten Produktangebot kombiniert, z.B. liefert der PC-Hersteller DELL individualisierte Produkte zu günstigen Preisen)

Anhand der jeweiligen Rahmenbedingung kann eine geeignete Organisationsstrategie ausgewählt werden:

	Art der Produktveränderung	Gewählte Wettbewerbsstrategie
Strategie 1: Zyklische Organisationsänderung	Radikaler Wechsel	**Gebündelte Strategie:** Preis- und Kostenführerschaft bei differenziertem Produktangebot
Strategie 2: Räumlich getrennte Einheiten	Radikaler Wechsel	**Parallele Strategie:** Marktbearbeitung mit unterschiedlichen Geschäftsmodellen
Strategie 3: Parallele Einheiten	Kontinuierliche Weiterentwicklung	**Parallele Strategie:** Marktbearbeitung mit unterschiedlichen Geschäftsmodellen
Strategie 4: Integrierte Netzwerke	Kontinuierliche Weiterentwicklung	**Gebündelte Strategie:** Preis- und Kostenführerschaft bei differenziertem

Abb. 12: Auswahl der Organisationsstrategie

Erfolgt ein radikaler Wechsel im Markt- oder Produktumfeld, ist eine zyklische Organisationsänderung zu empfehlen. Der Organisation wird so ermöglicht, sich vollständig auf die neuen Gegebenheiten hin auszurichten.

Eine weitere Möglichkeit, die Organisationsstruktur bei radikalen Änderungen anzupassen, ist die räumliche Trennung. Sie muss sich nicht nur auf bestimmte Bereiche des Unternehmens beziehen (wie weiter oben am Xerox-Beispiel aufgezeigt), sondern einen bestimmten Zweck verfolgen. Die zusätzlich geschaffene eigenständige Einheit wird auf die neuen Gegebenheiten zugeschnitten und erlaubt so, auf neue Produkt- und Marktbedingungen zu reagieren. Ein Beispiel für diese Vorgehensweise ist die Gründung des Joint Ventures SB LiMotive Co. Ltd. durch die Konzernriesen Bosch und Samsung. SB LiMotive wurde ausschließlich für das neue Geschäftsfeld Batterien für Automobile geschaffen, was im Bereich Automotive einen radikalen Technologiewechsel darstellt.

Werden Produkte und Dienstleistungen kontinuierlich weiterentwickelt, empfehlen sich die Organisationsstrategien der parallelen Einheiten oder der integrierten Netzwerke. Beide Organisationsstrategien vereint der Gedanke, dass die Mitarbeiter sowohl im operativen Tagesgeschäft als auch im innovativen Bereich Aufgaben übernehmen. Diese Vorgehensweise unterstützt die kontinuierliche Weiterentwicklung und Verbesserung von Produkten.

Die Siemens AG bedient sich seit 2004 sogenannter „Sector Development Boards", um Produkte unterschiedlicher Geschäftseinheiten in integrierte Gesamtlösungen einzubinden. Der Schwerpunkt liegt also bewusst auf der schon vorhandenen Innovationskraft der Mitarbeiter. So wurden im Lissaboner Krankenhaus „da Luz" fast ausschließlich Siemens-Produkte eingesetzt, die vom diagnostischen Equipment bis hin zu Beleuchtungssystemen und einer integrierten IT-Infrastruktur reichten. Die innovativen Ideen stammten aus dem Sector Development Board „Healthcare".

Betrachtet man die vom Unternehmen gewählte Wettbewerbsstrategie, so bietet sich für eine gebündelte Strategie (Preis- und Kostenführerschaft bei gleichzeitiger Differenzierung) die zyklische Organisationsänderung oder der Aufbau integrierter Netzwerke an. Vor allem der Einsatz der Matrixorganisation bei integrierten Netzwerken erlaubt es, beide Dimensionen der gebündelten Strategie ausgewogen zu berücksichtigen und gleichwertig zu vereinen. Alternativ kann durch den zyklischen Wechsel (vgl. Fallbeispiel Nokia) der strategische Ausgleich phasenweise ermöglicht werden.

Profitabel wachsen: Von der Theorie zur Praxis

a) Pragmatisch Komplexität reduzieren
Der Trend für das produzierende Industrieunternehmen geht hin zur Ausrichtung auf eine Serienherstellung eines diversifizierten Produktportfolios. Das bedeutet Reduktion der Variantenvielfalt mit dem Ziel einer besseren Beherrschung der Komplexitätskosten.

Vielfalt wirkt scheinbar zwangsläufig kostentreibend. Deshalb sollte kontinuierlich versucht werden, unterschiedlichste Problemlösungen mit einem möglichst begrenzten "Konstruktionsbaukasten" zu realisieren – um auf diese Weise schon bei kleineren Stückzahlen von Serieneffekten profitieren zu können. Dies bedingt ein beträchtliches Maß an Systematik und Disziplin – im Vertrieb wie auch in der Entwicklung.

Versuchen wir nun eine Balance zwischen Kundenbefriedigung und anfallenden Komplexitätskosten zu finden. Ein bewährtes Prinzip zum Komplexitäts-Controlling im B2B Business ist die Kategorisierung in drei Produktklassen.

- Klasse A: Standard-Produkte
- Klasse B: Baukasten-Produkte
- Klasse C: Sonderprodukte

Nehmen wir beispielhaft einen Hersteller von Aktenordnern für den Bürobedarf, um die einzelnen Klassen zu unterscheiden.

Standard-Produkte der **Klasse A** sind sofort lieferbar oder zumindest kurzfristig verfügbar. In ihrem Umfang entsprechen die Produkte den bisherigen Markterfahrungen und können den Kunden mit standardisierten Verkaufsunterlagen angeboten werden. Sowohl das Unternehmen als auch der Kunde profitieren von einer einfachen und zügigen Bestellabwicklung. Mit standardisierten Produkten kann der kurzfristige Bedarf kostengünstig gedeckt werden.

In unserem Falle wäre dies ein Standard-Aktenordner in schwarz mit beschriftbarem Ordnerrücken. Preis: 1,40 €

Vorteile:

- Kurze Lieferzeiten und hohe Verfügbarkeit steigern die Kundenzufriedenheit und den Absatz
- Produkte sind fertig konstruiert und binden folglich keine weiteren Kapazitäten in der Entwicklung
- Teure kurzfristige Änderungen am Produkt sind aufgrund von Standardisierungen ausgeschlossen

Die **Klasse B** beinhaltet Baukasten-Produkte, die durch Kombination von Standard-Baugruppen und Variationen entstehen. Trotz Customizing sind die Baukasten-Produkte in ihrer Ausstattungsvielfalt begrenzt und können folglich zu attraktiven Preisen angeboten werden. Eine klare Logik bei den verwendeten Teilen und Modulen (welche Baugruppe kann mit den anderen verbunden werden) bei der Produktkombination ist unerlässlich.

Ein Aktenordner der Klasse B kann in verschiedenen Farben und mit verschiedenen Systemen zum Abheften geordert werden. Optional können noch CD- oder Visitenkarten-Fächer eingebaut werden. Preis: Je nach Optionen 1,50 bis 3,00 €.

Vorteile:

- Dem Kunden wird die Möglichkeit angeboten, das Produkt an seine Bedürfnisse anzupassen – auch wenn dafür ein höherer Kaufpreis als bei Standard-Produkten fällig wird
- Begrenzte Kombination bedeutet begrenzte Variantenvielfalt und damit begrenzte Kosten für Material und Fertigung
- Baugruppen sind fertig konstruiert und können in der Entwicklung und der Fertigung schnell verbunden werden

Sonderprodukte der **Klasse C** entstehen, wenn individuelle Kundenwünsche zusammengestellt werden. Im Fall des Bedarfs zur individuellen Gestaltung ist der Preis ebenfalls individuell zu kalkulieren. Die langen Durchlaufzeiten, der erhöhte Abstimmungsbedarf und der hohe entwicklungsseitige Aufwand sind nur dann gerechtfertigt, wenn der Kunde dafür auch tatsächlich zur Kasse gebeten wird. Das klingt zunächst selbstverständlich, in der Unternehmenspraxis wird der individuelle Aufwand jedoch häufig nur geschätzt. Nicht selten bezahlen die Kunden nur die offensichtlichen Änderungskosten; ein großer Teil der Komplexitätskosten bleibt jedoch unbeachtet und wird nicht weiterverrechnet.

Aktenordner, die ganz nach Kundenwünschen gestaltet werden können, gehören in die Produktklasse C. Von der individuellen Prägung und Namengravur inklusive Firmenlogo bis hin zu hochwertigem Material ist alles frei wählbar. Preis: 10 € bis 35 €.

Vorteile:

- Sie können sich Aufträge sichern, die andere Hersteller nicht annehmen können. Lukrative Marktnischen können besetzt werden
- Aufgrund der individualisierten Lösungen sind hohe Margen erzielbar

Ein weiteres wirksames Mittel zur Eindämmung ausufernder Kundenwünsche besteht – wie oben bereits vereinzelt angesprochen – darin, den Vertrieb mit sogenannten Produkt- und Variantenkonfiguratoren auszustatten. Das Ziel des Einsatzes von Produktkonfiguratoren ist es, spezifische Anforderungen im Kundengespräch mithilfe eines im Vorfeld erstellten und visuell aufbereiteten Logikmodells abzubilden. Nur vorgedachte Kombinationen können präsentiert und verkauft werden – die Bausteine sind aber beim Kunden individuell zusammenzustellen. Komplexitätserhöhenden Sonderwünschen des Kunden – denen der Vertrieb im Verkaufsgespräch nur zu gerne folgt – ist somit ein Riegel vorgeschoben. Das Unternehmen „stirbt" nicht an einer selbst verursachten Komplexität:

- Die Variantenvielfalt ist auf ein vernünftiges Maß reduziert
- Die Kundenaufträge können rasch in Umfang und Inhalt geklärt werden
- Bereits fertig konstruierte Teile verkürzen die Entwicklungs- und Vorlaufzeit
- Das notwendige Material ist verfügbar und es kommt nicht zu Lieferengpässen bei Sonderteilen
- Die gesamte Durchlaufzeit verringert sich

Hinzu kommt, dass die Kalkulation auf eine verlässliche Basis gestellt wird. Im Zweifelsfall kann eine erste Preisindikation bereits vor Ort im Kundengespräch ermittelt werden.

Noch ein Wort zur Durchlaufzeit: Diese Zeitspanne von der Bestellung bis zur Auslieferung korreliert direkt mit dem internen Kapitalbedarf. Mit steigenden Durchlaufzeiten erhöht bei gleichbleibender Auslastung der Bedarf für Hallen- und Freiflächen, maschinelle Anlagen und Lagerbestände. Mit kürzeren Durchlaufzeiten reduziert sich nicht nur die Kapitalbindung, es wird zusätzliche Kapazität frei. Verkürzte Lieferfristen können je nach Branche ein nicht zu unterschätzendes Verkaufsargument sein. Machen Sie ihrem Kunden klar: Sonderwünsche dauern länger – wie anderswo auch.

b) Die Spielregeln des Komplexitätsmanagement

Komplexitäts-
management

Welches Unternehmen möchte sich nicht über hohe Qualität und zusätzliche Leistungsmerkmale für den Kunden profilieren? Im betriebswirtschaftlichen

Controlling lassen sich aber die Folgekosten, ausgelöst durch ausufernde Komplexität, weder sauber darstellen noch identifizieren.

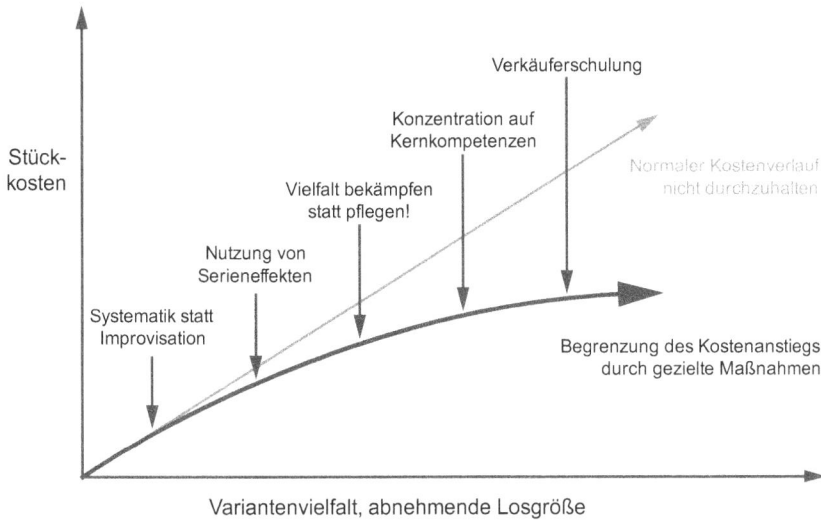

Abb. 13: Kostenentwicklung in Abhängigkeit der Variantenvielfalt

Der durch Differenzierung und Variantenvielfalt erzielte Mehrerlös deckt die Mehrkosten nur ab, wenn es – neben den technischen Voraussetzungen – klare Spielregeln und Entscheidungskompetenzen gibt:

1. Systematik statt Improvisation: Wer nachvollziehbar und strukturiert für seine Kunden arbeitet, vermeidet unnötige Improvisation. Strukturierte Prozesse sind kostenseitig nachvollziehbar, flexibles „Für-den-Kunden-Improvisieren" nicht. Wiederkehrende Prozesse und Tätigkeiten profitieren von der Lernkurve der Mitarbeiter.

2. Nutzen Sie Skaleneffekte und Größenvorteile: Die Nutzung von Baukastensystemen für das Produktportfolio gestattet die Realisierung von Synergieeffekten in Bezug auf Gleichteileverwendung, geringeren Einkauf- und Entwicklungsaufwand etc., die im Wachstumsprozess unmittelbar die Marge erhöhen.

3. Gehen Sie konstruktiv-kritisch mit Produktvielfalt um: Hinterfragen Sie bei der Produktplanung, ob die damit meist verbundene Steigerung der Komplexität bei den internen Prozessen wirklich gerechtfertigt ist. Ein „Nein" zum Kunden heißt nicht, dass der Auftrag nicht trotzdem realisiert werden kann. Bevorzugen Sie beschränkte Vielfalt mit schneller Lieferung. Sonderwünsche und viele Varianten erfordern Zeit für die Auftragsklärung, Rückfragen, Warten, Suchen, Ändern und Umplanen – der Mehraufwand

wird in den seltensten Fällen korrekt erfasst und somit von den Kunden auch nur selten bezahlt.

4. Konzentration auf Kernkompetenzen: Besinnen Sie sich auf das, was Ihr Unternehmen am besten kann. Kernkompetenzen sind die Wurzeln für eine nachhaltig profitable Entwicklung.

5. Die Lösung fängt ganz vorne an: Schulen Sie Ihre Verkäufer. Deren Motto sollte sein: „Verkauft wird, was verkauft werden darf", nicht etwa „Produziert wird, was wir verkaufen".

4.2   Die Wettbewerber in Schach halten: Beobachten reicht nicht!

„Die Chinesen wissen wie es geht, das muss man ihnen lassen. Von deren Wachstumsraten können wir in Europa nur träumen!" Hubert Hundertmark, der Vorsitzende des Beirats der Clever GmbH, war letzte Woche mit einer Delegation des VDMA im Reich der Mitte, um die wirtschaftlichen Beziehungen im Bereich Sondermaschinenbau zu intensivieren. „Ich kann Dir sagen, woher die das wissen – von uns!" empört sich Willy Weitblick. „Mike Multiplex, unser Leiter Elektronische Steuerungen, hat letztens wieder eine wirklich gut gemachte Kopie unserer neuen Control Unit auf der Messe entdeckt. Scheint eine Art Volkssport zu sein – wobei, nachweisen können wir es auch dieses Mal nicht ..."

Hundertmark setzte nach: „Nun, Willy, Wettbewerb belebt das Geschäft. Da hilft nur dranbleiben. Du kannst auch nicht verhindern, dass gute Leute wie Sigbert Schraub, Dein ehemals bester Mann in der Mechanischen Fertigung, zur Konkurrenz wechseln. Oder Carla Catia, die sich mit einem Ingenieurbüro selbständig gemacht hat und Dir seit ein paar Monaten kräftig einheizt. Das ist zwar äußerst unschön, aber haben wir nicht stets die besseren Argumente beim Kunden gehabt? Haben wir es nicht immer geschafft, die Aufträge an Land zu ziehen, auch wenn solche Schlaumeier ebenfalls angeboten haben? Weißt Du, letztlich zählt doch, seine Feinde – pardon, Mitbewerber – zu kennen und dann die richtige Angriffs- oder Verteidigungsstrategie zu entwickeln. Ich setze da ganz auf Deinen unternehmerischen Spürsinn."

Na, wenn das so leicht wäre, dachte Weitblick. Wie oft hatte er sich schon den Kopf zerbrochen – doch halt, das konnten doch nun die Kollegen vom Corporate Development übernehmen. So dynamisch, wie die jeden Morgen ins Büro kommen, wäre eine solche harte Nuss genau das Richtige ...

Wettbewerbsanalyse: Was steckt dahinter?

a) Hintergrund
Aufgrund der Tatsache, dass wir die Rahmenbedingungen und Entwicklungen in unseren Märkten in der Regel nicht allein gestalten, sondern andere Mitspieler ebenfalls aktiv sind, ist es notwendig, deren Aktivitäten regelmäßig zu monitoren und – sofern erforderlich – Konsequenzen für unser Unternehmen abzuleiten. Im Rahmen der Beobachtung des Verhaltens, der wirtschaftlichen Situation und letztlich auch der Fehler, die unseren Wettbewerbern unterlaufen, sind wir in der Lage,

- unsere aktuelle Position und Bedeutung im Markt besser einzuschätzen,
- mögliche Versäumnisse zu erkennen (Innovation, Technologie ...),
- Marktpotentiale je Branche, Industrie, Region etc. abzuleiten,
- künftige Stoßrichtungen zu definieren,
- Risiken frühzeitig zu erkennen und zu adressieren.

Eine umfassende Wettbewerbsanalyse bildet letztlich die Basis für die Ableitung erfolgreicher Strategien: Wie können wir auch künftig erfolgreich sein – trotz ebenfalls aktiver Konkurrenten, vieler konträrer Entwicklungen, jeder Menge Nachteile gegenüber größeren Anbietern?

b) Basis für einen Wettbewerbsvergleich
Ausgangspunkt für den Vergleich des eigenen Unternehmens mit den wesentlichen Wettbewerbern sind die in Abschnitt 3.4 diskutierten Erfolgsfaktoren. Sie bilden die Kriterien für die Beurteilung der Wettbewerbsposition gegenüber den wichtigsten Konkurrenten. Ziel ist es, in Summe – also nicht unbedingt bei jedem einzelnen Faktor – besser zu sein als die Wettbewerber. Typischerweise konzentriert sich der Vergleich auf die Hauptwettbewerber. Darunter sind jene Anbieter zu verstehen, gegen die man sich häufig im Markt behaupten muss, da sie ähnliche Lösungen in denselben Märkten anbieten und dort vergleichbar positioniert sind.

Wettbewerbsanalyse: Erfolgsfaktoren als Ausgangspunkt

Darüber hinaus ist es sinnvoll, parallel auch jene Anbieter im Auge zu behalten, die in der Zukunft zu einem ernst zu nehmenden Konkurrenten werden könnten. Insbesondere Märkte mit hohen Margen und geringen Markteintrittsbarrieren sind für potentielle Markteinsteiger lukrativ. Diese kommen häufig aus ganz anderen Branchen und stellen teils gänzlich verschiedene Produkte her – beherrschen aber eine Technologie, die sich im Zielmarkt innovativ einsetzen lässt.

Nachdem die Erfolgsfaktoren definiert und die Hauptwettbewerber identifiziert sind, beginnt die Datenerhebung. Diese kann durch Primär- oder Sekundäranalyse erfolgen.

- Die Primäranalyse ist eine empirische Methode, um neue, bislang noch nicht anderweitig erfasste Daten zu generieren. Dies kann durch persönliche oder telefonische Befragung bzw. durch Beobachtung erfolgen. Die Primäranalyse ist vergleichsweise aufwendig, liefert aber zuverlässige Daten. Sie wird v.a. dann eingesetzt, wenn die anderweitig verfügbare Datenbasis zu klein ist bzw. zum fraglichen Themenkomplex keine Informationen verfügbar sind.

- Im Gegensatz werden im Rahmen der Sekundäranalyse bereits vorhandene Daten verwendet. Ihr Hauptaugenmerk liegt in der Informationsbeschaffung, z.B. mittels Desk Research, deren Verarbeitung und Aus- bzw. Bewertung. Aufgrund des deutlich geringeren Aufwands und der Möglichkeit, in kurzer Zeit Ergebnisse erzielen zu können, wird der Sekundäranalyse häufig der Vorzug gegeben. Voraussetzung hierfür ist allerdings, dass ausreichend Daten verfügbar sind – in unserem Fall z.B. in Form von Geschäftsberichten, ad hoc Mitteilungen, veröffentlichten Quartalszahlen etc.

c) Fragestellungen zur Wettbewerbsanalyse

Wettbewerbsanalyse: Leitfragen

Zur besseren Übersicht, welches Bedrohungspotential von welchem Wettbewerber ausgeht, dient die Beantwortung folgender Fragen:

1. Wer sind unsere wichtigsten Wettbewerber je Kundensegment, Branche, Region?

2. Welches Leistungsportfolio (Produkt und Service) und welche zugehörigen Technologien decken die Wettbewerber ab?

3. Wodurch zeichnen sich die Wettbewerber aus, d.h. welche USPs weisen die Wettbewerber auf?

4. Was ist der Market Approach je Wettbewerber?

5. Welche Wachstumsstrategien verfolgen die Wettbewerber je Kundensegment, Branche, Region?

6. Wie ist die aktuelle Geschäftsentwicklung der Wettbewerber – und worauf sind positive bzw. negative Tendenzen zurückzuführen?

7. Wie teilen sich die Umsätze und Erträge nach Produktbereich, Kundensegment, Region etc. auf?

8. Welche Key Performance Indicators und weitere wichtige Finanzkennziffern weisen die Wettbewerber aus?

9. Welche Allianzen sind zu beobachten – sowohl in vertikaler Hinsicht (entlang der Wertschöpfungskette) als auch in horizontaler Hinsicht (auf derselben Stufe in der Wertschöpfungskette)?

10. Wer sind die wesentlichen Lieferanten je Wettbewerber? Wie hoch ist deren Leistungsfähigkeit? Auf welche Weise sind Lieferanten mit unseren Wettbewerbern verbunden (z.B. Kapitalverflechtung)?

Entweder sind Sie und Ihre Kollegen in der Lage, diese Fragen aus eigener Kraft zu beantworten, oder Sie holen sich hierfür externe Unterstützung. Mittlerweile existieren auch eine Reihe von Research Agencies, die mit indischen Spezialisten hervorragende Analyseergebnisse erzielen, aber nur einen Bruchteil deutscher oder europäischer Agenturen kosten. Insofern ist die Wettbewerbsanalyse einfacher geworden – die Auswertung und die damit verbundene Ableitung von Maßnahmen zum Gegensteuern kann jedoch nicht extern vergeben werden. Hierzu sind weiterhin die Experten gefragt, die das eigene Unternehmen bestens kennen, die Optionen in den Märkten realistisch abschätzen und den Zeithorizont verlässlich definieren können, um auf eventuelle Bedrohungen durch andere Marktteilnehmer wirksam zu reagieren.

d) Unternehmen im Wettbewerbsvergleich
Für eine Gegenüberstellung des eigenen Unternehmens mit den wesentlichen Wettbewerbern bilden die Erfolgsfaktoren die Basis. Beispiele für Kriterien, die über Erfolg oder Misserfolg im Markt entscheiden, können z.B. sein

Wettbewerbsanalyse: Beispielkriterien für Erfolg oder Misserfolg

- Innovative, originelle Problemlösungen
- Schnelligkeit bei der Auftragsbearbeitung, kurze Lieferzeiten
- Flexibilität in technischer und zeitlicher Hinsicht
- Breite Verfahrenskompetenz
- Kompetenz für Systeme – nicht nur Komponenten
- Fähigkeit zur Steuerung großer Projekte, Generalunternehmer
- Internationale Präsenz bei Produktion und Service
- Weltmarktfähige Kostenposition
- Kapitalkraft

Basierend auf den im Vorfeld erhobenen Daten erfolgt nun die vergleichende Analyse der Stärken und Schwächen. Je Erfolgsfaktor ist zu prüfen, welcher Wettbewerber jeweils führend ist, wer eher im Mittelfeld agiert und welche Akteure eher schwach aufgestellt sind. In unserem Beispiel bedeutet das, dass im Hinblick auf den Erfolgsfaktor Innovative, originelle Problemlösungen Wettbewerber C zu den besten innerhalb der betrachteten Branche zählt, unser eigenes Unternehmen mit einigen weiteren Akteuren im oberen Mittelfeld agiert und die Wettbewerber B und E den Schluss des Feldes markieren. Offensichtlich liegen für Wettbewerber D keine Informationen zu dem betrachteten Erfolgsfaktor vor, deshalb fehlt das entsprechende Icon in der Grafik. Für die restlichen Erfolgsfaktoren wiederholt sich das Vorgehen.

Wichtig: Das Ranking der Unternehmen je Erfolgsfaktor sollte immer aus Sicht der Kunden erfolgen. Es ist unerheblich, ob wir den Eindruck haben, unser Unternehmen sei besonders innovativ, um beim ersten Erfolgsfaktor zu bleiben. Wenn unsere Kunden diese Einschätzung nicht teilen, sondern einen Mitbewerber auf Platz 1 sehen, dann ist diese Sichtweise in der Wettbewerbsanalyse zu dokumentieren – auch wenn dies für uns im konkreten Fall eine scheinbar schlechtere Positionierung bedeutet. Über die Platzierung eines Auftrages entscheidet der Kunde, nicht wir. Wir können nur im Vorfeld alles dafür tun, damit der Kunde unser Unternehmen als dasjenige mit dem besten Preis-Leistungsverhältnis, dem besten Service etc. wahrnimmt.

Diese Wahrnehmung des Kunden ist entscheidend: Erfüllen wir die Anforderungen – und nimmt der Kunde dies auch wahr? Gleiches gilt für die Ausrichtung der Wettbewerber: Wie nimmt der Kunde deren Performance wahr? Denn letztlich wird er basierend auf seinen Wahrnehmungen die Kaufentscheidung treffen. Die folgende Abbildung zeigt, wie sich die Position der einzelnen Wettbewerber und unseres Unternehmens grafisch umsetzen lässt.

Erfolgsfaktor	Branchen-letzter			Branchen-erster	
Innovative, originelle Problemlösungen	W3	W1		U W2	Unternehmen
Schnelligkeit bei der Auftragsbearbeitung, kurze Lieferzeiten	W3	W2 U		W1	U
Flexibilität in technischer und zeitlicher Hinsicht	W1	W3 U		W2	
Breite Verfahrenskompetenz	W3 W1		W2 U		Wettbewerber
Kompetenz für Systeme – nicht nur Komponenten	U W3	W1		W2	W1
Fähigkeit zur Steuerung großer Projekte, Generalunternehmer	U	W2		W1	W2
Internationale Präsenz bei Produkt und Service	W1	W3	W2 U		W3
Weltmarktfähige Kostenposition	W3 W2	U		W1	
Kapitalkraft	W1 W3	W2		U	

Abb. 14: Wettbewerbsanalyse: Matching der Erfolgsfaktoren aus Kundensicht

Wettbewerbsanalyse: Von der Theorie zur Praxis
„Herr Weitblick, vielen Dank für Ihr Vertrauen. Wir werden das Thema stemmen, keine Frage – doch es könnte sein, dass wir Ihre Unterstützung benötigen. Die Daten zusammen zu bekommen ist ein Thema, die Auswertung ein zweites. Bei letzterem könnten Sie uns helfen", warb Karoline Kess, die Chefin des Corporate Development der Clever GmbH um Schützenhilfe.

„Sie können auf mich zählen. Wir trommeln einfach die Kollegen zusammen, die täglich mit diesen Dingen zu tun haben: Victor Vielflieger kann mal zeigen, was er als Vertriebsleiter in den letzten Monaten bei unseren Top-Kunden so alles aufgeschnappt hat. Da ist sicher die eine oder andere Information zum Wettbewerb dabei. Gleiches gilt für Harry Hurtig: Als Serviceleiter kennt er die Sorgen der Kunden wie kein anderer. Und Timo Tüftler werden wir mit diesen Themen ebenfalls im Meeting konfrontieren. Als Chef der Entwicklungsabteilung sollte er eigentlich wissen, ob wir den Wettbewerbern tatsächlich voraus sind. Na, manchmal sind wir ja nicht davor gefeit, uns die Situation auch ein bisschen schön zu reden – schließlich verdienen wir ja ordentlich Geld. Und da können wir doch gar nicht so viel falsch machen, oder was meinen Sie, Frau Kess?"

Weitblick sah sie spitzbübisch an, bevor er sich ein paar Notizen machte. Gut, dass er diese jungen Leute hat. Die kümmerten sich und waren – noch! – nicht so betriebsblind wie seine altgedienten Kämpen. Deshalb, so sein Entschluss, würde es im Corporate Development auch eine Job Rotation geben. Die neue Einheit als eine Art Katalysator für mehr Unternehmenserfolg, und eine umfängliche Personalentwicklungsmaßnahme obendrein. Das war doch was für die nächste Beiratssitzung: Darüber würde er kurz referieren und damit seinen Weitblick ein weiteres Mal demonstrieren. Manchmal gilt eben der alte Spruch „Nomen est Omen" ...

In der Tat ist es nicht immer leicht, sich in die Kunden so hineinzuversetzen, dass man – losgelöst von den eigenen Einschätzungen – deren Sichtweise erkennen und in die Analyse einbringen kann. Unsere Empfehlung: Bringen Sie die Bereiche Entwicklung, Vertrieb, Service, Qualitätsmanagement, Einkauf und ggf. weitere Fachleute zusammen. Nehmen Sie sich zwei Tage Zeit und gehen Sie gemeinsam die Erfolgsfaktoren durch. Ziel ist es abzuschätzen, wer bei welchem Erfolgsfaktor gut und wer ggf. weniger gut abschneidet.

Wie bereits oben angesprochen, ist das individuelle Matching der Erfolgsfaktoren stets aus Sicht der Kunden zu beurteilen. Dass wir unsere eigenen Kompetenzen und Stärken auch im Wettbewerbsvergleich gerne ganz vorne gerankt sehen, ist verständlich. Entscheidend ist aber nicht die interne, sondern die externe Sicht. Nur was im Markt ankommt, hilft uns – ggf. müssen wir Top-Leistungen nach außen besser vermarkten. Dann lässt sich auch der entscheidende Vorsprung erzielen, der die Kunden ihre Kaufentscheidung zu unseren Gunsten treffen lässt.

4.3 Märkte sind unterschiedlich: Zweitmarke für Emerging Markets?

Die Weiterentwicklung von Unternehmen ist eng mit dem Zuwachs an Umsatz und Ertrag verbunden. Ein Hebel zur Realisierung steigender Erlöse ist die Erschließung neuer Märkte und Regionen. Dabei wird sich der wirtschaftliche Erfolg proportional zur Fähigkeit entwickeln, die Anforderungen dieser Märkte zu verstehen und in geeigneter Weise in Form von Produkten und Dienstleistungen zu bedienen.

Marke und Zweitmarke: Was steckt dahinter?

a) Was eine Marke auszeichnet

Warum eine Marke
wichtig ist
Eine starke Marke ist für die Prosperität eines Unternehmens in der Regel sehr hilfreich. Die Gründe hierfür sind simpel: Eine Marke

- steht für ein klares Versprechen von Leistung und Kompetenz,
- begünstigt die Profilierung, erzeugt klare Assoziationen,
- bietet Trennschärfe und damit Orientierung,
- wird verbunden mit Glaubwürdigkeit, Verlässlichkeit, Qualität,
- reduziert viele positive Eigenschaften auf eine griffige Formel,
- weckt klare Erwartungen beim Kunden.

Marken sind Kapital: Sie erlauben die Realisierung einer Preisprämie, begünstigen die Kundenbindung und führen zu einer Unverwechselbarkeit. Marken engen aber auch ein: Neue Lösungen sollten zum bisherigen Markenverständnis passen, sonst kann es zu einer Beschädigung der Marke kommen. Die sogenannte Markendehnung bestimmt, welche neuen Produkte und Geschäftsfelder, aber auch welche Qualitätsanmutung, Serviceleistungen etc. noch unter dem Mantel der Kernmarke vermarktet werden können – und in welchen Fällen dieses Vorgehen eher nicht anzuraten ist.

Bei der Erschließung neuer Märkte ist zu beachten, ob die Markenwerte bzw. der sogenannte Markenkern weiterhin tragfähig ist. Dies führt zu der Überlegung, falls erforderlich weitere Marken zu etablieren, um die Kernmarke nicht zu beschädigen, gleichzeitig aber eine bestmögliche Ausschöpfung der neuen Märkte sicherzustellen. Die folgende Abbildung verdeutlicht die verschiedenen Strategien zur Positionierung im Markt:

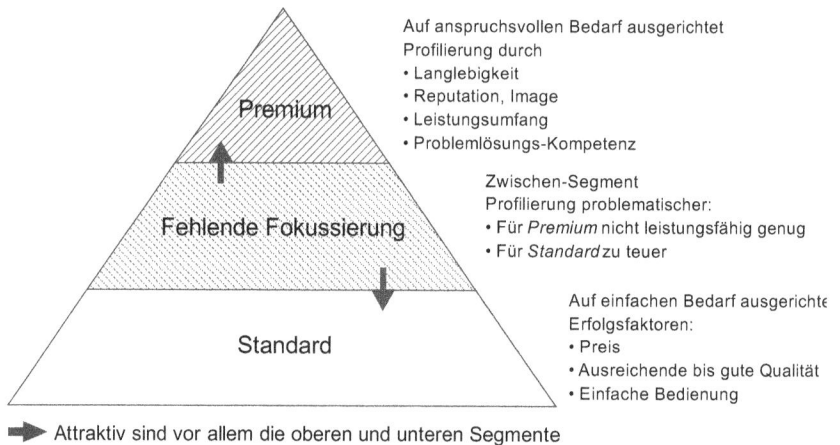

Abb. 15: Optionen für die Positionierung von Marken

b) Unter welchen Bedingungen eine Zweitmarke grundsätzlich sinnvoll ist
Die Erschließung neuer Märkte kann entweder durch eine Zweitvermarktung vorhandener Produkte oder mit Hilfe neu entwickelter, auf die jeweilige Zielgruppe abgestimmter Lösungen erfolgen. In beiden Fällen stellt sich die Frage, ob die Kernmarke Verwendung finden kann. Für die Beantwortung sind u.a. folgende Kriterien zu berücksichtigen:

Kriterien für eine Zweitmarke

- Anforderungen und Erwartungen der Kunden
- Kulturelle Besonderheiten
- Bekanntheitsgrad der Kernmarke
- Anspruch und Positionierung der neuen, zusätzlich angebotenen Produkte
- Gefahr einer Kannibalisierung mit etablierten Produkten

Eine besondere Herausforderung ist die Vermarktung von Produkten, deren Positionierung unterhalb des bisherigen Sortiments liegt. Der Anspruch an Produktdesign, innovative technische Lösungen, Qualität und Haltbarkeit etc. ist in diesem Fall geringer, als es die bestehenden Kunden kennen. Dieses sogenannte *trading down* ist eine beliebte Vorgehensweise, um vorhandene Lösungen einer zweiten Vermarktung zuzuführen, indem technisch, optisch oder bei der Anzahl der Varianten „abgespeckt" wird.

Hierzu ein Praxisbeispiel: Ein Möbelhersteller aus dem oberen Preissegment mit hohem Qualitätsanspruch und soliden Margen möchte eine neue Zielgruppe ansprechen. Junge Leute mit einer gewissen Preissensibilität, aber einem ausgeprägten Qualitätsbewusstsein, sollen Produkte des Herstellers erwerben. Basierend auf dem vorhandenen Sortiment spaltet der Möbelhersteller definierte Umfänge für die neue Zielgruppe ab und bietet diese zu deutlich günstigeren Preisen an. Neben einer potentiellen Kannibalisierung – auch Stammkunden könnten sich für die günstige Linie entscheiden und fielen dann als Käufer der teuren Produkte aus – sieht sich der Hersteller einer weiteren Herausforderung gegenüber: Die Kernmarke ist hochpreisig positioniert und würde durch den kräftigen Preisabschlag beschädigt werden. Der Hersteller möchte aber gerne die gute Reputation der Kernmarke für die erfolgreiche Vermarktung der neuen Linie nutzen.

Lösung: Es wird eine Zweitmarke geschaffen, deren Zugehörigkeit zur Kernmarke auch im Namen deutlich erkennbar ist. Die preislich niedrigere Positionierung wird nicht über einen geringeren Qualitätsanspruch verargumentiert, sondern über die sehr eingeschränkten Variationsmöglichkeiten. Damit ist dem Hersteller der Spagat gelungen: Die Produktion der neuen Linie kann auf den vorhandenen Produktionsanlagen erfolgen (gleiche Anmutung, gleicher Qualitätsanspruch etc.) und sorgt für günstige Herstellkosten. Zugleich wird über die positiv assoziierte Zweitmarke eine wirksame Differenzierung zum Stammsortiment und dessen Kunden geschaffen, was die Gefahr einer Kannibalisierung senkt.

Wie das Beispiel zeigt, kann die Ausschöpfung des Marktes unter Verwendung mehrerer Marken gelingen, wenn jede für sich unterschiedlich positioniert wird. Erfolgreich wird eine Mehrmarken-Strategie vor allem dann sein, wenn bei der Einführung einer oder mehrerer Zweitmarken folgende Kriterien beachtet werden:

- Glaubhafte Vermittlung der Differenzierung zur Kernmarke
- Realisierung von Synergien, z.B. über Plattformen, Basisprodukte
- Tragfähigkeit der Zweitmarke, Legitimation im Markt
- Keine Gefährdung des Preisniveaus in den Stammsegmenten
- Erlangung von Marktanteilen durch Verdrängung von Konkurrenten – und damit enge Begrenzung der Kannibalisierung
- Gewinnen der Vertriebspartner für die neue Lösung, ggf. Erschließung neuer Vertriebswege

c) Erfolgsfaktor Marke in Schwellenländern

Marken in Schwellenländern

Kaum ein Unternehmen kann es sich erlauben, die sogenannten BRIC-Staaten und auch andere aufstrebende Länder bei den eigenen Wachstumsplänen außer Acht zu lassen. Für viele Unternehmen beschränkte sich der Eintritt in diese Märkte noch vor etlichen Jahren auf die Verlagerung der Produktion. Inzwischen befindet sich die Wirtschaftskraft dieser Länder ungebremst auf Wachstumskurs. China zum Beispiel kann längst nicht mehr nur als „die Werkbank der Welt" bezeichnet werden. Der chinesische Markt ist seit Jahren der wichtigste Markt für europäische Unternehmen außerhalb Europas.

Eine Belieferung aus europäischen Fertigungsstätten scheidet in den meisten Fällen aufgrund der beachtlichen Größe dieser Märkte aus. Neben der – immer noch üblichen – Nutzung als verlängerte Werkbank etablieren westliche Unternehmen Produktionsstätten vor Ort immer häufiger mit dem Ziel, die lokalen Märkte auch aus dem jeweiligen Land heraus zu bedienen. Die Nähe zu den Kunden bietet einen wichtigen Vorteil: Kundenanforderungen und deren Veränderungen lassen sich rascher und unkomplizierter umsetzen, als dies bei weiter entfernten Entwicklungs- und Produktionsstandorten der Fall wäre.

Marken in Schwellenländern: Beispiel B2C

Unabhängig davon ist die Kenntnis und Beachtung der kulturellen Unterschiede eine Grundvoraussetzung für einen erfolgreichen Markteintritt. Wenden wir uns zunächst dem B2C Bereich zu: Ein gutes Beispiel ist das Schnellrestaurant McDonald's. Kaum ein anderes Unternehmen versteht es so gut, auf die lokalen Unterschiede einzugehen. Den bekanntesten Burger, den Big Mac, bekommt man zwar in derselben Geschmacksrichtung in jeder Filiale weltweit. In Indien jedoch, wo die Kuh ein heiliges Tier ist, wurde er zunächst aus Lammfleisch hergestellt – inzwischen ist McDonald's dort auf Hähnchen umgestiegen. Selbiges gilt für Pakistan. Auch bei den anderen Produkten wird darauf geachtet, eine Nähe zu der jeweiligen Esskultur aufzubauen. In China zum Beispiel wird der Gewohnheit entsprechend viel Hühnerfleisch verarbeitet und ein besonderer Wert auf landestypische Saucen gelegt.

Zusammenfassend lässt sich konstatieren: Der Markteintritt von McDonald's ist erfolgreich verlaufen – auch ohne die Etablierung einer Zweitmarke. Diese Entwicklung haben zahlreiche weitere Anbieter im B2C Bereich erfolgreich durchlaufen: Neue Kunden gewinnen unter Nutzung der Kernmarke – trotz oder wegen der höheren Preise. Das mit McDonald's transportierte westliche Image verlangt für die Konsumenten in den aufstrebenden Wirtschaftsnationen eben gerade die Kernmarke: Auf diese Weise können sie ihren gestiegenen sozialen Status und die höhere Kaufkraft demonstrieren. Gleiches gilt für prestigeträchtige Luxusgüter, namhafte amerikanische Unterhaltungselektronik, französisches und italienisches Modedesign, deutsche Autos etc. Eine Zweitmarke tritt hier zunächst in den Hintergrund.

Wenden wir uns dem B2B Bereich zu. Typischerweise sind Kaufentscheidungen hier deutlich weniger von Emotionen geprägt; im Vordergrund steht eine zweckmäßige Lösung, die kosteneffizient und für den jeweiligen Einsatzzweck gut geeignet ist. Hochwertige Maschinen aus westlicher Produktion sind begehrt und werden nicht nur in den BRIC-Staaten stark nachgefragt. In China stammt jede fünfte ausländische Maschine aus deutscher Produktion. Für EBM-Papst, den süddeutschen Weltmarktführer für energiesparende Ventilatoren, ist China nach Deutschland der wichtigste Markt. Etwa 16% des Umsatzes werden im Reich der Mitte erzielt.

Marken in Schwellenländern: Beispiel B2B

Viele deutsche Hersteller qualitativ hochwertiger Maschinen und Anlagen profitieren von der Notwendigkeit stabiler und sicherer Produktionsprozesse und von dem damit verbundenen hohen erzielbaren Preis. Insbesondere die Lebensmittelindustrie kann sich keine Pannen leisten und investiert große Summen in aufwendige Prozesstechnik. Dabei ist China inzwischen der weltweit größte Produzent von Maschinen und Anlagen. Ein Großteil der produzierten Ware verbleibt allerdings im Land. Die Maschinen aus chinesischer Fertigung sind rund 30% günstiger und zielen auf das untere und mittlere Segment ab. Deutsche Maschinenbauer haben die Problematik erkannt und bieten in Schwellenländern auch hochwertige Maschinen zu günstigeren Preisen an – auf Kosten der Funktionalität. So auch EBM-Papst. In Shanghai und Nanhui produziert das Unternehmen vor allem für den asiatischen Raum und bleibt dank Spitzentechnologie zu geringerem Preis in diesen Märkten konkurrenzfähig.

Dies reflektiert eine in der Breite zu beobachtende Entwicklung: Abgesehen von ausgewählten Industrien sind die Kundenanforderungen in Bezug auf Leistungsfähigkeit, Haltbarkeit und Qualität in den Emerging Countries noch immer etwas niedriger als in westlichen Ländern. Wie oben angesprochen, sind westliche Anbieter zwar nach wie vor in der Lage, teures und hochwertiges Equipment in den aufstrebenden Wirtschaftsnationen zu verkaufen. Jedoch schrumpft der Vorsprung westlicher High Tech Anbieter aufgrund der Lerneffekte durch die Nutzung selbigen Equipments sowie durch die Entwicklung ähnlicher technischer Lösungen auf Basis der westlichen Vorbilder. Zudem ist für viele Produktionsprozesse eine einfachere technische Qualität mit geringerer Haltbarkeit ausreichend – zumal diese Produkte auch deutlich preiswerter zu haben sind.

Bleiben wir bei den Anbietern hochwertiger technischer Lösungen im B2B Bereich: Die Antwort kann beispielsweise lauten, einen geringeren technischen Standard anzubieten, weniger Variationsmöglichkeiten vorzusehen oder die Leistungsfähigkeit der Maschine an den seitens der Kunden geforderten niedrigeren Werten auszurichten.

Allerdings ist zu prüfen, ob die westlichen Anbieter mit ihren gewachsenen Organisationsstrukturen überhaupt fähig sind, einen einfacheren technischen Standard zu realisieren. Viele Entwicklungsabteilungen sind über Jahre hinweg zu technischen Höchstleistungen angespornt worden. Jetzt einen Schritt zurück zu gehen, könnte zu Irritationen führen und auf Ablehnung stoßen – nicht direkt und unmittelbar, aber faktisch. Eine Alternative ist die lokale Entwicklung im Absatzmarkt mit neuen, unvorbelasteten Ingenieuren. Ebenfalls erfolgversprechend ist die Nutzung einer separaten Organisation für Entwicklung, Auftragsabwicklung und Vertrieb. Diese bewusste Abnabelung – zumindest für die ersten Jahre, bis das Geschäft stabil läuft – ermöglicht ein konsequentes Verfolgen der Chancen, ohne sich permanent gegen Ressourcenkonflikte und wenig konstruktive Einflussnahme wehren zu müssen. Dieses Vorgehen verlangt Mut und Vertrauen in das neue Geschäftsfeld, zahlt sich aber am Ende doppelt aus.

Marke und Zweitmarke: Von der Theorie zur Praxis

e) Einsatz einer Zweitmarke: Prüfkriterien

Zweitmarke:
Prüfkriterien

Unter welchen Bedingungen empfiehlt sich die Einführung einer Zweitmarke? Anhand eines vierdimensionalen Modells lassen sich hierzu erste Aussagen treffen. Jede dieser vier Dimensionen lässt sich mithilfe zentraler Leitfragen vertiefen. Dabei wird der Kreis von Dimension zu Dimension enger gezogen – beginnend mit Überlegungen zur strategischen Tauglichkeit über die Produkt- und Kundenebene bis hin zu den erforderlichen Ressourcen.

Beantworten Sie die Fragen unter Verwendung einer Skala von 1 Punkt (trifft überhaupt nicht zu) bis 4 Punkte (trifft voll und ganz zu). Aus der errechneten Gesamtpunktzahl leiten sich Empfehlungen für oder gegen die Einführung einer Zweitmarke ab.

Die Strategie-Perspektive

In diesem Sektor geht es darum, herauszufinden, ob sich das Unternehmen aus strategischer bzw. grundsätzlicher Sicht dazu eignet, eine Zweitmarke einzuführen: Erlaubt die mittel- und langfristige Ausrichtung des Unternehmens eine Mehrmarkenstrategie? Spricht die Marktposition für eine Zweitmarke? Lässt sich die Unternehmensstruktur leicht auf mehrere Marken adaptieren? Werden diese Fragen zumindest teilweise bejaht, steht weiteren strategischen Überlegungen nichts im Wege.

Weitere Überlegungen für die Strategie-Perspektive:

• Verfügt das Unternehmen über mehrere Vertriebskanäle, und wenn ja, erfordern diese mehrere Marken, um die Marktposition zu verbessern?
• Begünstigt die Einführung einer Zweitmarke die eigene Position gegenüber Wettbewerbern?
• Schränkt die vorhandene Marke das Wachstum im Markt ggf. ein?

Die Produkt-Perspektive
An dieser Stelle liegt der Fokus voll und ganz auf der Differenzierung: Wie wird sich das neue Produkt vom bestehenden Portfolio unterscheiden? Welche Rolle wird die Markenbotschaft für die Vermarktung des Produkts spielen?

Insbesondere in Konsumgütermärkten ist die Marke bzw. die damit verbundene positive emotionale Ausstrahlung das ausschlaggebende Kaufargument. Ein unter rationalen Gesichtspunkten gebildetes Preis-Leistungsverhältnis tritt in den Hintergrund. Insofern wird hier erneut die Markendehnung zu prüfen sein: Wieviele Abstriche an Funktion, technischen Gimmicks oder Qualität verträgt die Kernmarke? Beispielsweise prüft Apple die Einführung eines iPhones, das unterhalb des bisher vermarkteten Modells angesiedelt sein würde. Die Frage ist: Verträgt die Marke Apple dieses downgrading – oder ist es sinnvoller, auf eine Zweitmarkenlösung zu setzen?

Weitere Überlegungen für die Produkt-Perspektive:

• In welchen Dimensionen müssten sich Produkte, die unter einer Zweitmarke vermarktet würden, von denen der Kernmarke zwingend unterscheiden?
• Würden diese Produkte den Handlungsspielraum für Produkte der Kernmarke beeinträchtigen?
• Welcher Preissetzungs-Spielraum besteht bei Kern- und Zweitmarke?

Die Kunden-Perspektive
Hier geht es um die Sichtweise der Kunden auf die Marke(n). Im B2B Bereich dürfte die vorliegende Informations- bzw. Datenqualität in der Regel gut sein, da im Rahmen der Kundenpflege ein wechselseitiger Austausch zu Anforderungen, Einsatzzweck und Optimierungspotentialen erfolgt. Unternehmen aus dem B2C Bereich könnten hingegen gefordert sein, Marktstudien bzw. Kundenbefragungen durchzuführen, um die erforderlichen Informationen zu beschaffen.

Folgende Fragen sollten bei der Betrachtung der Kundenperspektive im Vordergrund stehen: Welchen Wert würden die Kunden in der neuen Marke sehen? Falls beide Marken auf dieselben Märkte abzielen: Ergänzen sie sich aus Sicht der Kunden? In welchem Umfang beeinflusst die Kernmarke das Kaufverhalten der Kunden – und würde eine Zweitmarke zu positiven Veränderungen führen?

Der wohl entscheidende Punkt, den es zu klären gilt, befasst sich mit der möglichen Reichweite der unter der neuen Marke vertriebenen Produkte: Können Kunden erreicht werden, die heute bei Mitbewerbern kaufen? Wie wahrscheinlich ist eine Kannibalisierung, da der günstige Preis aus Kundensicht den Wegfall bestimmter Features bzw. Produkteigenschaften überkompensiert?

Die Ressourcen-Perspektive
Die Einführung einer Zweitmarke ist nicht nebenher zu erledigen. Ein solches Vorhaben ist in der Regel mittelfristig angelegt, bindet also über einen Zeitraum von zwei bis vier Jahren die unterschiedlichsten personellen Ressourcen. Zudem ist der Aufbau einer Marke teuer: Planen Sie deshalb auch ausreichend finanzielle Ressourcen ein.

Zu prüfen ist, ob alle erforderlichen Kompetenzen – angefangen bei der präzisen Abgrenzung zur Kernmarke, der Ausarbeitung von Differenzierungs- und Alleinstellungsmerkmalen, deren Kommunikation in den Märkten bis hin zur organisatorischen Anpassung und der Neugestaltung von Vertriebs- und Servicestrukturen – im Hause vorhanden sind, oder ob man sich an der einen oder anderen Stelle extern verstärken muss.

Die Beharrungstendenzen sind vor allem in erfolgreichen Organisationen meist stark ausgeprägt. Insofern benötigen Sie eine starke Persönlichkeit, welche das Thema Zweitmarke vorantreibt.

Checkliste: Ist die Zweitmarke eine sinnvolle Option?

Kriterien	Trifft überhaupt nicht zu (1 Punkt)	Trifft eher nicht zu (2 Punkte)	Trifft eher zu (3 Punkte)	Trifft voll und ganz zu (4 Punkte)
Strategische Perspektive				
1. Die strategische Ausrichtung auf mehrere Marken fügt sich stimmig in die Gesamtstrategie des Unternehmens ein				
2. Externe Untersuchungen zeigen, dass mit der Kernmarke das Marktpotential nicht komplett ausgeschöpft werden kann				
3. Das Unternehmen verfügt über mehrere Vertriebsstrukturen und kann mit mehreren Marken die Marktposition verbessern				
Produkt-Perspektive				
4. Die neuen Produkte unterscheiden sich von den vorhandenen so sehr, dass sie den Handlungsspielraum der Kernmarke nicht beeinträchtigen				
5. Die Erstmarke verträgt kein downgrading				
Kunden-Perspektive				
6. Die Zweitmarke beeinträchtig nicht das Kaufverhalten der Kunden hinsichtlich der Erstmarke				
7. Die Kunden orientieren sich in erster Linie an Fakten, weniger an Markennamen				
Ressourcen-Perspektive				
8. Das Unternehmen hat Erfahrungen in der Einführung und dem Management neuer Marken				
9. Das Unternehmen verfügt über die nötigen personellen und finanziellen Ressourcen bzw. kann diese beschaffen				
Gesamtpunktzahl				

Abb. 16: Checkliste für den Einsatz einer Zweitmarke

In der vorliegenden Checkliste können zwischen 9 und 36 Punkte erreicht werden.

Liegt das Ergebnis unterhalb von 20 Punkten, ist die Realisierung einer Zweitmarke tendenziell nicht anzuraten.

Werden bis zu 30 Punkte erreicht, sollten Sie als Entscheidungsträger weitere, detailliertere Informationen heranziehen, um zu einer fundierten Bewertung der Chancen einer Zweitmarke zu gelangen.

Erreichen Sie ein Ergebnis zwischen 30 und 36 Punkten, kann davon ausgegangen werden, dass die Einführung einer Zweitmarke für Ihr Unternehmen sinnvoll ist.

Last but not least: Rechnen Sie damit, dass auch nach der Entscheidung pro Zweitmarke nicht alle am Prozess Beteiligten ausschließlich positiv eingestellt sind und ihre täglichen Arbeitsroutinen auf die neue Marschrichtung ausrichten. Es wird eine Zeit dauern, bis mit Hilfe der Unternehmensleitung das Thema Zweitmarke tatsächlich greift. Neben dem beherzten Eingreifen in vorhandene Strukturen ist auch eine gute Portion Fingerspitzengefühl gefragt. Bleiben Sie hartnäckig aber gesprächsbereit, setzen Sie auf positiv eingestellte Multiplikatoren und machen Sie auch kleinere Erfolge im Unternehmen öffentlich.

4.4   Innovationen treiben: Zuhören statt „schneller, höher, weiter"

Es war wieder eine der typischen *Sieht-mich-auch-jeder*-Äußerungen von Victor Vielflieger: „Leute, wir hinken hinterher! Technisch gesehen natürlich. Letzten Freitag haben die anderen Vertriebsdirektoren (Vielflieger mochte diesen Begriff) über meinen Impulsvortrag *Innovationen bei der Clever GmbH* nur müde gelächelt. Ob ich denn jetzt Marktanteile zu verschenken hätte, ha ha, sehr lustig". Erstaunlich oft waren Vielfliegers Seminar-Termine an einem Freitag, meist auch recht nett und nahe seines Familien-Domizils gelegen. „Und was ist jetzt so schlecht an unseren Innovationen? " nuschelte Siegfried Sorglos, der gerade aus der Betriebsratssitzung zurückkam. „Was wir als neu verkaufen, haben alle anderen schon längst", stichelte Vielflieger weiter. „Wer sind denn alle?", erkundigte sich Paul Pusher. Als Verantwortlicher für die globale Geschäftsfeldentwicklung hätte er davon sicher etwas mitbekommen. „Na, alle halt", schnappte Vielflieger zurück, bevor er zu einer wichtigen Sitzung rasch den Raum verließ – gerade noch rechtzeitig, bevor Entwicklungsleiter Timo Tüftler explodierte: „So ein Quatsch, wir sind ganz vorne dabei, das haben die letzten Wettbewerbsvergleiche bestätigt. Erst mal Kennzahlen und Versuchsprotokolle auf den Tisch, dann reden wir weiter".

Das kann ja heiter werden, dachte Willy Weitblick. Über seine Gleitsichtbrille hinweg blickend, an die er sich noch immer nicht gewöhnt hatte, suchte er Augenkontakt zu Karoline Kess, der Leiterin Corporate Development. Die verstand sofort: „Liebe Kollegen, lasst uns das professionell angehen. Natürlich spielen wir technisch gesehen in der Extraklasse. Dennoch kann es nicht schaden, mal genauer hinzuschauen, ob wir in Sachen Innovationen richtig aufgestellt sind." Weitblick war zufrieden. Prima machte sie das. Aber dieses Mal würde er sich mit aufschalten, gehörte er doch noch lange nicht zum alten Eisen – und im Urlaub mit seiner Frau war er ja erst ...

Innovationen: Was steckt dahinter?

a) Rolle der Technological Edge für den Unternehmenserfolg
Die Unternehmensberater der Boston Consulting Group stellten 2012 in ihrer neunten globalen Studie zum Thema Innovation das Ranking der innovativsten Unternehmen weltweit vor. Apple, Google und Samsung nahmen die obersten drei Plätze ein – mit Apple kontinuierlich seit 2005 an der Spitze und Google seit 2006 auf Platz 2. Im Übrigen: Die besten deutschen Firmen befanden sich mit BMW (Platz 14), BASF (23) und AUDI (25) weit abgeschlagen von der Weltspitze.

Was bedeutet es eigentlich, *innovativ* zu sein? Der österreichische Ökonom Joseph Schumpeter formulierte 1911 den Grund, warum Unternehmen *Neues* generieren: Sie schaffen damit die Voraussetzungen, über eine gewisse Zeit legale Monopol-Gewinne einzufahren – denn zunächst kann niemand mit einem vergleichbaren Angebot aufwarten. Der Unternehmer erlangt Vorteile durch Verbesserungen, zum Beispiel durch die gestiegene Produktivität einer Prozessinnovation. Im Jahre 1939, also 28 Jahre später, nutze Schumpeter für diese Verbesserungen zum ersten Mal den Begriff *Innovationen*.

Innovation: Begriffsklärung

Innovation heißt wörtlich übersetzt „Neuerung". Im heutigen geschäftlichen Umfeld wird der Begriff multifunktional angewandt und findet sich in nahezu jeder Unternehmensbeschreibung wieder:

- Die RWE AG hat „innovative Produkte und Dienstleistungen rund um das Thema Energie".
- Die Behr GmbH & Co. KG bietet „innovative Prozesse und Produkte".
- „Innovative und nachhaltige Produkte" sind für die Alfred Kärcher GmbH & Co. KG ein „wichtiger Wachstumsfaktor".

„Innovation is what defines who wins and who looses", fasste Richard K. Lyons, Chief Learning Officer von Goldman Sachs, die globalen Wettbewerbsregeln zusammen. Denn Innovationen sind nicht nur, wie üblich im Sprachgebrauch verwendet, Produktinnovationen. Eine Innovation kann auf vielen Ebenen stattfinden:

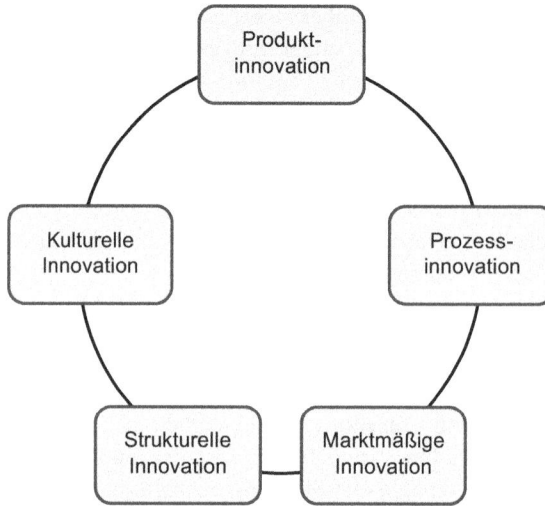

Abb. 17: Arten von Innovationen (Quelle: Disselkamp, 2005)

Innovator versus Imitator

Hier fokussieren wir uns dennoch auf den Bereich der **Produktinnovation**.

Wir möchten Ihnen zwei Typen von Unternehmen als Gegenpole vorstellen:

*   **Typ Innovator:** „Wir entwickeln mit großem Entwicklungsbudget die neuesten Technologien und befinden uns immer an der technischen Front. Als erstes Unternehmen bringen wir neue Produkte auf den Markt und profitieren von beträchtlichen Gewinnen in der Einführungsphase."

*   **Typ Imitator**: „Wir reagieren statt zu agieren und beobachten permanent, welche Trends und Technologien im Markt Erfolg haben. Unsere Produkte sind technologisch auf dem neuesten Stand. Dennoch setzen wir auf bereits entwickelte Technologien, die wir adaptieren können. So machen wir den Innovatoren rasch Konkurrenz und profitieren von deren Erfahrungsschatz."

Beide Typen von Unternehmen können im Markt sehr erfolgreich tätig sein obwohl sie unterschiedliche Strategien verfolgen. Der Innovator repräsentiert die sogenannten „Pioniere". Ein Pionier tritt als Technologie- und Marktführer mit einem hohen Innovationsgrad offensiv und aktiv in den Markt ein. Eine Markteintrittsstrategie mit wesentlichen Vorteilen für den „First Mover":

*   Temporär agiert der Pionier als Monopolist und kann eine eigene Preispolitik verfolgen. Er profitiert vom Pioniergewinn, denn er ist zunächst der einzige Anbieter einer speziellen Produktinnovation.

*   Durch seine Pionierarbeit setzt er Produktstandards, die für Nachzügler obligatorisch werden, und etabliert auf diese Weise quasi Regeln für den

Markt. Zügig entstehen Markteintrittsbarrieren für potentielle Wettbewerber.

- Das Entwicklungs-Know-how für die Produktinnovation liegt in seinen Händen. Der Innovator kann Technologien durch Patente schützen lassen und generiert schnell Lern- und Erfahrungswerte.

- Die Position als „Erster am Markt" mündet häufig in eine starke Kundenbindung. Der Pionier profitiert gegenüber den Followern von seinem Bekanntheitsvorsprung.

Der Imitator dagegen repräsentiert die „Early-" bzw. „Late-Follower". Er ist nicht der erste im Markt, sondern folgt den Pionieren in zeitlichem Abstand.

Innovationsgrad

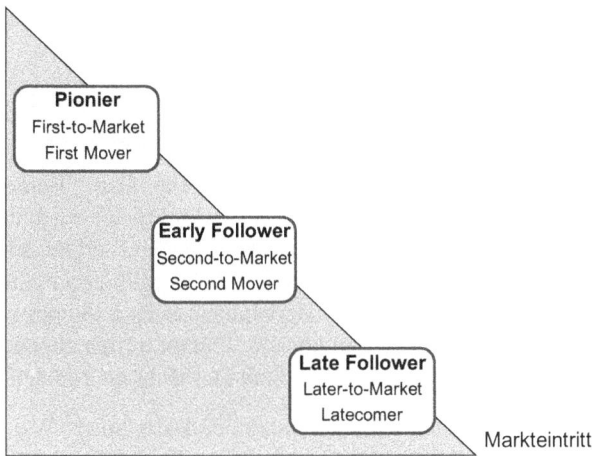

Abb. 18: Markteintrittsstrategien

Die „Early Followers" folgen dem Pionier mit relativ kurzem zeitlichen Abstand. Wir definieren den „Second Mover" nicht als den Marktteilnehmer, der aufgrund von langsamerer Produktentwicklung als der Pionier auf den Markt stößt. Vielmehr wählt der „Second Mover" diese Vorgehensweise mit Bedacht, um von den Vorteilen zu profitieren:

- Durch den späteren Markteintritt werden Unsicherheiten und Risiken, die der Pionier trägt, teils deutlich reduziert: Der Follower kann folglich zielgerichteter investieren und stützt sich dabei auf die erbrachte Marktaufbauleistung des Pioniers.

- Der Follower nutzt den Free-Rider-Effekt: Imitation ist typischerweise günstiger als Innovation. Die Follower haben die Möglichkeit, einfach Zugang zu Wissen und Märkten zu bekommen. Sie profitieren direkt von den geleisteten Investitionen des Pioniers.

- Mit verbesserten Produkten, kostenreduzierter Produktion und anpassenden Marketingaktivitäten kann der Second Mover dem Pionier schnell gefährlich werden: Er erreicht schneller die Gewinnschwelle, da die Aufwendungen für Forschung und Entwicklung deutlich niedriger sind, und kann in den Marktausbau und Kundenbindung um so größere Summen investieren.

Ganz ausgeräumt sind die Marktrisiken für das innovative Produkt für den „Early Follower" nicht. Tritt ein Wettbewerber erst bei stabilem Markt und etablierter Innovation in den Markt ein, spricht man auch von einem „Late Follower". Die weitere Entwicklung des Produktes im Markt kann mit größerer Wahrscheinlichkeit vorausgesagt werden; dies verspricht eine weitere Reduzierung des unternehmerischen Risikos. Zudem haben sich durch die Arbeit des Pioniers und der „Early Follower" die Stärken und Schwächen des angebotenen Produkts bereits herauskristallisiert.

Die grundsätzlich verschiedene Situation zwischen Innovationsführer und Imitator kann an einem plakativen Beispiel verdeutlicht werden:

Stellen Sie sich vor, ein Pionier und ein Imitator spielen Darts. Beide haben keine Darts-Erfahrung und spielen zum ersten Mal. Der Pionier wirft als erster Spieler zehn Pfeile und nur drei treffen die Zielscheibe. Ein Pfeil landet gar im „Bulls Eye" – dem Zentrum der Scheibe. Zufrieden übergibt er an den Imitator, der nur fünf Mal werfen möchte. Schließlich habe er vom Pionier in puncto Wurftechnik und Koordination lernen können. Prompt treffen ebenfalls drei Pfeile die Zielscheibe, davon zwei in das Feld mit der höchsten Punktzahl.

Was lernen wir aus der Situation beim gemeinsamen Darts-Spiel? Wenn jeder der geworfenen Pfeile die Entwicklung eines neuen Produktes repräsentiert, muss der Pionier wesentlich mehr Entwicklungsprojekte starten, um erfolgreiche Innovationen auf den Markt (hier die Zielscheibe) zu bringen. Der zu betreibende Aufwand bezogen auf die Entwicklungskosten ist ungleich höher.

b) Warum Innovationen fehlschlagen

Innovation: Hürden   Laut einer Studie des Instituts für angewandte Innovationsforschung in Bochum sind die Flop-Raten von Innovationen erheblich:

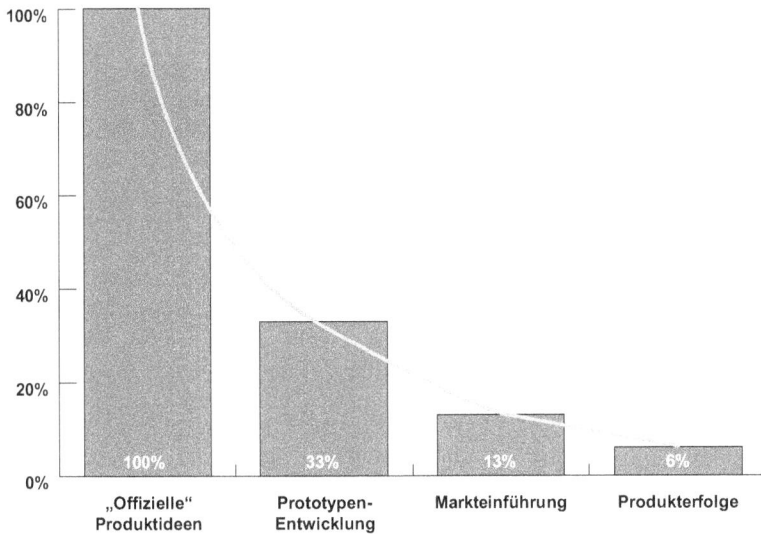

Abb. 19: Nicht jede Idee führt zur Innovation

Lediglich 13% aller Produktideen werden tatsächlich in den Markt eingeführt. Davon wiederum schafft es nur die Hälfte, ein Produkterfolg zu werden. Welche Gründe liegen diesen erschreckenden Zahlen zugrunde?

- **Zu kurze Entwicklungszeiten**: Das Produkt ist noch nicht marktreif und wird zu schnell auf den Markt geworfen.

  Beispiel: Einen häufigen Beleg für zu kurze Entwicklungszeiten eines Produktes liefern Rückrufaktionen der Automobilhersteller. Die Folgen können verheerend sein: So erlebte Daimler 2005 den größten Imageschaden seit dem „Elchtest". Fehlerhafte Bremsen und Elektrik waren verantwortlich für den Rückruf von insgesamt 1,3 Millionen Fahrzeugen. Der Fahrzeugbauer rutschte dadurch fast in die roten Zahlen.

- **Zu lange Entwicklungszeiten**: Die Entwicklung des Produktes oder der dafür notwendigen Technologie dauert zu lange.

  Beispiel: Die vorgesehene Entwicklungszeit des A380 von Airbus wurde maßlos überzogen. Boeing stand mit dem „Dreamliner" bereits in den Startlöchern.

- Der **Markt ist nicht reif** für eine Produktinnovation.

  Beispiel: Der erste PDA von Apple Newton floppte Mitte der 90er-Jahre. Kurze Zeit später konnte PALM riesige Erfolge feiern.

- Parallel laufende Entwicklungen setzen für den Markt bereits Standards.

  Beispiel: Zwischen 2005 und 2008 wurden zwei Nachfolgeformate der DVD auf den Markt gebracht: Die Blu-ray Disc und die HD DVD. Beide Formate lieferten sich zwei Jahre lang einen Wettstreit und wollten sich als Standard durchsetzen – bis schließlich die Blu-ray die HD DVD vom Markt verdrängte. Zum Ärgernis jener Kunden, die auf die HD DVD setzten und entsprechende Abspielgeräte angeschafft hatten.

- **Der Kunde** ist der Schlüssel für den Markterfolg eines Produktes. Häufig machen Unternehmen den Fehler, die Bedürfnisse, Wünsche, Wertungen und finanzielle Möglichkeiten der Kunden nicht von Anfang an gebührend zu berücksichtigen.

- Die **internen Prozesse** für Produktinnovationen sind ungenügend definiert. Mangelnde Koordination und Kooperation im Unternehmen sind die Folge.

- Neue Produktideen werden **ungenügend kommuniziert**. Ein Haupterfolgsfaktor für Innovationen ist das richtige Marketing des Kundennutzens. Letztendlich zählt die erfolgreiche Kommerzialisierung einer Innovation.

Diese Argumente erklären, warum nicht alle am Markt eingeführten Innovationen auch mit finanziellem Erfolg verbunden sind (siehe Abbildung 19). Woraus resultiert aber die Tatsache, dass zwei Drittel aller offiziellen Produktideen nicht einmal in eine Prototypen- oder Testphase gelangen?

Eine Erklärung ist eine zu strikte Amortisationsrechnung. Der Markterfolg von Innovationen lässt sich in den wenigsten Fällen exakt vorhersagen. Insofern ist unternehmerisches Gespür und auch eine gute Portion Mut erforderlich, will man mit neuen Lösungen im Markt punkten. Wichtig ist, dass die anvisierten Neuerungen unter strategischen Gesichtspunkten gut zur Ausrichtung des Unternehmens passen. Dies vorausgesetzt, sollten Innovationen als Investition in die künftige Absicherung von Umsatz und Ertrag gesehen werden – auch wenn sich die zu erwartende finanzielle Situation nur durch grobe Abschätzung bzw. Szenariotechnik abbilden lässt. Der Versuch, Innovationen „hart" durchzurechnen, dürfte in den meisten Fällen scheitern: Ist es doch gerade die Eigenschaft des „Neuen" und Unwägbaren, die eine präzise Arithmetik ausschließt.

Bei der finanziellen Bewertung von Innovationen kommt es also darauf an, mit den Unsicherheiten verantwortungsbewusst umzugehen, statt diese zu ignorieren. Eine falsche Verwendung der Key Performance Indicators zur Investitions- und Amortisationsrechnung (siehe hierzu auch Abschnitt 4.5) führt im Ergebnis dazu, dass Innovationen „zu Tode gerechnet" und folglich nicht auf den Weg gebracht werden.

Betrachten wir einen dieser *false friends*, die zu einem Road Blocker für erfolgversprechende Neuerungen werden können:

Mit der **Discounted-Cash-Flow-Methode (DCF)** lassen sich Investitionen (hier in Produktinnovationen) durch Diskontierung zukünftiger Zahlungsströme mit einem sogenannten Kapitalwert bewerten. Bei der Anwendung dieses mathematischen Verfahrens besteht allerdings das Risiko zweier Fehleinschätzungen:

Innovation: Discounted-Cash-Flow-Methode

1. Verglichen wird bei der Betrachtung der heutige Cash-Flow mit dem zukünftigen, durch die Investition beeinflussten Cash-Flow. Man geht also davon aus, dass die aktuelle Umsatz- und Ertragslage in der Zukunft konstant bleibt. Unbeachtet dabei bleibt, dass Wettbewerber ebenfalls in diese Innovationen investieren könnten und somit einen technischen oder anderweitigen Vorsprung im Markt realisieren. Der zukünftige Cash-Flow ist folglich keineswegs konstant, sondern sehr wahrscheinlich rückläufig, falls nicht in Innovationen investiert wird. Im Umkehrschluss steht man unter Umständen mit einer Investition in Innovationen finanziell eventuell schlechter da als heute – jedoch besser, als wenn überhaupt nicht in Innovationen investiert werden würde.

   An dieser Stelle zeichnet sich noch einmal die hohe Bedeutung von Szenarien bei der finanziellen Bewertung von Innovationen ab: Betrachten Sie nicht nur das eigene Unternehmen, sondern gehen Sie auch auf mögliche Aktionen bzw. Reaktionen Ihrer Wettbewerber ein. Bei Nicht-Investition ist das wahrscheinlichste Szenario in der Regel die Verschlechterung der Wettbewerbsfähigkeit, nicht die Aufrechterhaltung des vielleicht recht guten Status quo.

2. Das DCF-Verfahren beinhaltet eine weitere Herausforderung: Die Abschätzung künftiger Rückflüsse aus den anvisierten Produkt- oder Prozessinnovationen ist und bleibt ein schwieriges Unterfangen. Prognosen werden häufig nur für einen Zeitraum von drei bis fünf Jahren erstellt. Alle darüber hinaus zu erwartenden Rückflüsse werden in einem Restwert kumuliert. Die Begründung lautet meistens, dass die Planungssicherheit zu gering ist und genauso gut ein Restwert angesetzt werden kann.

   Erfahrungswerte zeigen, dass der Restwert bei der DCF-Methode oft mehr als die Hälfte des zu berechnenden Kapitalwerts einer Innovation ausmacht. Folglich werden auch Prognosefehler der ersten Jahre erheblich verstärkt. Weitere Szenarien, wie unter Punkt 1 beschrieben, lassen sich nicht durchspielen.

Das Modell des DCF ist nicht grundsätzlich ungeeignet für die Bewertung von Produktinnovationen. Aber die Argumentation zeigt, dass Innovationen nicht nur unter Verwendung einer speziellen Kennzahl wie dem Kapitalwert zu bewerten sind.

Gerade bei Aktiengesellschaften kann die kurzfristige Ertragsorientierung einzelner Aktionärsgruppen dazu führen, dass Innovationen, die nicht in kürzester Zeit Renditen abwerfen, eher vermieden werden. Dies gilt insbesondere für den Fall, dass die variable Vergütung der Führungskräfte unmittelbar an der Entwicklung des Aktienkurses gekoppelt ist. Der Anreiz, die unter bilanziellen Gesichtspunkten frei verfügbaren finanziellen Mittel für den Rückkauf eigener Aktien zu nutzen, um z.B. die Gewinne je Anteilsschein zu steigern, ist fallweise stärker ausgeprägt als der Wunsch, in langfristig erfolgreiche Innovationen zu investieren.

Einen allseits gültigen Ansatz zur Bewertung von Innovationen können wir Ihnen nicht bieten. Unsere Empfehlung ist aber, ein Gefühl dafür zu entwikkeln, welche Kennzahlen für die finanzielle Einschätzung Ihrer Innovation geeignet ist: Hinterfragen Sie Annahmen, Hintergründe und Rechenmethodik und entscheiden Sie auf dieser Basis, ob Sie Ihrem unternehmerischen Spürsinn ggf. mehr vertrauen als den vermeintlich objektiven Kennzahlen. Selbstverständlich geht es nicht gänzlich ohne Zahlen. Halten Sie die Berechnungen aber einfach und beziehen Sie auch qualitative Einschätzungen bzw. Feedback aus Ihrer eigenen Organisation mit ein. Und bedenken Sie: Fortschritt ist nicht aufzuhalten. Wenn Sie ihn nicht gestalten, werden Ihre Wettbewerber dies sicher gerne übernehmen.

Innovationen: Von der Theorie zur Praxis
Nach den Schilderungen zu den Ursachen und Begleiterscheinungen fehlgeleiteter innovativer Ideen und Innovationen könnte man meinen, die Rolle als Imitator in Form des Early Followers wäre aufgrund des geringeren finanziellen Risikos zu bevorzugen. Dies ist nicht der Fall. Wir möchten Sie vielmehr dazu anregen, sich selbst unvoreingenommen zu fragen, welche Markteintrittsstrategie in Bezug auf neue Produkte und Dienstleistungen für Ihr Unternehmen am erfolgversprechendsten ist.

Fakt ist: Erfolgreiche Innovationen steigern nachweislich die Gewinnspanne, die globale Wettbewerbsfähigkeit und beeinflussen das Unternehmenswachstum positiv. Unternehmen mit ausgeprägter Risikoaversität oder geringeren finanziellen Spielräumen entscheiden sich dennoch eher für die Rolle des Nachahmers. Der Begriff „imitieren" ist nicht zwingend mit einer Verletzung des Copyrights gleichzusetzen (wenngleich dies fallweise zu beobachten ist), sondern bedeutet allgemein, auf existierenden Technologien oder Produkten aufzusetzen.

Eine Vielzahl von Imitatoren findet sich in Japan:

• Der Uhrenhersteller Seiko orientierte sich bei der Gestaltung der eigenen Produkte am Aussehen angesehener Luxusuhren europäischer Fertigung.
• Der bis heute sehr erfolgreiche Druckerspezialist Canon setzte auf wesentlichen Technologien des US-amerikanischen Vorreiters Xerox auf.

Beide Unternehmen haben durch erfolgreiche Imitation einen hohen Marktanteil generieren können.

Die Imitation im Technologiebereich hat aber auch Nachteile. Mit dem Modell der Technologie-S-Kurve lassen sich diese auf einfache Weise erklären.

Empirische Beobachtungen zeigen, dass die Leistungsfähigkeit bestimmter Technologien über die Zeit hinweg einen S-förmigen Verlauf aufweist. Anfangs ist die Leistungsfähigkeit der Technologie gering. Mit zunehmenden Investitionen in Forschung & Entwicklung steigt die Leistungsfähigkeit stark an und fällt nach geraumer Zeit ebenso stark wieder ab – das Ende des Lebenszyklus der Technologie ist erreicht.

Das Spannende an der Technologie-S-Kurve: Nicht am Ende des Lebenszyklus der alten Technologie etabliert sich eine neue Folgetechnologie – dies würde ausreichend Zeit für die Imitatoren bieten, auf den fahrenden Zug aufzuspringen. Die Substitution beginnt vielmehr zu einem deutlich früheren Zeitpunkt: Bereits im Zenit der Leistungsfähigkeit einer Technologie steht deren Nachfolger in den Startlöchern, und die vollständige Substitution ist nur noch eine Frage der Zeit. Anschließend beginnt der Zyklus von Neuem.

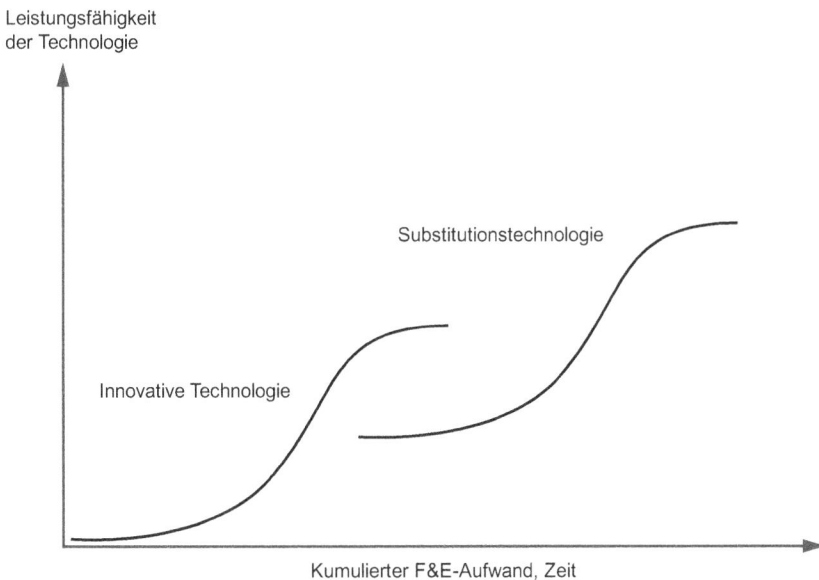

Abb. 20: Modell der Technologie-S-Kurve

Adaptiert man dieses Modell auf die Markteintrittsstrategie eines „Followers", fallen zwei wesentliche Nachteile auf:

- Ein Großteil des Marktpotentials ist meist bereits durch einen Pionier ausgeschöpft. Vor allem bei Investitionsgütern erhöht dies die Markteintrittsbarriere.

- Der aus Sicht des Followers nutzbare Teil des Produktlebenszyklus ist vergleichsweise kurz, denn die Substitutionstechnologie beginnt die ursprünglich innovative Technologie bereits deutlich vor deren Beendigung des Lebenszyklus abzulösen. Das für den Imitator nutzbare Zeitfenster ist damit recht eng.

Ein derart verkürzter Produktlebenszyklus erfordert von einem Follower ein ausgezeichnetes internes Prozessmanagement. Tempo ist Trumpf: Man muss schnell in der Lage sein, die Produkte zu adaptieren, zu modifizieren und kostengünstig zu produzieren. Sonst verliert der Follower den Anschluss, bevor es überhaupt zu einer Marktbearbeitung gekommen ist. Es gilt, den Innovator möglichst schnell in Stückzahlen zu überbieten – bei gleichzeitig geringeren Preisen. Der Pionier kann hingegen mit Erfahrungswerten kontern, die ihm gleichzeitig laufende Kostenreduktionen in den Produktionsprozessen ermöglichen.

Neben der ausgezeichneten Prozessgestaltung ist der Imitator gefordert, dem Innovator mit einem überzeugenden Marketing Marktanteile abzunehmen. In Abhängigkeit der Positionierung im Markt wird die Differenzierung zum Innovator über den Preis, die Qualität oder zusätzliche Services an die Kunden kommuniziert. Ein Blick auf die vorausgegangenen Marketingkampagnen des Innovators kann hilfreich sein, um Stärken und Schwächen der Kommerzialisierung herauszufiltern.

Haben Sie schon einmal kritisch hinterfragt, welche Rolle Ihr Unternehmen bezüglich der Produktentwicklung in der aktuellen Wettbewerbssituation einnimmt? Sind Sie Produktinnovator oder Produktimitator? Empirische Untersuchungen zeigen, dass sich zahlreiche Unternehmen für Innovatoren halten – und dies auch so kommunizieren –, bei genauerem Hinsehen aber eine erfolgreiche Imitationsstrategie verfolgen, etwa als Early Follower.

Mit der folgenden Auflistung können Sie Ihren Schwerpunkt bestimmen:

	Aufgaben-schwerpunkt	Unternehmens-ziel	Kapitalstruktur	Markt-orientierung	Marketing-orientierung
Innovator (Pionierstrategie / First Mover)	Forschung und Entwicklung	Technologie-führerschaft	Großer Eigenkapitalanteil	Push-Orientierung (Technologie)	Technology Selling
Imitator (Folgestrategie / Follower)	Vertrieb und Produktion	Kosten-führerschaft	Fremd- und Risikokapital	Pull-Orientierung (Kundenwunsch)	Aggressive Selling

Abb. 21: Innovator vs. Imitator

Ein Wort zum Schluss: Lassen Sie sich nicht von der scheinbar höherwertigen Positionierung als Innovator blenden: In vielen Fällen fahren Unternehmen mit der Strategie des Early Follower deutlich besser. Die Gründe liegen in dem deutlich geringeren Bedarf an finanziellen und personellen Ressourcen sowie in einem geringeren Flop-Risiko. Tempo und Flexibilität sind allerdings Trumpf: Ansonsten ist der Innovator und dessen Chance auf das „Bulls Eye" kaum zu schlagen.

4.5 Key Performance Indicators: Auf welche Zahlen es ankommt

Ein zentrales Instrument zur Erfolgskontrolle von Unternehmenszielen sind Kennzahlen. Die für die Unternehmensleitung wichtigsten Kennzahlen werden unter dem Begriff Key Performance Indicators (KPI) zusammengefasst. Ein Unternehmen ist durch die Verwendung von KPIs in der Lage, den Fortschritt und Erfüllungsgrad von zentralen Zielsetzungen innerhalb des Unternehmens zu ermitteln und messbar zu machen.

Im Gegensatz zu Kennzahlen des operativen Geschäfts (*z.B. Auslastungsgrad einer Maschine, Krankheitstage der Mitarbeiter, Durchlaufzeit eines Produktes*) spiegeln die KPI die unternehmerische Leistung und die kritischen Erfolgsfaktoren eines Unternehmens wider.

Key Performance Indicators: Was steckt dahinter?

a) Zahlen als Schlüssel zum Erfolg?
Eine allgemeingültige, industrie- und branchenübergreifende Definition für KPI existiert bislang nicht. Je nach Unternehmensgegenstand werden die für die Steuerung des Unternehmens bedeutsamen Kennzahlen unter diesem Begriff gebündelt.

KPIs – wesentliche Gruppen

Dennoch haben sich im Zeitverlauf gewisse Überlappungen und Gemeinsamkeiten bei den Key Performance Indicators herausgebildet. Typischerweise werden zwei wesentlichen Kennzahlengruppen unterschieden:

- **Absolute Kennzahlen:** Einzelwerte, Mittelwerte, Summen oder Differenzen.
  Beispiel: Summe der F&E-Aufwendungen im Geschäftsjahr 2013

- **Verhältniszahlen:**
  - Indexzahlen (Ist-Kosten bezogen auf die Plankosten)
  - Beziehungszahlen (Deckungsbeitrag bezogen auf den Umsatz)
  - Gliederungszahlen (Materialkosten bezogen auf die Gesamtkosten)

Was macht Key Performance Indicators so unentbehrlich? Der wichtigste Einsatzbereich liegt im Controlling mit dem Ziel einer ganzheitlichen, erfolgsorientierten Unternehmenssteuerung. Mit der permanenten Erfassung und Auswertung der Leistungsdaten wird sichergestellt, dass die Unternehmensleitung ein aktuelles, aggregiertes Bild des Status quo vorliegen hat, auf dessen Basis Schwachstellen oder Fehlentwicklungen rasch erkannt und wirksame Gegenmaßnahmen ergriffen bzw. Kurskorrekturen vorgenommen werden können.

Nicht zuletzt bilden die KPI eine wesentliche Voraussetzung zur regelmäßigen Evaluierung der vereinbarten und kommunizierten Jahresziele (siehe auch Abschnitt 3.5)

Beispiel: Im Rahmen des halbjährigen Zielereviews der Clever GmbH stellen Geschäftsführung und die Bereichsleiter fest, dass man dem angestrebten Unternehmensziel „Das durchschnittliche Umsatzwachstum über alle operativen Geschäftseinheiten im laufenden Geschäftsjahr beträgt 10%" leicht hinterherhinkt. Die Prognosen für den Rest des Geschäftsjahres sind prinzipiell gut, aber man ist sich der besonderen Herausforderungen in der Region X und im Geschäftsfeld Y bewusst. Gemeinsam werden Maßnahmen zur Gegensteuerung formuliert.

Ein entscheidender Vorteil des KPI-Ansatzes besteht darin, dass komplexe betriebswirtschaftliche Zusammenhänge und Prozesse in einfacher und übersichtlicher Form präsentiert werden. Den Adressaten in Geschäftsleitung und zweiter Führungsebene wird es damit erleichtert, den Überblick zu behalten. Je

größer das Unternehmen wird, desto stärker sollte der Fokus auf einigen wenigen Kennzahlen liegen. Der Break-down, also die detaillierte Darstellung je
Region, Funktionsbereich etc., ist bei Bedarf mit den heutigen Informations-
technologien ohne zusätzlichen zeitlichen Aufwand abrufbar. Prinzipiell gilt,
dass die Entscheidungsqualität bei Vorliegen einer überschaubaren Anzahl an
Kennzahlen häufig höher ist als im umgekehrten Fall. Insofern ist auf die
Auswahl der richtigen Kennzahlen besonderes Augenmerk zu legen.

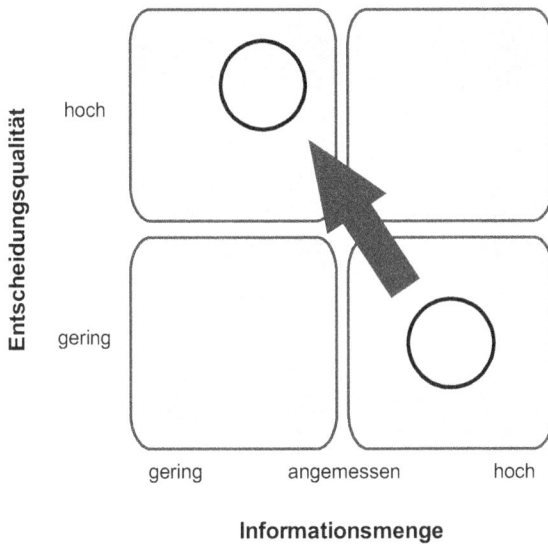

Abb. 22: KPI steigern die Entscheidungsqualität

Kennzahlen ermöglichen zudem den Vergleich von ähnlich aufgestellten Unternehmensbereichen oder ganzen Unternehmen. Die Voraussetzung dafür ist
die formelle und materielle Vergleichbarkeit der Kennzahlen. Hierfür müssen
die einzelnen Kennzahlen identisch erhoben werden.

Der Vergleich von Unternehmensbereichen oder ganzen Unternehmen gibt
dem Management die Möglichkeit, Best Practices auszuloten, um das eigene
Unternehmen konsequent zu optimieren.

Beispiel: Der Geschäftsbereich *Laubsauger* eines namhaften deutschen Ge-
brauchsgüterherstellers wird in einem externen Benchmark mit dem besten
Wettbewerber verglichen. Dieser hat zwar mit einem Return on Investment
von 7% die Nase vorne, doch ist man selbst im Bereich Laubsauger, gemessen
am Umsatz, 4% stärker gewachsen als der Wettbewerber. Des Weiteren konnte
man im Kundenzufriedenheitsindex den Vorsprung um zwei Prozentpunkte
gegenüber dem Wettbewerber ausbauen.

KPIs zielgerichtet nutzen

b) Wie lassen sich KPI zielgerichtet nutzen?

Key Performance Indicators sind neutral: Grundsätzlich haben sie weder eine negative noch eine positive Wirkung auf das Unternehmen. Letztere tritt erst ein, wenn die bereitgestellten Daten bei den Empfängern der KPI zu konkreten Reaktionen führen, z.B. ein bewusstes Gegensteuern im Falle von

- sich abzeichnenden Risiken, z.B. nachlassender Auftragseingang in einer bestimmten Region oder
- internen Schwächen, z.B. sinkender Produktivität in der Fertigung.

Eine visuelle und grafische Aufbereitung der KPI ist dabei empfehlenswert. Sie unterstützt das rasche Hineinfinden in die Zahlen sowie deren Vergleich über definierte Zeiträume (Vorjahr gesamt, Vorjahresmonat etc.). Unter Rückgriff auf die KPI-Übersicht sollten Sie in der Lage sein, eine Antwort auf folgende Fragen zu geben:

1. **Wo** stehen wir – im Vergleich zum Vormonat, zum Quartal im letzten Jahr, im Jahresverlauf (Year to Date bzw. YtD) u.ä.?
2. **Wie weit** voraus oder im Rückstand sind wir – bezogen auf den Zielwert?
3. **Wie** haben sich unsere Kennzahlen in den letzten Monaten **entwickelt** und was können wir daraus lernen?

Machen Sie die KPI den Entscheidungsträgern im Unternehmen zugänglich. Sie können dabei durchaus differenzieren: Eher „unkritische" Kennzahlen wie Auftragseingang, Produktionsvolumen und Ersatzteilverfügbarkeit sind einem weiter gefassten Mitarbeiterkreis zugänglich, während Themen wie Auslastung der Produktion und vertrauliche Finanzkennzahlen der Unternehmensleitung und der 2. Führungsebene vorbehalten bleiben.

Für den ersten Kennzahlenblock können Sie jegliche Medien nutzen: Monitore im der Kantine, Ausdrucke an den Wänden von Konferenzräumen, im Intranet, per Newsletter etc.. Sie werden sehen, ihre Mitarbeiter werden motiviert sein, die Ziele zu erreichen.

Beispiel: Die Geschäftsführung der Clever GmbH nutzt zur Kommunikation ausgewählter KPI mehrere Medien. In einem monatlichen Informationsschreiben werden alle zuvor selektierten Kennzahlen der Belegschaft zugänglich gemacht. Dabei stehen nicht nur absolute Zahlen im Vordergrund. Die Geschäftsführung informiert über Verbesserungen, Fehlentwicklungen und Maßnahmen, um die Zielerreichung auch bei temporären Planabweichungen sicherzustellen. Im Intranet des Unternehmens sind diese KPI ebenfalls von allen Mitarbeitern abrufbar. Diese sind zufrieden: Man arbeitet nicht „ins Blaue hinein", sondern ist stets über den Erfolg oder die Herausforderungen des Unternehmens informiert. Und mit dem praktischen Ampel-System erkennt jeder gleich, ob er am besten noch eine Schippe drauflegt, damit das nächste Monatsziel auch erreicht wird ...

Key Performance Indicators: Von der Theorie zur Praxis

a) Mit KPI den Überblick behalten

Grundsätzlich gilt bei der Definition von Key Performance Indicators: *Weniger* **KPIs richtig auswählen**
ist mehr. Die Unternehmenspraxis hat gezeigt, dass das Motto *Twenty is plenty*
durchaus seine Berechtigung hat: Zwanzig Indikatoren sind überschaubar und
spiegeln bei richtiger Auswahl die wesentlichen Entwicklungen im Unternehmen wider. Für eine Beobachtung der Entwicklungen über einen längeren
Zeitraum hinweg ist es empfehlenswert, bei KPI auf Beständigkeit zu setzen.
Lassen Sie sich Zeit – und bleiben Sie dann bei den einmal festgelegten Kennzahlen.

Die Strukturierung der KPI orientiert sich wiederum am Kriterium der Über-
sichtlichkeit. Das Ziel ist es, ein ganzheitliches Bild der Leistungsfähigkeit des
Unternehmens zu projizieren. Für einen Mittelständler wie die Clever GmbH
bieten sich hierzu vier Module bzw. Perspektiven an: Finanzen, Kunden, Prozesse und Mitarbeiter. Diese vier Perspektiven decken alle relevanten, d.h. für
den unternehmerischen Erfolg ausschlaggebenden Bereiche ab.

Bevor wir die Perspektiven und die jeweils enthaltenen Kennzahlen näher
betrachten: Wie häufig sollten eigentlich die KPI erhoben werden? Die Unternehmenspraxis zeigt, dass eine vierteljährliche Messung einen guten Kompro-
miss aus Aktualität der Daten und Aufwand für Erhebung und Auswertung
darstellt. Längere Zeiträume bergen die Gefahr, dass gravierende „Kursabwei-
chungen" zu spät erkannt bzw. nicht genau verortet werden können. Die Erhebung in kürzeren Abständen könnte aufgrund situativ bedingter äußerer Einflussfaktoren wie Preisschwankungen bei Rohstoffen zu voreiligen Schlüssen
verleiten.

Die Finanz-Perspektive

Kennzahlen, die im Finanzbereich definiert werden, konzentrieren sich auf die **Finanz-Perspektive**
monetär messbare Performance des Unternehmens. Für die Betrachtung der
gesamtunternehmerischen Leistung bieten sich neben der obligatorischen Betrachtung des *Umsatzwachstums* die sogenannten ROX-Kennzahlen an. Ob
nun *Return on Sales, Return on Investment* oder *Return on Equity bzw. Return
on Assets* – sie alle liefern Informationen zur Margenqualität und damit zur
Profitabilität des Unternehmens. Ergänzend liefert ein Blick auf die Kennzahl
Free Operating Cash-Flow Aufschluss über den Stand der Liquidität des Unternehmens.

Eine rechnerische Größe, mit der sich die interne Kosteneffizienz im Auge
behalten lässt, ist der *Deckungsbeitrag* der jeweiligen Geschäftsbereiche. Somit ist eine Vergleichbarkeit einzelner operativer Einheiten gegeben, ohne dass
Markteinflüsse das Bild verzerren.

Die Kunden-Perspektive

Kunden-Perspektive

Die zweite Perspektive, aus der sich mithilfe von Kennzahlen der Blick schärfen lässt, ist die Kundenperspektive. Was liegt näher, als regelmäßig die Zufriedenheit der Kunden mit unseren Produkten zu messen: Die Kennzahl *Produkt-Zufriedenheit* spiegelt unsere Treffsicherheit in Bezug auf die Erwartungen der Kunden wider. Auch hier gilt: Je breiter das Unternehmen aufgestellt ist, desto eher lohnt es sich, die Kundenzufriedenheit bezüglich der Produkte einzelner Geschäftsbereiche zu betrachten.

Gleiches gilt für die *Service-Zufriedenheit* der Kunden. Mit dem Ersatzteilgeschäft, aber auch mit dem Verkauf von Wartungs- und Reparaturdienstleistungen wird häufig ein deutlich höherer Ertrag als im Geschäft mit den eigentlichen Produkten erzielt. Zufriedene Kunden kommen wieder – und stärken auf diese Weise die Ertragskraft. Insbesondere in Regionen mit sogenannten Graumarkt-Anbietern könnte das Servicegeschäft gefährdet sein. Mit der Kennzahl werden Abwanderungstendenzen frühzeitig erkennbar. Es kann gegengesteuert werden – etwa durch die Akquisition einer solchen Graumarkt-Anbieters, um auch die Erträge aus diesem Geschäft nicht anderen Anbietern zu überlassen.

Die dritte Kennzahl im Rahmen der Kunden-Perspektive ist der *Innovationsgrad*. Damit wird der Anteil neuer, innovativer Produkte pro Beobachtungszeitraum gemessen. Diese Kennzahl ist besonders wichtig für produzierende Unternehmen, deren künftiger Erfolg maßgeblich von einer erfolgreichen F&E-Tätigkeit abhängt.

Weitere zu betrachtende Kennzahlen sind die *Markenbekanntheit* und der *Marktanteil*, jeweils gemessen in Prozent. Die Markenbekanntheit lässt sich über Befragungen erheben und bietet insbesondere in stark kompetitiven Konsumgütermärkten einen Indikator für das Marktpotential. Einen vierteljährlichen Turnus des KPI-Berichts vorausgesetzt, bietet es sich an, die Markenbekanntheit als rotierendes System zu betreiben und abwechselnd unterschiedliche Produktbereiche mit ihren jeweiligen Kundensegmenten zu analysieren. Die Betrachtung des Marktanteils kann absolut oder relativ erfolgen, beispielsweise im Vergleich zu den drei größten Wettbewerbern. In Produktbereichen mit geringem Marktanteil besteht in der Regel ein vergleichsweise hohes Wachstumspotential. Insofern kann die regelmäßige Analyse der Marktanteile dabei helfen, erfolgversprechende Wachstumsfelder zu adressieren.

Die Prozess-Perspektive

Prozess-Perspektive

Für einen Einblick in die Effizienz und Effektivität der Abläufe im Unternehmen bieten sich die folgenden fünf Kennzahlen an: Die *Time to Market*, also der Zeit von der Definition einer Produktidee bis zu deren Markteintritt (= Verfügbarkeit ab Lager, nicht Start der Produktion) bildet die Geschwindigkeit ab, mit der das Unternehmen neu entwickelte Produkte bzw. Lösungen zur

Marktreife bringt. Der Vergleich erfolgt zweckmäßigerweise zu einer Plan-zahl, die z.B. im Pflichtenheft festgehalten ist – und zu der sich alle beteiligten Funktionsbereiche commitet haben. Abweichungen sind zwar – auch aufgrund sehr ehrgeiziger Zielvorgaben – an der Tagesordnung; wichtig ist aber zu er-kennen, bei welchen Prozessschritten man noch Potentiale heben kann. Insbe-sondere bei den internen Abstimmungsprozessen ist häufig einiges zu holen.

Die *Produktionsauslastung* ist eine weitere Kennzahl, die Aufschluss über die interne Prozesseffizienz gibt. Auch hier geht es um den zielgerichteten Einsatz von Ressourcen; die Bedeutung für das Unternehmen ist selbsterklärend. Un-ser Tipp: Nehmen Sie Entwicklungen frühzeitig wahr, erheben Sie die Zahl sogar wöchentlich oder monatlich – reagieren Sie aber mit Bedacht. Kurzfri-stige Schwankungen werden Sie nicht verhindern können; mittelfristig sollte die Auslastung allerdings im Plan liegen. Dabei ist es nicht unbedingt erforder-lich, auf Lager zu produzieren: Helfen Sie Ihren Kunden bei deren Kaufent-scheidung, indem Sie mit geeigneten Marketing-Maßnahmen für mehr Nach-frage sorgen. Strukturelle Probleme lassen sich so allerdings nicht beheben.

Eine weitere Kennzahl zur Abbildung der Leistungsfähigkeit interner Prozesse ist die *Versandbereitschaft* ex Logistik-Hub. Gemeint ist die Zeit, die (durch-schnittlich) benötigt wird, um die vom Kunden bestellte Ware versandfertig bereitzustellen. Hier muss sich das Unternehmen zunächst selbst eine ambitio-nierte Zielmarke setzen, ggf. individuell je Produktkategorie. In einem zweiten Schritt wird die tatsächlich benötigte Zeit gemessen. Hierbei bieten sich ver-schiedene Alternativen: Wurde der gegenüber dem Kunden *bestätigte Liefer-termin* eingehalten? Konnte der *Wunschtermin* des Kunden realisiert werden? Je nach Zielgruppe können Sie nachhaltig punkten, wenn Sie in der relevanten Disziplin spürbar besser werden.

In eine ähnliche Richtung geht die Kennzahl *Lieferbereitschaft* ex lokaler Vertriebsgesellschaft oder Händler. Wie viele Bestellungen können sofort abgearbeitet werden, da die Ware rasch verfügbar ist? Falls Ihr Unternehmen nahezu ausschließlich auf Kundenwunsch fertigt, sollten Sie diese Kennzahl aussparen.

Die letzte Kennzahl innerhalb der Prozess-Perspektive ist die Anzahl der *Rek-lamationen* je Betrachtungszeitraum. Einerseits erhalten Sie damit eine unbe-stechliche Rückmeldung zur Qualität in Entwicklung und Produktion; anderer-seits werden Sie auf Dauer Kunden verlieren, wenn die Gewährleistungsfälle einen bestimmten, je nach Industrie und Branche unterschiedlich hohen Schwellenwert überschreiten. In der Regel lohnen sich Investitionen in die Produktqualität zur Reduzierung der Reklamationen; die Gefahr einer Ruf-schädigung ist in Zeiten vernetzter Kunden schon bei vermeintlich geringer Mängelquote erheblich.

Die Mitarbeiter-Perspektive

„Unser größter Erfolgsfaktor sind unsere Mitarbeiter." Unstrittig, doch wie messen Sie Ihre Mitarbeiterorientierung? Wir haben für diesen Bereich drei Kennzahlen ausgewählt, die sich auf nahezu jedes Unternehmen übertragen lassen. Der erste Indikator misst die Anzahl der *Weiterbildungstage*. Kaum ein Unternehmen kann es sich auf lange Sicht leisten, nicht in die Fortbildung der Mitarbeiter zu investieren. Wie ernst Sie dieses Investment tatsächlich nehmen, können Sie sich schwarz auf weiß anzeigen lassen.

Die zweite Kennzahl für den Bereich Mitarbeiter erfasst den *Krankenstand*. Aus einer steigenden Anzahl der Fehltage lassen sich grundsätzlich zwei Vermutungen ableiten: Entweder haben sich die physischen Arbeitsbedingungen verschlechtert, oder aber die Arbeitsatmosphäre wird als unangenehm empfunden.

Ob Ihre Mitarbeiter zufrieden sind, lässt sich unter anderem an der letzten hier vorgestellten Kennzahl *Fluktuation* erkennen. Auch hier empfiehlt sich neben einer Zahl für die gesamte Belegschaft eine Aufsplittung auf unterschiedliche Mitarbeitergruppen, z.B. gewerbliche Mitarbeiter, Angestellte und Führungskräfte. Maßnahmen, um die Fluktuation auf einem geringen Stand zu halten, können neben einer attraktiven Vergütung auch die Möglichkeit zur Übernahme von Verantwortung sowie eine flexible Arbeitszeitregelung sein, mit der sich die individuelle Work-Life-Balance verwirklichen lässt.

Für eine bessere Übersicht haben wir die ausgewählten Kennzahlen aus der obigen Diskussion noch einmal in einem imaginären KPI-Bericht zusammengefasst:

Finanz-Perspektive

- Umsatzentwicklung [€, %]   YtD | YtD Vorjahr | Abweichung
- Umsatzrendite [%]   Ist | Vorjahr | Abweichung
- Deckungsbeitrag IV [€, %]   Ist | Plan | Abweichung
- Eigenkapitalquote [%]   Ist | Vorjahr | Abweichung
- Free Operating Cashflow [€, %]   Ist | Vorjahr | Abweichung

Kunden-Perspektive

- Produkt-Zufriedenheit [Schulnoten]   Ist | Vorjahr | Abweichung
- Service-Zufriedenheit [Schulnoten]   Ist | Vorjahr | Abweichung
- Innovationsgrad [%]   Ist | Vorjahr | Abweichung
- Markenbekanntheit [%]   Ist | Letzte Messung | Abweichung
- Marktanteil [%]   Ist | Vorjahr | Abweichung

Prozess-Perspektive

- Time to market [Monate]   Ist | Vorjahr | Abweichung
- Produktionsauslastung [%]   YtD | YtD Vorjahr | Abweichung

- Versandbereitschaft [%]   Ist | Vorjahr | Abweichung
- Lieferbereitschaft [%]   Ist | Vorjahr | Abweichung
- Reklamationen [%]   YtD | YtD Vorjahr | Abweichung

Mitarbeiter-Perspektive

- Weiterbildung [Tage]   Ist | Vorjahr | Abweichung
- Krankenstand [%]   Ist | Vorjahr | Abweichung
- Fluktuationsquote [%]   Ist | Vorjahr | Abweichung

Praxistipp: Nehmen Sie zusätzlich zu den KPI in den vierteljährlichen Bericht auch jene Projekte mit auf, die seitens der Fachbereiche aufgesetzt werden, um einzelne Kennzahlen zu verbessern. Sie schlagen dann zwei Fliegen mit einer Klappe – und monitoren nicht nur die reinen Kennzahlen, sondern auch die Fähigkeit Ihrer Organisation, Schwachstellen effektiv zu adressieren und Potentiale zu heben. Machen Sie Ihre Key Performance Indicators zu einem ebenso gerne wie intensiv genutzten Instrument zum geordneten Ausbau der Leistungsfähigkeit Ihres Unternehmens – und realisieren Sie Schritt für Schritt den kleinen, aber entscheidenden Vorsprung vor Ihren Wettbewerbern.

Literatur

Bergmann, Gustav; Daub, Jürgen: Systematisches Innovations- und Kompetenzmanagement. Grundlagen – Prozesse – Perspektiven, 2., aktualis. Auflage. – Wiesbaden: Gabler 2008

Boston Consulting Group: The Most Innovative Companies 2012. Unter: http://www.bcg.de/documents/file125210.pdf (Stand 21.05.2013)

Busse, Daniel: Innovationsmanagement industrieller Dienstleistungen. Theoretische Grundlagen und praktische Gestaltungsmöglichkeiten, 1. Auflage. – Wiesbaden: Dt. Univ.-Verlag 2005

Disselkamp, Marcus: Innovationsmanagement. Instrumente und Methoden zur Umsetzung im Unternehmen, 2. Auflage. – Wiesbaden: Springer Gabler 2012

Dodgson, Mark; Gann, David: Innovation. A very short introduction, 1. Auflage. – Oxford: Oxford University Press 2010

Esch, Franz-Rudolf: Strategie und Technik der Markenführung, 7. vollst. überarb. u. erw. Auflage. – München: Vahlen 2012

Esch, Franz-Rudolf (Hrsg.): Moderne Markenführung. Grundlagen, innovative Ansätze, praktische Umsetzungen, 4., vollst. überarb. u. erw. Auflage. – Wiesbaden: Gabler 2005

Franceschini, Fiorenzo; Galetto, Maurizio; Maisano, Domenico: Management by Measurement. Designing Key Indicators and Performance Measurement Systems, 1. Auflage. – Berlin; Heidelberg: Springer 2007

Geisen, Bernd; KfW-Bankengruppe: Wachstum. Zehn goldene Regeln für eine gesunde Unternehmensentwicklung, 1. Auflage. – Frankfurt a. M.: Frankfurter Allg. Buch 2006

Gerybadze, Alexander u.a.: Innovation and International Corporate Growth, 1. Auflage. – Berlin; Heidelberg: Springer 2010

Gladen, Werner: Kennzahlen- und Berichtssysteme. Grundlagen zum Performance Measurement, 2., überarb. Auflage. – Wiesbaden: Gabler 2003

Hauschildt, Jürgen: Salomo, Sören: Innovationsmanagement, 5., überarb., erg. u. aktualis. Auflage. – München: Vahlen 2011

Honsel Gregor (2007): Dramatische Flopraten, in: Technology Review, Ausgabe 11/2007. S.66–71

Janovsky, Jürgen u.a.: Marktexpansion in Schwellenländern. Mit Service-Innovationen zum Geschäftserfolg, 1. Auflage. – Wiesbaden: Gabler 2011

Kahle, Egbert (Hrsg.): Organisatorische Veränderung und corporate governance. Aktuelle Themen der Organisationstheorie, 1. Auflage. – Wiesbaden: Dt. Univ.-Verlag 2002

Kairies, Peter: So analysieren Sie Ihre Konkurrenz. Konkurrenzanalyse und Benchmarking in der Praxis, 8. Auflage. – Renningen: Expert-Verlag 2008

Kerka, Friedrich; Kriegesmann, Bernd; Schwering, Markus G.; Happich, Jan: Big Ideas erkennen und Flops vermeiden – Dreistufige Bewertung von Innovationsideen. In: Kriegesmann, Bernd (Hrsg.): Berichte aus der angewandten Innovationsforschung, No. 219. Bochum 2005

Kortmann, Walter: Eine neue Methode für systematische Markt-, Branchen- und Wettbewerbsanalysen, 1. Auflage. – Berlin: Duncker & Humblot 2003

Kraiczy, Nils: Innovations in Small and Medium-Sized Family Firms. An Analysis of Innovation Related Top Management Team Behaviors and Family Firm-Specific Characteristics, 1. Auflage. – Wiesbaden: Springer Gabler 2013

Meyer, Claus: Betriebswirtschaftliche Kennzahlen und Kennzahlen-Systeme, 6., überarb. u. erw. Auflage. – Sternenfels: Verlag für Wissenschaft & Praxis 2011

Meyer, Jens-Uwe: Das Edison-Prinzip. Der genial einfache Weg zu erfolgreichen Ideen, limit. Sonderausgabe. – Frankfurt a. M.: Campus 2009

Montiel, Peter: Macroeconomics in emerging markets, 2. Auflage. – Cambridge u.a.: Cambridge University Press 2011

Oster, Sharon M.: Modern competitive analysis, 3. Auflage. – New York u.a.: Oxford University Press 1999

Pacek, Nenad; Thorniley, Daniel: Emerging markets. Lessons for business success and the outlook for different markets, 2. Auflage. – London: Profile Books 2007

Parmenter, David: Key performance indicators. Developing, implementing, and using winning KPIs, 2. Auflage. – Hoboken, N.J.: Wiley 2010

Pernsteiner, Helmut: Management in Emerging Markets, 1. Auflage. – Wien: Linde-Verlag 2010

Posluschny, Peter: Die wichtigsten Kennzahlen, 1. Auflage. – München: Redline Wirtschaft 2007

Quelle, Guido: Profitabel wachsen. Wie Sie interne Bremsen lösen und Ihrem Unternehmen neuen Schub geben, 1. Auflage. – Wiesbaden: Gabler Verlag 2011

Schlicksupp, Helmut: Innovation, Kreativität und Ideenfindung, 6. Auflage. – Würzburg: Vogel 2004

Schori, Kurt; Roch, Andrea: Innovationsmanagement für KMU, 2., vollst. überarb. u. erw. Auflage. – Bern; Stuttgart; Wien: Haupt 2012

Siegwart, Hans: Kennzahlen für die Unternehmensführung, 6., aktualis. u. erw. Auflage. – Bern; Stuttgart: Haupt 2002

Simon, Hermann: Hidden Champions – Aufbruch nach Globalia. Die Erfolgsstrategien unbekannter Weltmarktführer, 1. Auflage. – Frankfurt a. M. u.a.: Campus 2012

Simon, Hermann: Think. Strategische Unternehmensführung statt Kurzfrist-Denke, limit. Sonderausgabe. – Frankfurt a. M.: Campus 2009

Strahlendorf, Perter; Franzen, Ottmar; Konzept & Marken GmbH: Markenatlas. Positionierung im Wertesystem, 1. Auflage. – Hamburg: New-Business-Verlag 2009

Wittke-Kothe, Cornelia: Interne Markenführung. Verankerung der Markenidentität im Mitarbeiterverhalten, 1. Auflage. – Wiesbaden: Dt. Univ.-Verlag 2001

Wördenweber, Burkard; Wickord, Wiro: Technologie- und Innovationsmanagement im Unternehmen. Lean Innovation, 3., neu bearb. u. erw. Auflage. – Berlin; Heidelberg: Springer 2008

5 Unternehmen verändern: Wie können wir den Vorsprung ausbauen?

5.1 Werte: Basis der Kultur im Unternehmen

„Wenn ich den noch mal erwische, wie er hier zwischen meinen Maschinen herumschleicht!" Manfred Mecker, Obermeister in der Produktion, machte seinem Namen wieder einmal alle Ehre. „Jetzt mal langsam", mischte sich Urs Überdruck ein, kräftig gebaut und stolzes Mitglied der Task Force *Global Sales Challenge*. „Wir im Vertrieb verdienen hier immer noch das Geld. Und mein Kollege Harry Hurtig prüft nur die Messemaschine, die morgen nach Brasilien verschifft wird. Wär' ja nicht das erste Mal, dass da die Bolzen rausfliegen ..." „Gibt's etwa Stress?" erkundigte sich Lagerleiter Leo Lunte. Als es gerade begann interessant zu werden, betrat Personalchefin Ria Rehbein die Halle. Welch' ein seltener Gast, dachte Leo Lunte, sagte aber laut „Guten Tag Frau Rehbein, kann ich Ihnen helfen? Vorsicht, der Farbtopf ...".

Typisch, wieder gut Wetter machen bei den Oberen, dachte Harry Hurtig und spurtete in Richtung des neuen Show Rooms davon. „Da willst Du Deinen Job einfach nur gut machen – und was kommt dabei heraus?" hetzte Urs Überdruck hinterher. „Tolle Zusammenarbeit. Ich dachte immer, wenn ich den Job wechsle, wird's besser." „Träum' weiter, Urs. Schau' auf Deine Gehaltsabrechnung, dann geht's Dir besser." Tja, wenn man mal eine Weile dabei ist, weiß man, wie man die Dinge zu nehmen hat. „Weißt Du eigentlich, was TEAM bedeutet: Toll ein anderer macht's", stichelte Harry. Für heute hatte Urs genug. Er bog ab ins Jägerstüble. Vielleicht saß Manfred schon am Stammtisch, nach Feierabend war der nämlich gar nicht so meckerig ...

Werte: Was steckt dahinter?
Vereinfacht gesagt, sind Werte Eckpfeiler unseres Handelns. Sie haben Einfluss darauf, welche Einstellungen und Verhaltensweisen wir als gut und richtig erachten, wie wir uns in bestimmten Situationen verhalten, wie wir mitei-

Werte: Basis für Unternehmenskultur

nander umgehen. Werte an sich sind abstrakt; sie werden erst im Kontext zum Leben erweckt. Die Unternehmenskultur spiegelt die Summe der gelebten Werte wider – ob diese nun den Vorgaben entsprechen oder nicht.

Unternehmenskultur in Form gelebter Werte zeigt sich in den verschiedensten Facetten:

- **Grundhaltung:** Wie ist das Menschenbild? Wie aufrichtig wird miteinander kommuniziert? Wie ausgeprägt sind gegenseitige Wertschätzung und Respekt? Welcher Stil herrscht im Umgang mit den Mitarbeitern?

- **Management:** Wie effektiv arbeitet die Führungsmannschaft? Werden gesetzte Ziele konsequent verfolgt – auch gegen Widerstände? Wie ausgeprägt ist die Orientierung an einem überdurchschnittlichen Unternehmensergebnis?

- **Entrepreneurship:** Welche Rolle spielt der Kunde? Inwieweit wird neues, unkonventionelles, innovatives Gedankengut gefördert? Wie stark sind Bürokratie und Regelkonformität ausgebildet?

- **Sozialer Umgang:** Nehmen die Führungskräfte ihre Vorbildrolle ernst? Wie werden Konflikte gelöst? Wieviel Wert wird auf die Mitarbeiterentwicklung gelegt?

- **Identifikation mit dem Unternehmen:** Wie stark wird die Corporate Identity nach innen und außen durchgesetzt? Wie loyal sind die Mitarbeiter zum Unternehmen?

Werte müssen vom Top-Management vorgelebt werden

Aufgabe des Managements ist es, die Kultur im Unternehmen positiv zu prägen: Leistungsorientierung, Wertschätzung, Einsatzfreude – die Liste lässt sich beliebig verlängern. Authentizität ist dabei unersetzlich. Die Belegschaft hat in der Regel ein sehr gutes Gespür dafür, ob der Unternehmensleitung tatsächlich an den kommunizierten Werten gelegen ist – indem sie diese vorlebt. Nur dann werden sich die Leitlinien für den täglichen Umgang miteinander, für die Lösung von Konflikten oder für die Handhabung unkonventionellen Gedankengutes nachhaltig durchsetzen. Der hohe Einsatz, sich als Vorbild in die Verantwortung nehmen zu lassen, wird durch Loyalität und Übernahme der Wertvorstellungen durch die Mitarbeiter belohnt.

Es lohnt sich also, in die Diskussion über die richtigen, d.h. die für das jeweilige Unternehmen passenden Werte einzusteigen. Einige Beispiele aus der Praxis:

- *E.ON AG,* Branche: Energie, Strom und Gas (vgl. E.ON SE, 2013): Integrität, Offenheit, Vertrauen und gegenseitiger Respekt, Mut, gesellschaftliche Verantwortung
- *Steria Mummert Consulting AG*, Branche: Consulting (vgl. Steria Mummert, 2013): Kreativität, Unabhängigkeit, Offenheit, Respekt, Einfachheit

- *Deutsche Bank AG*, Branche: Finanzwesen (vgl. Deutsche Bank AG, 2012): Vertrauen, Teamwork, Innovation, Leistung, Kundenfokus

Hinter den Schlagworten stehen Erklärungen, die helfen, den jeweiligen Wert präziser zu beschreiben. Beispiel Deutsche Bank AG – *Kundenfokus*: Der Kunde steht stets im Mittelpunkt unserer Aktivitäten. Wir orientieren uns kompromisslos an seinen Zielen und Wünschen.

Werte: Von der Theorie zur Praxis

a) Wie Sie für Ihre Unternehmung repräsentative Werte definieren
Werte repräsentieren im Idealfall das gesamte Unternehmen. Aus diesem Grund sollte die Erarbeitung der Werte auch unter Einbeziehung möglichst vieler bzw. ausgewählter repräsentativer Mitarbeiterinnen und Mitarbeiter erfolgen. Eine mögliche Vorgehensweise zur Ableitung von Unternehmenswerten stellen wir Ihnen im Folgenden vor.

Werte in sechs Phasen definieren

Phase 1: Kick-Off mit der Geschäftsleitung

- Zieldefinition: Was soll mit den Unternehmenswerten erreicht werden?
- Festlegung der Vorgehensweise im Projekt
- Festlegung des Rahmens zur Formulierung der Werte

Phase 2: Workshop auf Management-Ebene

- Teilnehmer: Geschäftsleitung, Führungskräfte (je nach Unternehmensgröße) und Vertreter des Personalbereichs
- Erarbeiten wesentlicher Grundlagen für die Definition von Unternehmenswerten
  - Beschreibung der aktuellen Unternehmenskultur und Diskussion möglicher Verbesserungspotentiale
  - Formulierung eines gewünschten, idealen, aber erreichbaren Zustandes

Phase 3: Diskussion der Werte auf allen Ebenen

- Diskussion des Arbeitsstandes mit den Mitarbeiterinnen und Mitarbeitern oder mit gewählten Repräsentanten („Wertebotschafter")
  - Was bedeuten die erarbeiteten Werte für uns?
  - Wie können wir die Werte in unserer Arbeit leben?
  - Welche Veränderungen bezüglich einzelner Werte schlagen die Mitarbeiter vor?
- Einholen und Berücksichtigen weiteren Feedbacks aus der Organisation

Phase 4: Dokumentation der Unternehmenswerte

- Unter Berücksichtigung der vorhergehenden Schritte definiert und dokumentiert das Projektteam die Unternehmenswerte.

- Bei Unstimmigkeiten ist eine einvernehmliche Lösung zu suchen. Ziel ist es, die Sichtweise der Mitarbeiterinnen und Mitarbeiter bestmöglich mit den Vorstellungen der Unternehmensleitung in Einklang zu bringen.

Phase 5: Kommunikation der Werte

- Startschuss für die Kommunikation der erarbeiteten Werte durch die Unternehmensleitung, begleitet durch das Management der einzelnen Geschäftsbereiche, Sparten, Regionen etc.

- Dokumentation der Werte durch Nutzung unterschiedlichster analoger und digitaler Medien

- Persönliche Übergabe der Werte an jeden einzelnen Beschäftigten in Form eines geeigneten Mediums, ggf. unterstützt durch give-aways wie Aufsteller, Schlüsselanhänger etc.

Phase 6: Überführung in das tägliche Tun

- Vorbildwirkung der Führungskräfte: Vorleben sorgt für ein stärkeres Erleben als die rein visuelle Kommunikation

- Austausch mit den Mitarbeiterinnen und Mitarbeitern, auch in Form von Fallstudien: In welchen Situationen sind die Werte anwendbar? Was ist ggf. anders als früher – und worauf sollte besonders geachtet werden?

- Die Überführung ist ein kontinuierlicher Prozess, der de facto nie endet: Es wird immer Gesprächsbedarf zur Anwendung bzw. im Fall von Überschneidung zur Priorisierung der Werte in einzelnen Situationen des täglichen Arbeitens geben. Je ernster diese seitens der Wertebotschafter, aber auch der Führungskräfte genommen werden, desto eher werden die Werte tatsächlich im individuellen Handeln verankert werden – freiwillig!

b) Fallstudie zu Unternehmenswerten: IBM Corporation
Die IBM Corporation mit Sitz in Armonk bei North Castle im US-Bundesstaat New York ist mit über 430.000 Mitarbeitern eines der größten IT- und Beratungsunternehmen der Welt. Allein in Deutschland arbeiten etwa 20.000 Mitarbeiter für den Konzern (Stand Januar 2012).

Der Firmengründer von IBM, Thomas J. Watson Sr., hatte bereits 1896 grundlegende Werte und Verhaltensregeln für die Mitarbeiter definiert. Bereits in den Gründungsjahren schrieb er das soziale Engagement sowie die gesellschaftliche Verantwortung des Konzerns fest. Diese Werte definierten sowohl die inneren Beziehungen im Unternehmen als auch den externen Umgang mit allen Stakeholdern wie z.B. Kunden, Lieferanten, Geschäftspartnern und Aktionären.

Im Jahre 2004 rief die Geschäftsführung der IBM Corporation das Projekt „ValueJam" ins Leben. Alle IBM Mitarbeiter waren weltweit dazu aufgefordert, die von Watson formulierten Werte neu zu definieren. Nach Ansicht der Geschäftsführung war eine Einbeziehung aller Mitarbeiter unerlässlich, denn „etwas derart Grundlegendes und Persönliches kann nicht von oben diktiert werden" (Samuel J. Palmisano, Chairman IBM Corporation).

Folgende Fragestellungen standen bei der Wertefindung im Mittelpunkt:

- Was repräsentiert IBM?
- Was hebt die Unternehmung von anderen ab?
- Was soll die Handlungsweise der Mitarbeiter bestimmen?

Die Plattform zur gemeinsamen Diskussion bildete ein online zugängliches Forum: 72 Stunden lang wurde es den Mitarbeitern im Intranet ermöglicht, ihre Meinungen einzubringen. Offen wurden Probleme, Herausforderungen, Missstände, aber auch Positives diskutiert.

Anschließend wurde dieser „ValueJam" ausgewertet und förderte drei Leitgedanken zu Tage, die IBM definieren und nach innen und außen prägen:

1. Engagement für den Erfolg jedes Kunden
2. Innovationen, die etwas bedeuten – für unser Unternehmen und für die Welt
3. Vertrauen und persönliche Verantwortung in allen Beziehungen

Unsere Empfehlung: Nehmen Sie den Ball auf, sofern Sie das Gefühl haben, Ihre Mitarbeiter, Kollegen oder Chefs brauchen eine gemeinsame Leitlinie für die Wahrnehmung des Unternehmens, aber auch für den täglichen Umgang mit einander. Werden diese Themen nicht von „oben" in einer bestimmten Art und Weise vorgelebt und damit auch (wenngleich sanft) vorgegeben, bilden sich Subkulturen. Diese müssen nicht schlecht sein, sie sind nur deutlich weniger gut kontrollierbar als eine einheitliche, von allen gleichermaßen getragene Unternehmenskultur. Insofern machen gemeinsame Werte das Leben leichter!

5.2 Change Management: Mehr Mut, mehr Konsequenz!

Unser Prototyp des erfolgreichen mittelständischen Unternehmers, Willy Weitblick, sieht sich gleich zwei Herausforderungen gegenüber: erstens das Unternehmen auf Kurs zu bringen, zweitens diesen Kurs auch zu halten. Wie wir in den vorangegangenen Kapiteln gesehen haben, ist bereits die erste Herausforderung beträchtlich. Doch die Umsetzung der neuen strategischen Ausrichtung im Unternehmensalltag stellt noch einmal ganz andere Anforderungen an Führungsmannschaft und Mitarbeiter. Nicht immer läuft alles glatt, die Bedenkenträger gewinnen an Einfluss, Unsicherheit entsteht. Auch das ist Alltag – und letztlich ganz normal, wenn eine neue Richtung eingeschlagen wird, deren Konsequenzen für den Einzelnen von vornherein nicht komplett zu überblicken sind.

Willy Weitblick hat Veränderung erzeugt: Fokussierung auf bestimmte Kundengruppen mit hohen technologischen Anforderungen, Erschließung von Wachstumsmärkten mit neuen Anforderungen an Produkt und Organisation, Durchsetzung von Innovationen auch ohne den sonst üblichen kurzen Amortisationszeitraum von vier Jahren. Er will ein Zeichen setzen – ein Zeichen für den Aufbruch, für kompromisslose Orientierung an den neuen Spielregeln im Markt, für mehr Eigenverantwortung, Initiative und persönliches Engagement. Seine Führungsmannschaft versteht das (gerade) noch; die Belegschaft tut sich vereinzelt etwas schwer.

Vielleicht kennen Sie die Situation aus eigener Erfahrung: Ambitionierte Ziele, ausgearbeitete Strategie, motivierte Mannschaft – jetzt könnte es eigentlich losgehen. So richtig will der Funke aber nicht überspringen, die Beharrungstendenzen sind hoch. Man wartet lieber doch erst mal ab, ehe man sich auf weitgehend unbekanntes Terrain wagt.

Veränderungen sind offensichtlich kein Selbstläufer. Vielmehr wollen wir bei unseren ersten Gehversuchen in der neuen Welt begleitet werden, in fachlicher und – noch viel wichtiger – in emotionaler Hinsicht. Wirklich einfordern wird das niemand, dennoch scheitern die meisten Veränderungsprozesse am mangelnden „Kümmern". Das Gute ist: Es ist gar nicht schwer, den Prozess zum Erfolg zu führen, wenn man einige Punkte beherzigt.

Change Management: Was steckt dahinter?

Nach vielen Jahren begegnete Herr K. Herrn M. und begrüßte ihn mit den Worten: „Sie haben sich ja gar nicht verändert!" „Oh", antwortete Herr M. und erblasste. (B. Brecht)

Veränderungen gehören zum Unternehmensalltag: Wenn wir uns nicht ändern, werden wir von den anderen Marktteilnehmern „verändert". Stillstand ist unproduktiv und führt zum Marktausschluss. Auf der rationalen Ebene wird diese Kausalbeziehung kaum noch hinterfragt. Dennoch schnellt die Veränderungsbereitschaft der Mitarbeiterinnen und Mitarbeiter nicht von selbst nach oben, wenn Veränderungen anstehen, welche der Verbesserung der Wettbewerbsfähigkeit dienen.

Mit geeigneten Maßnahmen lässt sich die Veränderungsbereitschaft der Mitarbeiterinnen und Mitarbeiter auf ein Niveau heben, das den Veränderungsprozess im Unternehmen überhaupt erst ermöglicht. Die Erfahrung zeigt, dass eine kritische Masse erforderlich ist, damit der Prozess – einmal angestoßen – auch stabil und nachhaltig weiter läuft. Diese kritische Masse gewinnt man nur durch Überzeugung auf rationaler wie auch emotionaler Ebene.

Ausgangspunkt der meisten Veränderungen in Unternehmen sind Signale aus dem Unternehmensumfeld. Einige Beispiele:

- **Analyse des Wettbewerberumfeldes:** Wo liegen aktuell Stärken und Schwächen unserer wesentlichen Wettbewerber? Wo können wir leicht Marktanteile gewinnen – und was müssen wir hierzu tun? Welche Kooperationen, strategischen Allianzen oder Akquisitionen bieten sich an?

- **Analyse der Kundenanforderungen:** Wie verändern sich die Kundenwünsche in den folgenden Jahren? In welcher Hinsicht sollten wir unsere Produkte anpassen, um zukünftige Kundenwünsche noch wirksamer zu adressieren?

- **Analyse des Technologieumfeldes:** Welche Zukunftstechnologien zeichnen sich ab, die wir für unsere Produkte nutzbar machen können? Welche Veränderungen hinsichtlich der Produktstandards sind zu erwarten? Welche Fertigungstechnologien sollten wir einsetzen, um qualitativ hochwertiger oder kostengünstiger produzieren zu können?

- **Analyse des rechtlichen Umfeldes:** Welchen relevanten gesetzlichen Änderungen sehen wir uns gegenüber? An welchen Stellen sollten wir unsere Interessen stärker vertreten? Was ist in Bezug auf Produkthaftung, Werbemaßnahmen, unternehmensübergreifenden Abstimmungen etc. zu beachten?

- **Analyse der Organisationsstruktur:** Welche Anpassungen sind erforderlich, um den Herausforderungen des sich verändernden Umfeldes gerecht zu werden? Wie balancieren wir zentrale und dezentrale Anforderungen aus? Wie vermeiden wir organisatorische Ineffizienzen?

a) Veränderungen – wo liegt das Problem?
Aus der Beantwortung dieser Fragen lässt sich ableiten, welcher Veränderungsbedarf im Unternehmen besteht. Spannend wird es bei der Umsetzung der ermittelten Potentiale: Genau hier treffen zwei ungleiche Pole aufeinander:

1. **„Wandel ist anstrengend und beängstigend"** – Wandel heißt automatisch, Veränderungen zu provozieren. Die Mitarbeiter werden auf neue Wege geleitet. Die ersten Reaktionen darauf sind Vorsicht, Zurückhaltung und eine in Summe bewahrende Haltung.

2. **„Wandel ist notwendig"** – um als Unternehmen wettbewerbsfähig zu bleiben, Chancen zu nutzen, den Aktionsradius auszubauen, sichere Arbeitsplätze anbieten zu können.

Dieses Spannungsfeld zu lösen, verlangt nicht nur Einfühlungsvermögen und Verständnis der jeweils anderen Sichtweise. Ein wesentlicher Erfolgsfaktor ist die Fähigkeit, Visionen in einer natürlichen, glaubhaften Weise zu vermitteln: Wo wollen wir hin? Wie kann uns das gelingen? Sind wir bereit, dafür gewisse

Dinge aufzugeben – und im Gegenzug unsere Situation spürbar und nachhaltig zu verbessern? Die Betroffenen müssen spüren, nicht nur rational verstehen, weshalb es wichtig und richtig ist, den Veränderungsprozess aktiv zu unterstützen.

Für die erfolgreiche Adressierung von Veränderungsprozessen hat sich der Begriff *Change Management* etabliert.

Definition: Change Management

Change Management bedeutet, bewusst notwendige betriebliche Veränderungen zu erkennen, sie einzuleiten, zu steuern und erfolgreich umzusetzen. Die Notwendigkeit der Veränderungen ist dabei entweder auf externe Einflüsse zurückzuführen (Anpassung an Umwelteinflüsse) oder liegt im Unternehmen selbst begründet (Spannungen, Fehlentwicklungen).

Veränderungen im Rahmen des Change Managements können auf verschiedenen Komplexitätsebenen erfolgen:

- Unternehmensweite Veränderungen

  Beispiele: Sanierung von Unternehmen, Einführung von ERP-Systemen, Adaption von Ansätzen wie Total Quality Management, KAIZEN oder Business Reengineering

- Veränderungen in Unternehmensbereichen

  Beispiele: Maßnahmen zur Organisationsentwicklungen, Umstrukturierungen zur Stärkung von Vertrieb, Entwicklung oder Einkauf, strategische Neuausrichtung von Produktportfolios, Produktionsverlagerungen

- Veränderungen in Abteilungen und im Mitarbeiterverhältnis

  Beispiele: Ausbau der Kundenorientierung für Entwicklungsingenieure, Standortverlagerungen einzelner Abteilungen, Wechsel in der Führungsmannschaft

Change Management ist also nicht nur ein Begriff für große Umwälzungen im Unternehmen, sondern ebenso ein Konzept für Einzelmaßnahmen. Schon die kleinsten Veränderungen im Unternehmen können nachhaltigen Einfluss auf die Mitarbeiter-Motivation haben – in positiver wie auch negativer Hinsicht. Deshalb gilt es bei jeder Art von Veränderung Fingerspitzengefühl für die Auswirkungen auf Mitarbeiter, Kunden, Kapitalgeber, die Öffentlichkeit und sonstige Stakeholder zu zeigen.

Mit der Bereitschaft der Betroffenen, meist der Mitarbeiter im Unternehmen, aktiv am Veränderungsprozess mitzuwirken, sich einzubringen und auch auf bestimmte Routinen der Vergangenheit zu verzichten, steht und fällt der Erfolg des Projektes. Unternehmen als sozio-ökonomische Systeme führen ein Eigenleben: Sie sind in ihrer Dynamik nur schwer zu greifen und wirken jenseits der individuellen Züge der einzelnen Mitarbeiter. Genau dieses Phänomen macht Veränderungsprozesse so besonders und schwer beherrschbar.

b) Warum Veränderungen unvermeidlich sind

Gesellschaftliche, wirtschaftliche oder technologische Änderungen stellen Unternehmen in regelmäßigen Abständen vor die Herausforderung, sich neuen Bedingungen anzupassen. Erinnern wir uns an die in Abschnitt 3.6 diskutierten Megatrends: Wir haben unter anderem gesehen, wie wichtig es für den unternehmerischen Erfolg ist, diese Trends frühzeitig für sich nutzbar zu machen und die eigene Leistungsfähigkeit zu adaptieren.

Veränderungen: Ursachen

In ihrer Studie „Change Management" (2008) beantwortet die Unternehmensberatung Capgemini unter anderem die Frage, welche Faktoren Unternehmen zu Veränderungsprozessen antreibt. Die fünf häufigsten Ursachen waren:

1. Restrukturierung bzw. Reorganisation (49%)

   Die Struktur und die Architektur von Organisationen haben in der heutigen Zeit eine extrem kurze Halbwertszeit. Veränderungen wie In- und Outsourcing von Wertschöpfungsprozessen, Konsolidierung und Abspaltung von Unternehmensbereichen oder der Wandel hin zu einer prozessorientierten Organisation sind nur ein Auszug von Maßnahmen, die unter den Begriff der Reorganisation fallen.

2. Wachstumsinitiativen (38%)

   Größer, schneller, weiter – oder übersetzt: Mehr Umsatz, größerer Marktanteil und das in möglichst kurzer Zeit. Unternehmenswachstum ist das erklärte Ziel fast jedes Unternehmens. Doch um profitabel wachsen zu können, sind Veränderungen notwendig (siehe Abschnitt 4.1).

3. Veränderte Unternehmensstrategie (33%)

   Eine einmal erarbeitete Strategie ist nur so lange gültig, bis sich die Rahmenbedingungen signifikant verändert haben. Sie ist folglich regelmäßig zu überprüfen und ggf. zu adjustieren.

4. Veränderte Marktstrategie bzw. Ansprache der Kunden (32%)

   Die größte Aufmerksamkeit der meisten erfolgreichen Unternehmen gilt den Kunden. Ändern sich deren Anforderungen, wird die Unternehmensleitung reagieren (müssen). Die zu ergreifenden Maßnahmen sind vielfältig und reichen von der konsequenten Weiterentwicklung des Produktportfolios über die Erschließung neuer Technologien bis hin zur Abspaltung von Unternehmensteilen oder der Verlagerung der Produktion in die Nähe des neuen Kundenstandorts im chinesischen Hinterland. Flexibilität ist Trumpf, will man gute Kundenbeziehungen aufrecht erhalten.

5. Kostensenkungsprogramme /„Rightsizing" (32%)

   Ob notwendigerweise in einer Rezession oder proaktiv in guten Zeiten: Kostensenkungspotentiale und Maßnahmen zur höheren Effizienz sind ein maßgeblicher Treiber von Veränderungsprozessen.

Die folgende Abbildung zeigt noch einmal die Gründe für Veränderungen in Unternehmen gemäß der Studie „Change Management" von Capgemini (2008) im Überblick:

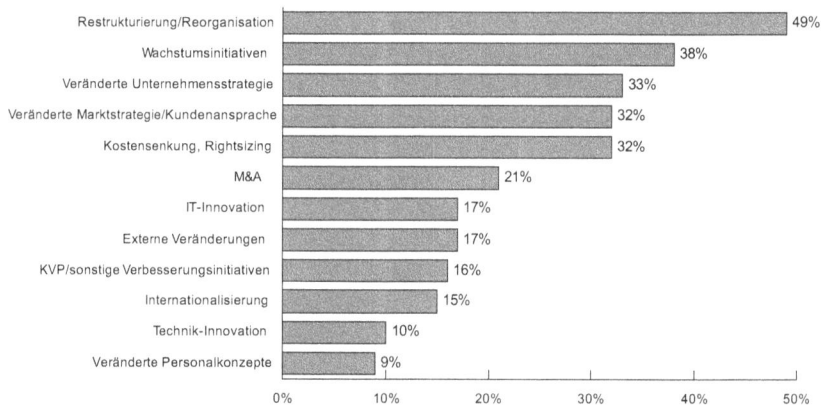

Abb. 23: Häufigste Gründe für Veränderungen in Unternehmen (Quelle: Capgemini Consulting, 2008)

Betrachtet man die aufgeführten Änderungsgründe einmal genauer, so fällt auf, dass der Wandel meist ein erzwungener ist. Vor wenigen Jahrzehnten bestand die Führungsaufgabe des Managements im Wesentlichen in der Aufnahme und Bewertung von Informationen sowie dem Treffen von Entscheidungen, basierend auf diesen Informationen. Heute besteht die Herausforderung nicht im gekonnten Umgang mit unvollständigen Informationen, sondern in der erfolgreichen Steuerung des permanenten Wandels. Dabei kommt es nicht nur darauf an, prinzipiell die richtigen Maßnahmen zu ergreifen, sondern dabei auch noch ein hohes Tempo vorzulegen.

Dennoch gilt: Änderungen brauchen Zeit. Je tiefgreifender der Wandel, desto mehr Zeit ist hierfür einzuplanen. In diesem Zusammenhang stellt sich die Frage, ob die Unternehmensleitung *gestaltend* oder *entwickelnd* aufgestellt ist. Obwohl beide Ausdrücke zuerst positiv belegt sind, unterscheiden Sie sich doch grundlegend voneinander:

Unter *gestaltend* ist zu verstehen, dass das Management unter hohem Problemdruck grundlegend notwendige Veränderungen durchsetzt. Diese Vorgehensweise bezeichnet man auch als revolutionären Wandel. Einziges Ziel ist es, durch gezielte Eingriffe in die Organisation die ökonomische Effizienz rasch zu erhöhen. Zu Zeiten des Shareholder Value Booms im ersten Jahrzehnt des 21. Jahrhunderts konnte man gerade bei großen Aktiengesellschaften solche revolutionären Veränderungen beobachten: Der Vorstandsvorsitzende der Deutschen Bank AG, Josef Ackermann, verkündete 2005, dass trotz eines erheblichen Gewinnwachstums der Personalbestand weiter drastisch reduziert werde.

Entwickeln dagegen heißt, bewusst und stetig zu verändern, sich also schrittweise an veränderte Rahmenbedingungen anzupassen. Dahinter steckt der Gedanke, dass schrittweise Veränderungen von den betroffenen Personen nachhaltig akzeptiert werden. Zu dem Ziel der Steigerung der Wirtschaftlichkeit tritt das Ziel der Erhöhung der sozialen Effizienz: Humanität im Wandel. Im Gegensatz zum revolutionären Ansatz, bei dem die Organisationsstruktur als Ganzes im Vordergrund steht, versucht der evolutionäre Change-Manager, ein kontinuierlich positives Organisationsklima zu erzeugen.

Entwickeln heißt bewusst und stetig zu verändern.

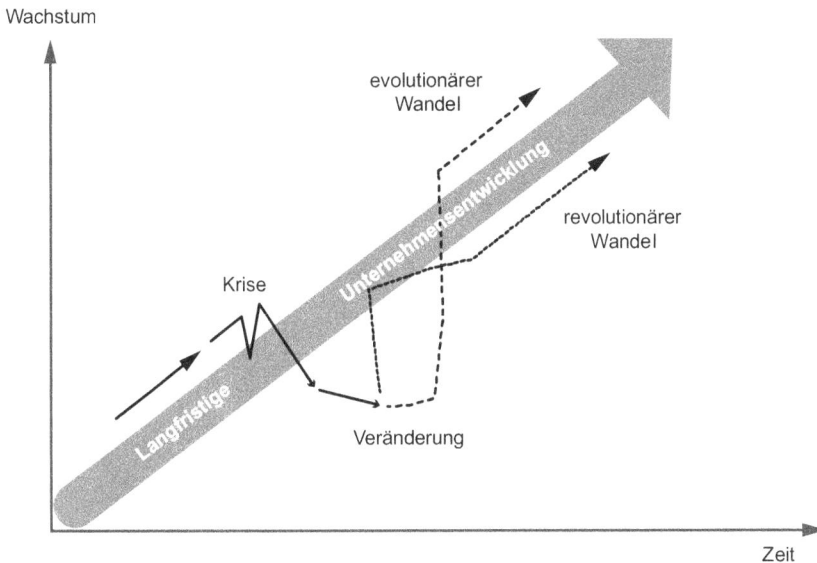

Abb. 24: Langfristige Überlegenheit des evolutionären Wandels

Kommt es wirklich zu einer Krise, ist ein revolutionärer Wandel eine probate Lösung für eine kurzfristige Kurskorrektur. Langfristig bleibt das Unternehmen aber unterhalb seiner Möglichkeiten in Bezug auf ökonomisches Wachstum. Eine nachhaltige Veränderung ist bei einer evolutionären Vorgehensweise zu erwarten: Inkrementelle Veränderungsschritte, von allen Beteiligten getragen, erhöhen die Wahrscheinlichkeit einer überdurchschnittlichen Prosperität des sich verändernden Unternehmens.

Die Vorgehensweise einer behutsamen Weiterentwicklung über einen längeren Zeitraum hinweg begünstigt einen kontinuierlichen Lernprozess: Das Organisationsmitglied *Mitarbeiter* rückt weiter in den Mittelpunkt – als *Mitgestalter*.

Change Management: Von der Theorie zur Praxis

a) Unternehmen erfolgreich verändern – auch gegen Widerstände

Change Management
mit Erfolg

Zu Beginn eines Change Management-Projektes stellen sich Manager zu Recht Orientierungsfragen: „Welche Veränderungen streben wir an? Was wollen wir am Ende erreichen?" Im Optimalfall werden Kennzahlen entwickelt, welche die Zielerreichung messbar machen. Und schon geht es los: Anpassung von Geschäftsprozessen, Qualifikationsoffensiven, Einführung von CRM- oder Konfigurator-Systemen ...

Eine wichtige Frage wird allerdings selten beantwortet: „Welche Hürden gilt es im Laufe des Projektes zu nehmen, und wie gehen wir mit Konflikten um? Schon während der Planung von Veränderungsprojekten sollte sich das Management mit möglichen Stolpersteinen, Widerständen der Mitarbeiter und den daraus resultierenden Folgen auseinandersetzen – eine Art *Risk Management* im Zuge von Veränderungsprozessen.

Erinnern wir uns: Veränderungen werden von und mit Menschen vollzogen. Durch Veränderungen sind diese gezwungen, gewohnte Abläufe, Umgebungen oder Strukturen zu verlassen. Angst vor der Ungewissheit, ein Gefühl von Kontrollverlust und Abwehr sind normale und nahezu unvermeidliche Begleiterscheinungen in allen Veränderungsprozessen. Logische Konsequenz: Die Mitarbeiter versuchen, den Prozess zu verzögern oder sogar den Ausgangszustand wieder herzustellen. Gibt der Treiber von Veränderungen in dieser Phase eines Change-Prozesses dem Gegendruck nicht nach, kommt es zwangsweise zum Konflikt.

Typische Kardinalfehler in diesem Zusammenhang:

- Mangelnder *Sense of Urgency*: Die betreffenden Mitarbeiter sehen die Veränderung nicht als notwendig an: „Warum sollen wir denn das jetzt ändern, bisher war es doch gut!"

- Persönlichen Vorbehalten von Schlüsselfiguren für einen Veränderungsprozess wurde nicht argumentativ entgegengewirkt: „Schon wieder eine Veränderung, die nichts bringt!"

- Die Auswirkungen der Veränderungsprozesse wurden nicht ausreichend kommuniziert: *„Wir wussten von den neuen Gegebenheiten nichts!"*

- Aus Sicht des Mitarbeiters besteht mangelndes Vertrauen zum Management: *„Das bekommen die doch eh nicht hin!"*

Wie lassen sich Change-Prozesse erfolgreich bestreiten? Hierzu sind einige Rahmenbedingungen einzuhalten, die es Ihnen ermöglichen, ein erfolgreiches Veränderungsprojekt durchzuführen.

1. Konkrete Vision mit klaren Zielen

Seien Sie sich bewusst, was Sie mit einer Veränderung erreichen wollen. Nur
was Sie selbst glasklar formulieren, können Sie auch intern erfolgreich vertreten. Beantworten Sie ausführlich folgende Fragen:

**Change Management
braucht Ziele**

- Was zwingt uns, Veränderungen zu initiieren? Worauf müssen wir reagieren?
  Beispiel: Die Vertriebsstruktur entspricht nicht mehr den Erfordernissen
  des Marktes.

- Welche Ziele wollen wir mit einem Change-Prozess erreichen?
  Beispiel: Die Zufriedenheit des Kunden soll auch im After Sales sichergestellt werden. Dies scheitert heute an der nicht synchronisierten Struktur
  von Außendienst und Sales Support (Vertriebsinnendienst): Der Kunde hat
  viele verschiedene Ansprechpartner und bleibt oft auf der Strecke (bzw. in
  der Telefon-Warteschleife).

- Welche Maßnahmen kommen zur Zielerreichung zum Tragen?
  Beispiel: Im Rahmen eines Restrukturierungsprojekts werden die Strukturen von Außendienst und Sales Support einander angeglichen. Im Sales
  Support werden Competence Center gebildet, welche die Struktur des Au-
  ßendienstes 1:1 abbilden. Damit ist gewährleistet, dass je Vertriebskanal
  bzw. je Zielgruppe ein kompetentes Team für den Kunden bereit steht und
  eine tragfähige Kundenbeziehung aufgebaut werden kann.

- Was sind die Auswirkungen der beschlossenen Maßnahmen auf die Mitarbeiter?
  Beispiel: In Abhängigkeit der jeweiligen Anforderungen der betreuten
  Kundengruppe ändern sich auch die Anforderungen an die Mitarbeiter im
  Sales Support. Während bei der Betreuung von Endverbrauchern beispielsweise Einfühlungsvermögen und Freundlichkeit eine besondere Rolle
  spielen, zählt bei Industriekunden in der Regel eine hohe Problemlösungs-
  kompetenz bereits im 1st level support – und damit die Fähigkeit, das eigentliche Problem des Kunden durch geeignete Fragetechnik rasch zu identifizieren. Für die Mitarbeiter ergibt sich hieraus die Notwendigkeit, bestimmte Kompetenzen auszubauen bzw. ganz neu zu entwickeln.

- Was sind eventuelle Hindernisse bei der Durchführung der Maßnahmen?
  Beispiel: Die Mitarbeiter agieren reserviert („Das haben wir doch immer
  schon so gemacht") und unterstützen das Projekt nur ungenügend. Dahinter
  steckt ggf. die Angst vor Rationalisierungsmaßnahmen.

Je strukturierter und klarer Sie ein Change Management-Projekt vorbereiten
und planen, desto geringer ist das Risiko des Scheiterns.

2. Identifizieren Sie Schlüsselfiguren

Die Identifikation der berühmten *Key Players* ist für Change-Management-Projekte unerlässlich. Zwei Gruppen sind zu unterscheiden:

- **Formelle Key Player:** Betroffene Führungskräfte, Unternehmenseigner, Betriebsrat

- **Informelle Key Player:** Fachexperten, Stabstellen, *Gatekeeper* wie Assistenten, Vertrauenspersonen von formellen Key Playern

Formelle Key Player sind schnell identifiziert: Ein aktuelles Organigramm leistet hier gute Dienste. Hingegen sind informelle Key Player viel schwerer auszumachen – aber für ein Veränderungsprojekt fast noch bedeutsamer. Formelle Key Player sind aufgrund ihrer jeweiligen Funktion grundsätzlich in ihrem Verhalten berechenbarer, während informelle Key Player unabhängiger und damit auch in Vorfeld weniger gut einschätzbar sind. Ein *Man Mapping* der Schlüsselfiguren erleichtert schon in der Planungsphase die Reduktion ungewollter Einflüsse auf das Projekt. Außerdem setzen Sie mit Maßnahmen auch an der richtigen Stelle an.

3. Schaffen Sie Motivation für Veränderung

Erarbeiten Sie klare Nutzenargumente für die von Veränderungen betroffenen Mitarbeiter. Wie erreichen Sie den notwendigen, oben angesprochenen *Sense of Urgency* – also die Einsicht in die Notwendigkeit bei den Betroffenen, das Veränderungsprojekt *jetzt* tatkräftig anzupacken? Welche Multiplikatoren müssen gewonnen werden, um eine breite Zustimmung, ggf. sogar Begeisterung für das anstehende Change-Projekt zu bekommen? Gleichzeitig muss es den Betroffenen möglich sein, ihre Bedenken offen zu äußern und Vorschläge für die erfolgreiche Gestaltung des Veränderungsprozesses zu unterbreiten. Selbst emotionales „Meckern" ist hilfreich, da es den Druck herausnimmt und den Promotoren die Möglichkeit gibt, die größten Kritiker individuell zu adressieren.

Die Motivation der Beteiligten kann auf zwei Wegen adressiert werden:

- **Push:** Aus der aktuellen Lage heraus nutzen Sie die Unzufriedenheit der Mitarbeiter, um anstehende Veränderungen positiv aufzuladen. Besteht die Notwendigkeit, auf negative Entwicklungen rasch zu reagieren, etwa im Fall von akuten, erheblichen Umsatz- und Ertragseinbrüchen, kann ein positiv vermitteltes Aktionsprogramm der Geschäftsleitung Wunder bewirken: „Wir bitten Sie, die bevorstehenden Umstrukturierungsmaßnahmen aktiv zu unterstützen, die uns helfen, wieder die Nr. 1 im Markt zu werden!"

- **Pull:** Bei proaktiven Veränderungen nutzen Sie Zukunftschancen als Argument. Wie bei der Gründung von SB LiMotive, dem bereits in Abschnitt

4.1 genannten Joint Venture von Samsung und Bosch (von 2008 bis 2012) zur Entwicklung, Fertigung und zum Vertrieb von Lithium-Ionen-Batteriesystemen, erzeugen Sie ein hohes Maß an Aufbruchsstimmung.

Ein weiterer Motivator im Rahmen von Veränderungsprojekten ist die sichtbare Einbeziehung der Mitarbeiter. Geben Sie den Schlüsselfiguren die Möglichkeit, Veränderungen selbst mitzugestalten. In einem integrativen Ansatz gewinnen Sie nicht nur spezifisches Know-how, sondern auch breite Akzeptanz für anstehende Veränderungen.

4. Management Attention und Commitment der Führungskräfte

Der maßgebliche Träger von Change-Prozessen ist das Top-Management. Die operativen Träger der Veränderungen sind die Führungskräfte auf der mittleren Ebene. Für beide Gruppen gilt: Vorleben der Veränderungen ist Pflicht. Die Mitarbeiter schauen insbesondere in unsicheren Zeiten „nach oben": Was geschieht dort, wie spricht man miteinander, welche Sicherheit strahlt das Top-Management aus, welche Meilensteine werden anvisiert, wie geht man mit Verzögerungen und ungeplanten Hindernissen um? Führungskräfte sind Promotoren des Wandels und sollten das auch zeigen. Eigene Unsicherheit ist erlaubt, sollte aber nicht in der Öffentlichkeit ausgelebt werden.

Change Management braucht Commitment

b) Veränderungen richtig kommunizieren
Vielleicht kennen Sie die Situation aus eigener Erfahrung: Veränderungen werden angekündigt, Erwartungen und vielleicht auch Befürchtungen werden geweckt, dann hört man lange nichts mehr. Auf eines aber ist Verlass: die Gerüchteküche. Insbesondere bei zu erwartenden negativen Auswirkungen wird die Lücke zwischen offizieller Information und gefühlter notwendiger Information seitens der Betroffenen rasch geschlossen – allerdings nicht immer mit Fakten, sondern mit inoffiziellen, teils wenig belastbaren Informationen.

Change Management braucht Kommunikation

„Wo immer in der Kommunikation ein Vakuum entsteht, werden Gift, Müll und Unrat hineingeworfen", registrierte einst der britische Schriftsteller Cyrill N. Parkinson. Der Kreativität einzelner Informationsträger sind dabei keine Grenzen gesetzt.

Was ist die Folge? Die Motivation, sich aktiv an der Veränderung zu beteiligen sinkt, die Bedenken wachsen, Spekulationen bestimmen das Meinungsbild. Diese Entwicklungen sind verständlich, wirken aber einem strukturierten Veränderungsprozess entgegen. Lähmung und Resignation, ggf. gezielte Falschinformation durch politisch versierte Betroffene – so scheitern selbst ambitionierte Change-Prozesse.

Folglich gilt für Veränderungsprojekte ein erhöhter Kommunikationsbedarf, der in geeigneter Form zu kanalisieren ist. Hierbei sind unterschiedliche Kommunikationsstrategien denkbar. Zur Erleichterung der Auswahl im konkreten Fall betrachten wir im Folgenden einige Fallbeispiele.

1. Defensive Kommunikationsstrategie

Werden Informationen vom Management zurückgehalten und Fragen eher knapp beantwortet, spricht man von defensiver Kommunikation. Die Grundannahme hierbei ist, dass die Treiber der Veränderung und die Betroffenen nicht am selben Strang ziehen.

Ein Beispiel für diese Kommunikationsstrategie bot im Jahr 2009 ein großer, in Deutschland ansässiger Automobilhersteller. In diesem Jahr stand das Unternehmen vor grundlegenden Veränderungen: Der europäische Ableger eines amerikanischen Fahrzeugherstellers sollte an einen österreichischen Automobilzulieferer verkauft werden. Zu beobachten war eine instabile Situation mit außergewöhnlichen Informationsasymmetrien zwischen Mitarbeitern, Öffentlichkeit und' Management. Die Medien waren ebenfalls involviert. Interessanterweise war der nahezu einzige Informationslieferant für Mitarbeiter und die Öffentlichkeit der Betriebsrat des vor einem eventuellen Verkauf stehenden Automobilherstellers. Über jegliche Verhandlungsergebnisse wussten Print- und Online-Medien schnell Bescheid – die eigenen Mitarbeiter hingegen nicht. Sie waren auf die Medien angewiesen und gefordert, die tatsächlich zutreffenden Informationen von Vermutungen, Halbwahrheiten und Übertreibungen eigenständig zu unterscheiden. Unter diesen Umständen war die Ablehnung der Belegschaft für jegliche Pläne des amerikanischen Mutterkonzerns vorprogrammiert. Ein Vertrauensverlust durch „Nicht-Kommunikation", der nur schwer wieder zu kompensieren ist.

2. Konstruktive Kommunikationsstrategie

Wird der Kommunikationsfluss aktiv vom Management gefördert und mit Fragen konsequent offen und transparent umgegangen, spricht man von konstruktiver Kommunikation. Die Grundannahme hierbei ist, dass die Treiber und die Betroffenen der Veränderung in einer partnerschaftlichen Weise miteinander verbunden sind. Wie zuvor diskutiert, identifizieren sich die Mitarbeiter bei umfassender, transparenter Kommunikation in deutlich stärkerem Umfang mit den Zielen der Veränderung. Erhöhte Kompromissbereitschaft ist die Folge – und damit die Wahrscheinlichkeit eines für beide Seiten erfolgreichen Change-Prozesses. Der personelle und finanzielle Aufwand ist deutlich höher als bei der defensiven Kommunikationsstrategie – eine Investition, die sich häufig mehr als auszahlt.

Ein Beispiel für exzellente interne Kommunikation während einer M&A-Transaktion ist die Corpus Sireo Holding. Anfang 2008 fusionierte die Corpus Immobiliengruppe mit der Sireo Real Estate zu einem der Marktführer im Bereich Asset Management. Der durch die Fusion ausgelöste Change-Prozess betraf alle Mitarbeiter und deren Arbeitsalltag: Arbeitsprozesse mussten den neuen Bedingungen angepasst werden, Führungsstrukturen wurden erneuert, Geschäftsfelder umorganisiert. Es war erforderlich, die Mitarbeiter über die anstehenden Änderungen zu informieren, um deren Vorbehalte auf ein Mindestmaß zu begrenzen.

Die Unternehmensleitung von Corpus Sireo entschied sich, durch sogenannte Dialogveranstaltungen mit allen Mitarbeitern ins Gespräch zu treten. Der persönliche Dialog zwischen Management und Belegschaft sollte die Grundlage für einen ehrlichen und offenen Meinungsaustausch sein. Die Geschäftsführung bereiste alle sieben Niederlassungen, um die Ziele und Herausforderungen der vollzogenen Fusion umfassend darzustellen. Im Gegenzug konnten alle Mitarbeiter offene Fragen und Bedenken in der direkten Konversation mit der Unternehmensleitung ansprechen.

Durch diese Maßnahme wurde mehr als 750 Mitarbeitern die Möglichkeit geboten, sich aktiv an den Diskussionen zu den Veränderungen zu beteiligen. Eine Umfrage nach den Veranstaltungen ergab, dass die Teilnehmer sich über die Zukunft und die Ziele von Corpus Sireo sehr gut informiert fühlen. Trotz anfänglicher Bedenken schätzte die Mehrheit der Mitarbeiter die Zukunftsaussichten letztlich positiv ein.

Das Management der Corpus Sireo hat in Bezug auf die Kommunikation des anstehenden Veränderungsprozesses alles richtig gemacht:

- Im Umbruch bindet es die Mitarbeiter durch Orientierung und starke, aufrichtige Führungsbotschaften
- Die Ideen der Belegschaft fließen mit in die Veränderung ein – das Verständnis der Mitarbeiter für die Fusion steigt
- Man zeigt gegenseitige Wertschätzung durch Dialogbereitschaft

Zentrale Aufgabe der Unternehmensleitung ist es, Transparenz zu den Zielen und Maßnahmen im Rahmen eines Veränderungsprojekts zu schaffen. Wie die Erfahrung zeigt, trägt eine zeitnahe, umfassende und offene prozessbegleitende Kommunikation maßgeblich zur Zielerreichung bei:

- Stabilisierung des operativen Tagesgeschäfts durch Bereitstellung eines offiziellen, verlässlichen Orientierungsrahmens
- Schaffung eines Problembewusstseins und Motivation der Mitarbeiter für einen konstruktiven Umgang mit anstehenden Veränderungen bis hin zur aktiven Unterstützung der Ziele des Change-Prozesses
- Stärkung des Zusammenhalts der Belegschaft durch die Vermittlung eines gemeinsamen Zielzustands, im besten Fall Erzeugung von Aufbruchsstimmung

Die Vorteile einer offenen und konstruktiven Kommunikationspolitik haben wir diskutiert. Nun stellt sich die Frage, welche Kommunikationsmittel hierfür eingesetzt werden sollten. Grundsätzlich kommen alle Möglichkeiten in Betracht, die einen schnellen, unkomplizierten Informationsaustausch unterstützen:

- Der Kommunikationsriese Vodafone verteilt bei Bedarf Informationen per SMS. Damit soll u.a. sichergestellt werden, dass alle Mitarbeiter finanzielle Geschäftsdaten vermittelt bekommen, bevor diese über externe Medien veröffentlicht werden. So erhalten beispielsweise die Mitarbeiter unmittelbar nach der öffentlichen Bekanntgabe von Geschäftszahlen eine SMS. Darin werden sie aufgefordert, eine bestimmte Nummer zu wählen und sich ein kurz zuvor aufgezeichnetes Interview der Geschäftsleitung anzuhören, in dem die wichtigsten Aussagen zu den aktuellen Finanzkennzahlen enthalten sind. Die Mitarbeiter haben somit die Möglichkeit, sich zeitnah aus erster Hand zu informieren und sind nicht auf öffentliche Medien angewiesen. Die Analyse der internen Kommunikationsstrategen ergab, dass 80% aller Mitarbeiter das Interview hörten, bevor externe Quellen die Zahlen meldeten. 99,5% empfanden den genutzten Kommunikationskanal als exzellentes und zeitgemäßes Kommunikationsmittel.

- Ähnlich modern agiert die Deutsche Telekom mit zwei Kommunikationskanälen: Das Corporate Podcasting hat in weiten Teilen Newsletter und Mitteilungen der Geschäftsführung ersetzt. In regelmäßigen Abständen ist eine Videobotschaft des Top-Managements zu aktuellen Themen sowie den wichtigsten Geschäftszahlen verfügbar. Ein weiterer interessanter Aspekt des Mediums Podcast: Eine persönliche Botschaft der Unternehmensleitung spricht die Adressaten auf einer emotionalen Ebene an, anders als eine herkömmliche Hausmitteilung. Natürlich lässt sich dadurch eine direkte, unmittelbare Kommunikation nicht ersetzen, die aber in einem großen Konzern ohnehin nur in wenigen Fällen stattfinden kann. Insofern bieten Videobotschaften eine sinnvolle und ansprechende Alternative. Ein weiteres Medium sind interne Web-Blogs, die es den Mitarbeitern – auf Wunsch anonym – ermöglichen, kritische Fragen an das Top-Management zu adressieren. Die Unternehmensleitung nimmt so den Mitarbeitern die Angst, sich bei bestimmten Entwicklungen im Unternehmen kein Gehör verschaffen zu können. Das Grundprinzip: Auf jede Frage wird geantwortet, auch wenn es sich um kritische Themen handelt.

c) Phasen der Kommunikation
Unabhängig davon, welche Medien zur Kommunikation in Veränderungsprozessen genutzt werden: Die Kommunikation einer anstehenden Veränderung sollte schon vor dem Beginn des eigentlichen Change-Management-Prozesses beginnen und erst nach der Umsetzung aufhören.

Bezogen auf die begleitende Kommunikation lassen sich Veränderungsprozesse in drei Phasen einteilen:

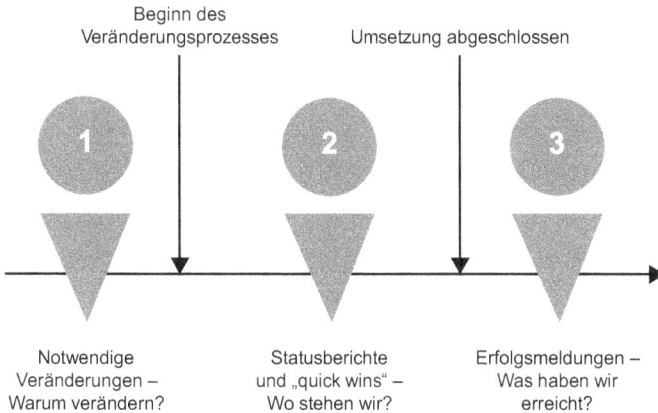

Abb. 25: Phasen der Kommunikation in Veränderungsprozessen

Phase 1: Bereits vor dem eigentlichen Start des Change-Projekts ist es sinnvoll, die zu erwartenden Veränderungen zu kommunizieren. Auf diese Weise untermauern Sie die Integrität und Glaubwürdigkeit des Managements. Darüber hinaus adressieren Sie eventuelle Vorbehalte der Mitarbeiter aktiv und verdeutlichen, dass Sie sich für eine konstruktive Lösung einsetzen werden.

Folgende Fragen sind in Phase 1 zu beantworten:

• Welche Rahmenbedingungen zwingen uns, Veränderungen einzuleiten?
• Welche Chancen sehen wir durch die bevorstehenden Maßnahmen?
• Was genau wird sich für wen verändern? Welche Motivation haben die einzelnen Mitarbeiter dadurch?

Phase 2: Nach Beginn des Change-Prozesses sollte in angemessenen Abständen über den Fortschritt des Projekts berichtet werden. Informationsdefizite seitens der Mitarbeiter werden sonst rasch mit Halbwissen und Flurfunk kompensiert und die Unternehmensleitung verliert ihren Einfluss auf die Meinungsbildung. Positive Veränderungen und Quick Wins können auch ad hoc kommuniziert werden: So werden erste Erfolge allgemein sichtbar, was die Zuversicht in die erfolgreiche Umsetzung stärkt.

Folgende Fragen sind in Phase 2 zu beantworten:

• Warum werden einzelne Maßnahmen ergriffen?
• Wo stehen wir aktuell? Was haben wir bisher durch die eingeleiteten Maßnahmen erreicht?
• Was sind aktuelle Herausforderungen im Prozess? Wie können diese überwunden werden?
• Was steht noch bevor?

Phase 3: Auch nach Ergreifen aller geplanter Maßnahmen ist der Veränderungsprozess meist nicht abgeschlossen. Spürbare Ergebnisse werden erst später erzielt, wenn die neuen Routinen geläufig geworden sind und erste positive Wirkungen zu beobachten sind.

Folgende Fragen sind in Phase 3 zu beantworten:

- Wo sind die Ergebnisse des Wandels sichtbar?
- Welche Verbesserungen konnten auf individueller Ebene erreicht werden?
- An welchen Stellen muss noch nachgeschärft werden?

In allen drei Phasen gilt es, sämtliche Mitarbeiter im Unternehmen zu erreichen. Kommunizieren Sie deshalb redundant über mehrere Kommunikationsmedien. Im Übrigen schätzen es die Mitarbeiter, wenn auch kritische, sensible Themen offen diskutiert werden: Einerseits erhöht dies die Transparenz, andererseits eröffnet sich damit die Möglichkeit, die Kontrolle über die Meinungsbildung im Unternehmen aufrechtzuerhalten.

d) Zur Rolle des Corporate Development

Change Management und Corporate Development
Unternehmensentwicklung ist eng mit Change Management verbunden: Etwas weiterzuentwickeln bedeutet eben auch, Veränderungen herbeizuführen. Das hatte auch Willy Weitblick im Hinterkopf als er der neugegründeten Einheit Corporate Development die Verantwortung für die wichtigsten Veränderungsprojekte der Clever GmbH übertrug. Karoline Kess und ihre Kollegen sind in der Lage, anstehende Herausforderungen rational und neutral zu bewerten, die sich abzeichnenden Alternativen sorgsam abzuwägen und notwendige Veränderungen mit dem nötigen Fingerspitzengefühl zu adressieren. Natürlich sind diese Fähigkeiten selten in einer Person vereint, aber als Team kann die neue Truppe die Change-Projekte erfolgreich stemmen. Dabei übernehmen sie in Bezug auf Veränderungsprojekte u.a. folgende Aufgaben:

- Ableiten von Veränderungsbedarf auf Basis der regelmäßigen Auswertung der Key Performance Indicators: Der quartalsweise erstellte Bericht der wesentlichen Kennzahlen zur Leistungsfähigkeit der Clever GmbH spiegelt wider, ob man es in den letzten Monaten verstanden hat, die Herausforderungen des Marktes erfolgreich zu meistern. Sollte dies über einen längeren Zeitraum hinweg nur sehr eingeschränkt gelingen, wird dies anhand der KPI transparent. In diesem Fall ist das Corporate Development in der Lage, Ursachen zu ermitteln und mögliche Gegenmaßnahmen abzuleiten. Gemeinsam mit der Unternehmensleitung werden diese Maßnahmen hinsichtlich ihrer zeitnahen Umsetzbarkeit, ihres finanziellen Aufwands und ihrer Auswirkungen auf die Organisation und damit auf die Mitarbeiterinnen und Mitarbeiter hinterfragt. Im Anschluss werden potentielle Change-Projekte diskutiert – inklusive Zeitplan, Kommunikationsstrategie und Quick Wins.

- Für die Begleitung von Veränderungsprozessen greift Willy Weitblick –
  natürlich in enger Abstimmung mit Karoline Kess – vor allem auf jene
  Kolleginnen und Kollegen im Corporate Development zurück, die sich in
  erster Linie nicht durch ausgewiesene Fachexpertise auszeichnen, sondern
  über eine breite Erfahrung in der Steuerung von sensiblen Projekten verfügen. Für Change-Projekte sind Generalisten gefragt, die über ein ausreichendes Maß an Fachwissen, aber auch sozialer Kompetenz verfügen, um
  als Moderator, Facilitator oder auch „nur" als Gesprächspartner auf breiter
  Front akzeptiert zu werden. Persönlichkeit ist hier oberstes Gebot.

e) Fallbeispiel: Neue Vertriebsstrukturen für die Clever GmbH
Bereits vor einigen Jahren hatte Willy Weitblick das Produktportfolio seiner
Clever GmbH deutlich ausgeweitet. Auf Anraten seines Beiratsvorsitzenden
Hubert Hundertmark investierte er in Kühltechnik. Damit sollten die Lebens-
mittel, die unter Verwendung seiner prozesstechnischen Komponenten und
Anlagen gefertigt werden, frisch gehalten werden. Bislang hatte Weitblick die
benötigten Aggregate zugekauft. Seit geraumer Zeit produzierte und vertrieb
die Clever GmbH auch diese Produkte selbst.

Unglücklicherweise stellte sich im Verlauf der Zeit heraus, dass die Kühlagg-
regate die angepeilten Absatzzahlen – man verkaufte an unterschiedlichste
Industriekunden – nicht annähernd erreichten. Der Markt für diese Geräte
schien saturiert, zumindest in Westeuropa, einem der Kernmärkte der Clever
GmbH. Die Ergebnisse der von Weitblick angestrengten Analyse zeigten, dass
der hohe Preis und die lange Lebensdauer der Aggregate die Kunden dazu
bewogen, kaum ernsthaft über Neuanschaffungen nachzudenken. Weitblick
stand mit seinem Unternehmen vor der Herausforderung, sich intern an diese
Rahmenbedingungen anzupassen.

Schnell realisierte man, dass im Industriekundenbereich veraltete Methoden
zur Kundenbearbeitung zum Einsatz kamen. Gerade im Innendienst war ein
wenig strukturiertes Vorgehen zu beobachten: Ein funktionierendes Customer
Relationship Management System war eine Wunschvorstellung, Telefonate
mit Kunden wurden nicht oder nur unzureichend dokumentiert. Immer öfter
wurde seitens der Kunden nachdrücklich gefordert, dass die permanent überla-
stete Service-Hotline besser erreichbar und kompetenter besetzt sein sollte.

Zur raschen Verbesserung der Situation wurde ein Veränderungsprojekt gestartet. Das Corporate Development Team sollte die Situation analysieren,
Workshops leiten, Arbeitsgruppen steuern und Einzelgespräche mit Experten
führen. Eine weitere Aufgabe bestand in der Anpassung der Vertriebsstrukturen in der für Westeuropa verantwortlichen Vertriebsgesellschaft.

In der Kick-Off Veranstaltung wurde sichtbar, dass man den emotionalen
Aspekt der anvisierten organisatorischen Veränderung wohl unterschätzt hatte:
Die Fronten waren verhärtet, langjährige Konflikte brachen auf, politische

Äußerungen dominierten die Diskussion. An eine sachliche Analyse und gemeinsame, konstruktive Aufarbeitung der Situation war nicht zu denken. Statt dessen beschuldigte man sich gegenseitig, für die mangelnde Kundenorientierung verantwortlich zu sein. Machtspiele wurden offen ausgetragen. Die Diskussion glitt zunehmend in eine Betrachtung der Stärken und vor allem der Schwächen des Service-Teams ab.

Über die Chancen einer raschen Veränderung zu sprechen, war faktisch unmöglich. Die Unzufriedenheit der Mitarbeiter, die offensichtlich von den Optimierungen im Service betroffen sein würden, war deutlich spürbar – hinzu kam die (unausgesprochene) Angst vor einem Verlust des eigenen Arbeitsplatzes. Selbst- und Fremdbild klafften weit auseinander; die natürliche Schutzfunktion von Äußerungen wie „Warum denn etwas verändern, wir tun doch was wir können" legte sich wie ein lähmender Wall um die Workshopteilnehmer.

In dieser Situation sorgte Karoline Kess, Leiterin Corporate Development und Moderatorin der Workshops, zunächst für Ruhe und Besonnenheit. Unter Rückgriff auf die drei Ebenen der Kommunikation „Kopf, Herz und Bauch" sprach sie die Teilnehmer auf derselben Ebene an, auf der sie deren Signale empfing: auf der Bauch-Ebene. Wenn Angst im Spiel ist, findet der rational argumentierende Gesprächspartner keinen Zugang zum Gegenüber.

Kess holte die Teilnehmer dort ab, wo sie waren. „Ich kann sehr gut verstehen, wie Sie empfinden. In den letzten Minuten konnte ich beobachten, wie Emotionen die Diskussion beherrscht haben. Das ist auch völlig in Ordnung so. Jeder darf sich äußern, gerne auch emotional – nur eines sollten wir vermeiden: Andere persönlich anzugreifen. Unzufriedenheit und Frust muss raus, aber nicht auf Kosten der Kollegen. Ich mache Ihnen einen Vorschlag: Sie lassen Ihren Äußerungen freien Lauf, ich notiere diese auf diesen kleinen Kärtchen und hänge sie an die Pinnwand. Anschließend schauen wir uns die Kärtchen an und überlegen, wo der Schuh am meisten drückt ..."

Als Moderatorin ist Kess dafür verantwortlich, dass die Diskussion schließlich wieder mit Sachargumenten geführt wird. Nachdem die Emotionen ausgesprochen, die Äußerungen aufgeschrieben und allgemein sichtbar gemacht worden sind, fällt es den Teilnehmern deutlich leichter, sich wieder der Analyse zuzuwenden. Diese „Vorphase" plant Karoline Kess bei Veränderungsprozessen künftig fest ein – hatte sich doch gezeigt, dass nach diesem anfänglichen, hitzigen Schlagabtausch die Teilnehmer deutlich leichter für eine konstruktive, strukturierte Projektarbeit zu motivieren waren.

Für die Folgewochen setzte Kess kleinere Workshops an, zu denen sich die Betroffen selbst melden konnten – je nachdem, zu welchem Themenkomplex sie etwas beitragen wollten. Die Teilnahme an den Meetings war den Mitarbeiterinnen und Mitarbeitern tatsächlich freigestellt. Die Unternehmensleitung wollte damit ein Zeichen setzen: Es geht bei diesem Change-Projekt um konstruktive Vorschläge. „Wer daran mitwirken möchte, dass der Kunde mit unserem Service wieder voll zufrieden ist, der ist herzlich eingeladen. Gemeinsam sollten wir es schaffen, wieder Benchmark, also Messlatte in unserer Branche zu werden. Auch meine Geschäftsführungskollegen und ich werden uns beteiligen. Wir möchten Ihre Meinungen hören – ungeschminkt, offen und ehrlich. Dann wollen wir gemeinsam sehen, wie wir möglichst viele Wünsche von Ihnen unter einen Hut bringen. Ich bin überzeugt, dass wir innerhalb des nächsten Jahres zu unserer alten Stärke zurück finden. Lassen Sie uns das Thema beherzt anpacken.

„Rückblickend war der Anfang wieder mal das Schwierigste", entgegnete Karoline Kess auf die Frage von Twiggy Twitter. Die Redakteurin der Mitarbeiterzeitung *Cleverle* hatte das Change-Projekt „Passion for Service" von Anfang an begleitet. Regelmäßige offizielle Informationen, die Möglichkeit zum Intranet-Chat mit der Geschäftsführung sowie die vierteljährlichen Informationsveranstaltungen, bei denen Projektbeteiligte ihre Erfahrungen schilderten und den Projektfortschritt vorstellten, kamen bei der Belegschaft prima an. Trotz einer organisatorischen Änderung – man arbeitete nun in 3 Teams mit spezifischer Zielgruppenausrichtung und unterschied zwischen 1st und 2nd Level Support – waren nahezu alle Betroffenen mit dem Ausgang des Change-Projekts zufrieden.

„Eigentlich sagt man ja, Beziehungen seien alles", ergänzte Siegfried Sorglos, der das Projekt seitens des Betriebsrats begleitet hatte. „Bei uns hier gilt, offene Kommunikation ist alles." Schon im Weggehen begriffen, raunte er Twiggy Twitter noch zu: „Hätte ich übrigens nicht gedacht, dass das so glatt läuft". Karoline Kess, schon immer gut im Ohren spitzen, konnte sich ein Schmunzeln nicht verkneifen ...

5.3 Geschäftsprozesse optimieren: Vorsprung durch Effizienz

Sie sind der Ansicht, Optimieren sei ein alter Hut? Sie können sich vor Seminareinladungen nicht retten? Begriffe wie Total Quality Management (TQM), Six Sigma, Kontinuierlicher Verbesserungsprozess (KVP) kennen Sie bestens? Gut. Dann werden Sie sich auch für den hier vorgestellten Ansatz begeistern können: Die Geschäftsprozessoptimierung.

Hintergrund ist der unternehmensinterne Anpassungsbedarf, der typischerweise mit dem Wachstum von Umsatz und Ertrag einhergeht. Wenngleich Strukturen über einen gewissen Zeitraum hinweg konstant gehalten werden (sollten), wird sich bei den Prozessen regelmäßig die Notwendigkeit ergeben,

- die beteiligten Fachbereiche und deren Beitrag zu wesentlichen Prozessen (Entwicklungsprozess, Vertriebsprozess, Serienpflege etc.) auf den Prüfstand zu stellen,
- den Übergang der Verantwortung entlang der Prozesskette (z.B. Entwicklung übergibt Zeichnungen für neue Produkte an die Produktion) auf Effizienz und Wirksamkeit zu prüfen,
- die Kosten auch künftig unter Kontrolle zu halten und ggf. zu senken.

Hierzu benötigen Sie kein kompliziertes theoretisches Prozessmodell. Wir liefern Ihnen die Antwort, wie Sie und Ihr Team

- Prozesse erfolgreich auf den Prüfstand stellen,
- erforderliche Anpassungen erkennen und
- diese ebenso einfach wie wirksam dokumentieren können.

Geschäftsprozesse optimieren: Was steckt dahinter?

a) Grundlagen des Geschäftsprozessmanagements
Ein Prozess kann als die inhaltlich abgeschlossene, zeitliche und sachlogische Folge von Aktivitäten beschrieben werden. Er transformiert einen definierten Input auf Basis abgrenzbarer Teilschritte in einen materiellen bzw. immateriellen Output. Der Input, den ein Prozess benötigt, sind die Einsatzfaktoren, wie z.B. Arbeitsleistung, Maschinen, Gebäude, Energie, Werkstoffe und Informationen. Als Output entstehen dann Produkte, Teilprodukte oder Dienstleistungen.

Definition:
Geschäftsprozess

Ein **Geschäftsprozess** ist ein spezieller Prozess, der durch die Geschäftsziele und das zentrale Geschäftsfeld (Kernkompetenzen) geprägt wird. Wesentliche Merkmale sind die Schnittstellen des Prozesses zu den Partnern des Unternehmens und die funktions- und organisationsübergreifende Verknüpfung wertschaffender Aktivitäten. Am Anfang stehen die Anforderungen oder Erwartungen des Kunden und am Ende die Bereitstellung des gewünschten Ergebnisses in Form von Produkten oder Dienstleistungen. An Stelle der Input-Output-Beziehung ist für einen Geschäftsprozess die Anforderungs-Ergebnis-Beziehung kennzeichnend. Anforderungen an Geschäftsprozesse stellen jedoch nicht nur die Kunden, sondern alle Interessengruppen, die den Erfolg und die Zukunft des Unternehmens beeinflussen.

Definition:
Geschäftsprozess-
management

Das **Geschäftsprozessmanagement** (GPM) stellt ein Konzept aus Führung, Organisation und Controlling dar und ermöglicht eine gezielte Steuerung der Prozesse. Über die Gestaltung und Steuerung der Geschäftsprozesse werden alle Aktivitäten des Unternehmens auf die Bedürfnisse der Interessengruppen ausgerichtet, und tragen wesentlich zur Erreichung der strategischen und operativen Ziele bei.

Die **Geschäftsprozessoptimierung** (GPO) wird oft synonym mit dem englischen Begriff *Business Process Engineering* genutzt. Beschrieben wird die Gesamtheit aller Aktivitäten zur Verbesserung von Prozessen in einem Unternehmen. Das Ziel ist es, die interne Effizienz nachhaltig zu verbessern. Neben Kostensenkungen steht vor allem die konsequente Ausrichtung der Arbeitsabläufe an den Kundenbedürfnissen im Mittelpunkt. Der Erfolg einer Geschäftsprozessoptimierung spiegelt sich in einer Verringerung der Durchlaufzeiten und der Verbesserung der Prozessqualität wider.

Definition: Geschäftsprozessoptimierung

b) Kostenmanagement mit GPO

Wie oben angesprochen, besteht ein wesentliches Ziel des regelmäßigen Prozess-Monitoring in einem aktiven Kostenmanagement. In diesem Zusammenhang möchten wir gerne noch einmal das bekannte Duo *Effektivität* und *Effizienz* näher betrachten.

Grundsätzlich sind sowohl Effektivität (*die richtigen Dinge tun*) als auch Effizienz (*die Dinge richtig tun*) Teil der Prozessoptimierung. Eine effiziente Optimierung Ihrer Geschäftsprozesse ermöglicht ihnen eine ganzheitliche Kontrolle verschiedenster Kostenfaktoren, u.a.

- Reduktion von Fertigungszeiten, Durchlaufzeiten und Schnittstellen
- Erhöhung von Qualität, Kundenorientierung und Disziplin

Die Unternehmensberatung Seidenschwarz & Comp. erforschte in einer Studie das Thema Kostenmanagement in Unternehmen während der Wirtschafts- und Finanzkrise 2008/2009.

Es wurde unter anderem die Frage thematisiert, mit welchen Tools Unternehmen Kosten einsparen. Die repräsentative Umfrage ergab, dass knapp drei Viertel der befragten Unternehmen mit Prozessoptimierung die Kosten dauerhaft senken wollen. Hier spiegelt sich die dominante Rolle der Geschäftsprozessoptimierung für Unternehmen wider:

Prozessoptimierung ist das meistgenutzte Instrument zur Kostensenkung

Prozessoptimierung, 72%

Shared Services, 51%

Outsourcing, 45%

Personalabbau, 43%

IT-Implementierung, 42%

Standardisierung, 39%

reduziertes Leistungsangebot, 18%

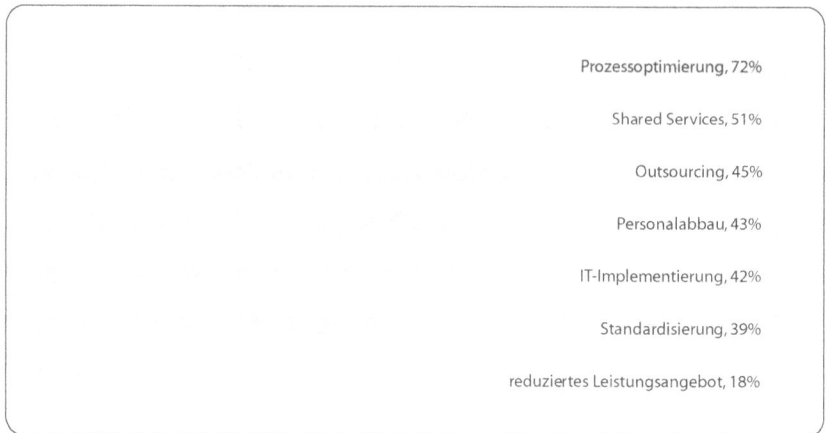

Abb. 26: In welchen Bereichen Unternehmen sparen (Quelle: Seidenschwarz und Comp, 2009)

Sofern Sie es ebenfalls auf Kostenreduzierung abgesehen haben: Administrative Bereiche bergen meist das größte Sparpotential, denn auf der Produktion ruht bereits seit Jahrzehnten der Blick des Controlling – meist recht erfolgreich.

Geschäftsprozesse optimieren: Von der Theorie zur Praxis

a) Optimierungsprojekte: Wie einsteigen?

Geschäftsprozesse optimieren: Checkliste

Was sollten Sie beachten, wenn Sie Geschäftsprozessoptimierung erfolgreich betreiben möchten? Jedes Projekt zur Prozessoptimierung ist unterschiedlich und erfordert eine individuelle Vorbereitung. Die folgenden sechs Hinweise können Sie dennoch in jedes Optimierungsprojekt einfließen lassen:

1. Schätzen sie per **Kosten-Nutzenanalyse** ab, welche Potentiale die im Rahmen der Vorbesprechungen anvisierten Prozesse tatsächlich aufweisen. Ist es der Aufwand im Einzelfall wirklich wert oder gibt es andere kritische Prozesse, denen Sie sich zuwenden sollten?

2. Es gilt rasch zu erkennen, welche **Einflussfaktoren** den Prozess regeln. Hier ergeben sich Stellgrößen zur Prozessoptimierung.

3. Legen Sie einen „**Process Owner**" fest: Welche Person hat ein gesteigertes Interesse, dass der Prozess störungsfrei und stabil läuft?

4. **Visualisieren** Sie die Prozesse. Eine grafische Darstellung dient dem allgemeinen Verständnis und der Transparenz. Man spricht dann vom Gleichen – und alle Beteiligten können aufkommende Optimierungsvorschläge in den jeweiligen Kontext einordnen.

5. Streben Sie eine **ganzheitliche Optimierung** an. Eine rein bereichsorientierte Prozessverbesserung führt lediglich zur Verlagerung von Ineffizienzen, nicht zu deren tatsächlicher Beseitigung. Bei einer ganzheitlichen Optimierung beziehen Sie alle am Prozess beteiligten Stakeholder mit ein.

6. Im Rahmen der Optimierung sollten **Medienbrüche, Systembrüche** und **Organisationsbrüche** beseitigt werden. Am Beispielprozess „Bearbeiten von Kundenanfragen" lässt sich dies wie folgt veranschaulichen:

   - **Medienbrüche**: Das Medium des Datentransfers wird mehrfach gewechselt

     Negativbeispiel: Handschriftliche Bestellung → Dateneingabe in System für Kundenanfragen → gedruckter Beleg → Digitaler Eintrag in Lagerverwaltungssystem

   - **Systembrüche:** Das IT-System wird im Prozess mehrfach gewechselt

     Negativbeispiel: Kundenanfragesystem → Produktdatensystem → Kundenrabattsystem → Kundendatensystem

   - **Organisationsbrüche:** Der Bearbeiter wechselt innerhalb eines Prozesses mehrfach

     Negativbeispiel: Vertriebsinnendienst 1 → Vertriebsinnendienst 2 → Sachbearbeiter Preisermittlung → Sachbearbeiter Rabattprüfung → Vertriebsinnendienst 1

   Aus den beispielhaft dargestellten Brüchen resultieren ausschließlich Nachteile: Redundante Datenhaltung, erhöhte Fehleranfälligkeit, schlechte Nachvollziehbarkeit, keine eindeutigen Zuständigkeiten und ein hoher Arbeitsaufwand bei der Bearbeitung. Eine Optimierung der zugrundeliegenden Prozesse zur Eliminierung dieser Kostentreiber ist unter Effizienzgesichtspunkten unvermeidlich.

b) Interne Prozessberatung: Zuhören, statt sich aufzudrängen

Einer Studie der *European Business School* zufolge verfügen bereits mehr als zwei Drittel der Unternehmen des DAX 30 über eine eigene betriebswirtschaftliche Beratungsabteilung. Repräsentative Beispiele sind die Volkswagen Consulting, Bayer Business Consulting und Siemens Management Consulting. Gängige Beratungsfelder sind die Bereiche Operations und Prozessmanagement sowie Strategie und Organisation. Die *Inhouse Consultants* werden vor allem von Vorstand und Geschäftsführung geschätzt. Mehr als 85% der internen Beratungsabteilungen berichten direkt an das Top-Management.

Inhouse Consulting ist in vielen Fällen in qualitativer Hinsicht vergleichbar mit externen Beratungshäusern. Zudem bietet es weitere Vorteile. Interne Berater

Inhouse Consulting

- nutzen die bereits vorhandenen Kenntnisse des eigenen Unternehmens bezüglich Strategie, Organisation und Prozessen. Die Einarbeitungszeit in Projekte wird deutlich verkürzt.

- profitieren vom „Cultural Fit". Man spricht intern die gleiche Sprache und versteht Zusammenhänge wechselseitig.

- sind auch an der Umsetzung von Lösungen beteiligt. Passgenaue Lösungen werden realistischer.

- ermöglichen es dem Unternehmen, die Abhängigkeit von externen Unternehmensberatungen zu verringern. Gleichzeitig können die Kosten für Beratungsprojekte deutlich gesenkt werden.

- stellen den Verbleib von Wissen im Unternehmen sicher und fördern somit die Multiplizierbarkeit der Ergebnisse.

Die von Willy Weitblick ins Leben gerufene Einheit Corporate Development ist ebenfalls in diese Kategorie einzuordnen: Auch Karoline Kess und ihr Team erbringen Beratungsleistungen, sind also unterstützend tätig – wichtige Entscheidungen auf der Basis der erarbeiteten Ergebnisse trifft in der Regel die Geschäftsführung.

Vor allem bei Unternehmen bis 20.000 Mitarbeitern sind die internen Beratungsabteilungen kleiner und spezialisierter in ihren Aufgabengebieten. Bei diesen „Small Units" liegt der Fokus auf der **internen Prozessberatung**.

Oft wird dabei der Fehler gemacht, sich ausschließlich auf die Entwicklung von Prozessstandards zu fokussieren. Ein Anforderungsprofil wird erstellt, der Soll-Prozess dokumentiert und dann den Mitarbeitern zur Durchführung überlassen. Eine Standardisierung von Prozessen ist dann sinnvoll, wenn einfache und wiederkehrende Prozesse betrachtet werden, z.B. in der Angebots- oder Rechnungsprüfung. Je komplexer ein Prozess aber wird, desto wichtiger sind individuelle Lösungen und die Möglichkeit flexibler Reaktionen auf das dynamische externe Umfeld.

Prozessoptimierung ist häufig mit dem Ziel der Kostenreduzierung verbunden. Hierzu werden die Abläufe in den indirekten Bereichen der Zentrale, bei Vertriebs- und Servicegesellschaften und ggf. weiteren Einheiten analysiert. Die betroffenen Mitarbeiterinnen und Mitarbeiter werden aber selten in konstruktiver Weise einbezogen. Die Motivation für Veränderungen hält sich somit in Grenzen, eine defensive Haltung der Betroffen ist wahrscheinlich – keine gute Ausgangsposition für eine gemeinsame Steigerung der internen Effizienz. Es entsteht die Gefahr einer *Lose Lose Situation*, das Projekt droht zu scheitern.

Prozesse „von außen" optimieren

Wir möchten Ihnen einen Ansatz vorstellen, der die Betroffenen zu Beteiligten macht. Erfolgreiche Prozessberatung im Sinne einer von allen Seiten akzeptierten Lösung erfordert deutlich mehr als reines Prozess-Know-how. Von entscheidender Bedeutung ist ein an sich simpler Vorgang: **der anderen Seite zuzuhören**. Prozesse quasi „von außen" zu optimieren, z.B. durch Einsatz der internen Beratungsabteilung, wird von den am Prozess Beteiligten oftmals als ungewollte Einmischung missverstanden. Auf eine gemeinsame Basis kommen Sie mit den Betroffenen nur, wenn Sie zunächst deren Argumente aufnehmen und diese auch gelten lassen – also nicht sofort bewerten. Natürlich existieren Standards für eine ganze Reihe administrativer Prozesse, für Produktions- und Logistikprozesse sowieso. Zu Beginn der Diskussion geht es aber nicht um Standards, sondern darum, die Beteiligten zu gewinnen: Der Status quo ist gewachsen, hat sich ggf. über Jahre hinweg entwickelt, ist insofern auch valide und „in Ordnung" – jedenfalls rückblickend. Mit der Perspektive, auch künftig wettbewerbsfähig sein zu *müssen*, ist es eine logische Konsequenz, die Kosten und damit die Effizienz interner Prozesse regelmäßig zu monitoren.

Sobald diese erste Hürde genommen ist und Sie bzw. Ihre internen Prozessberater den Beteiligten glaubhaft vermitteln konnten, dass die anvisierte Optimierung kein Angriff auf die Professionalität der am Prozess Beteiligten ist, können Sie mit der eigentlichen Projektarbeit starten. Nehmen Sie sich für diesen ersten Schritt Zeit, zeigen Sie Flagge, verdeutlichen Sie die Bedeutung einer konstruktiven Zusammenarbeit. So gut die internen Berater auch sein mögen, in jedem Detail können auch sie nicht stecken. Zuhören ist nicht nur für den Wissenstransfer von Bedeutung, sondern demonstriert auch die Wertschätzung der einbezogenen Kolleginnen und Kollegen. Deren Beitrag für eine nachhaltige Verbesserung der internen Abläufe ist nicht hoch genug einzuschätzen.

Die Mitarbeiterinnen und Mitarbeiter sind also der wichtigste Erfolgsfaktor in der Phase der Prozessaufnahme wie auch der Prozessimplementierung. Die Akzeptanz der Optimierungsbestrebungen hängt dabei von mehreren Faktoren ab:

- Welche Unternehmenskultur weist das Unternehmen auf?
- Wie groß ist der gegenwärtige wirtschaftliche Druck auf das Unternehmen, z.B. durch wegbrechende Umsätze oder stark rückläufige Erträge?
- Welche spezifischen Erfahrungen haben die Mitarbeiter im Umgang mit Prozessoptimierung in der Vergangenheit gesammelt?
- In welcher Art und Weise, d.h. mit welchem Unterton, wurden Optimierungsmaßnahmen bislang kommuniziert?

Im Folgenden haben wir die Bedeutung der Mitarbeiterinnen und Mitarbeiter für das Gelingen von Prozessoptimierungen in Form eines griffigen Ansatzes verdeutlicht.

b) Praxistipp für international ausgerichtete Unternehmen: Der TALC Ansatz
Wie wir gesehen haben, kann die Optimierung von Geschäfts-   TALC-Ansatz
prozessen durch Mitwirkung eines internen Beratungsteams vorangetrieben
werden. Die im Rahmen der Verbesserung verfolgten Ziele sollten dabei sein:

1. Das Unternehmen ist nach Abschluss des Optimierungsprojekts intern
   deutlich effizienter aufgestellt und damit hinsichtlich Kosten und Tempo
   wieder wettbewerbsfähig.

2. Die Verbesserungen sind nachhaltig: Sie werden von den Prozessbeteiligten gelebt und haben im Arbeitsalltag Bestand.

3. Kostensenkungen wirken sich in Summe positiv auf den Prozess aus. Für
   die Prozessbeteiligten ist ein Mehrwert deutlich erkennbar.

4. Die Mitarbeiter sind aktiv in die Prozessoptimierung involviert. Sämtliche
   Einschätzungen seitens der Prozessbeteiligten werden aufgenommen, eva-
   luiert und bei Eignung in den neuen Prozess übernommen.

5. Last but not least: Die Prozessberatung setzt einen **endothermen Verbesserungsprozess** in Gang. Auch nach Abschluss des Projekts greifen die
   Beteiligten Ideen von sich aus auf – nicht zuletzt deshalb, weil sich die
   Vorteile einer kontinuierlichen Verbesserung direkt auf ihren Teil des Prozesses und damit auf die eigene tägliche Arbeit auswirken.

Mit dem Akronym TALC stellen wir Ihnen einen Beratungsansatz für international ausgerichtete Unternehmen vor, der die Erreichung dieser Ziele verfolgt.

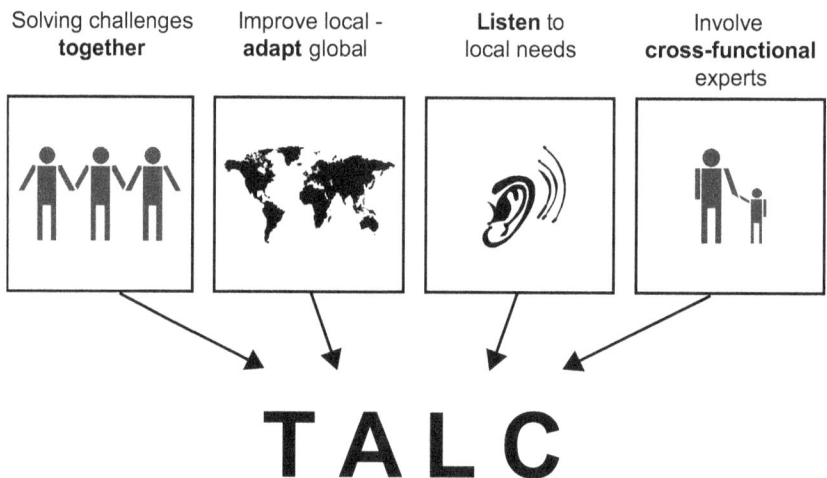

Abb. 27: Erfolgreiche Geschäftsprozessoptimierung mit dem TALC-Ansatz

TALC steht dabei für:

- **T** – Solving Challenges **Together**:

    Das zentrale Beraterteam löst Problemstellungen zusammen mit den lokalen Experten. Nur gemeinsam können die wesentlichen Kostentreiber identifiziert und durch alternative, effizientere Teilprozesse ersetzt werden. Fokusthemen und Zielsetzungen werden mit den Stakeholdern der Prozessoptimierung gemeinsam definiert. Für die Rollenverteilung gilt: Das Projekt wird von der internen Prozessberatung gesteuert, die Umsetzung erfolgt durch ein kleines, interdisziplinär zusammengesetztes Team, bestehend aus wenigen „Zentralisten" und einer deutlich größeren Anzahl lokaler Prozessbeteiligter.

- **A** – Improve Local, **Adapt** Global

    Unter dem Motto *Multiply the Best* lernt das Team von lokalen Experten und adaptiert Lösungen unternehmensweit als *Best Practices*. Lösungen, die als *Quick Wins* schnell realisiert werden können, haben Priorität. Sie wirken als Türöffner für die großen Herausforderungen.

- **L** – **Listen** to local needs

    Listen first, talk later ist das Credo. Die Prozessberater sind angehalten, für ein tieferes Problemverständnis zunächst zuzuhören:

    - Worin liegen die Stärken und Schwächen des heutigen Prozesses?
    - Welchen Leidensdruck haben die Prozessverantwortlichen?
    - Welche Bedürfnisse bringt die lokale Kultur mit sich?

    Wie bereits oben beschrieben, stehen standardisierte Prozesse selten für die beste Lösung. Das Einbeziehen der lokalen Bedürfnisse zur dynamischen Prozessgestaltung ist deshalb hilfreich. Neben dem Vorteil einer breiteren fachlichen Basis fördert das Zuhören auch eine offene und konsensorientierte Workshopkultur.

- **C** – Involve **Cross**-functional Experts

    Das Team besteht idealerweise aus Experten verschiedener Fachrichtungen. Auf diese Weise lässt sich sicherstellen, dass erarbeitete Optimierungspotentiale auch umsetzbar sind und nicht an technischen oder organisatorischen Hindernissen scheitern.

Mit diesem TALC-Ansatz sind Sie in der Lage, die Lücke zwischen den Ansprüchen der Zentrale und den lokalen Bedürfnissen dezentraler Einheiten wie z.B. Produktions- und Vertriebsgesellschaften wirksam auszubalancieren.

Darüber hinaus möchten wir Ihnen einen weiteren Erfolgsfaktor nicht vorenthalten: Das Beraterteam sollte versuchen, sich auf Augenhöhe mit den

Prozessbeteiligten zu unterhalten, Vorschläge zu erarbeiten, Diskussionen zu steuern – was für die meisten Berater bedeutet, sich persönlich etwas zurück-zunehmen. Die sonst sehr geschätzte dynamische Art von Beratern, Herausfor-derungen energisch und konsequent anzupacken, stellt sich bei der Prozessop-timierung als eher hinderlich dar. Hier ist – wie bei anderen Veränderungspro-jekten auch – vor allem Einfühlungsvermögen gefragt. Sind die Beteiligten auf der emotionalen Ebene bereit, an den Veränderungen mitzuwirken, steigt die Erfolgswahrscheinlichkeit überproportional.

c) Prozessoptimierung bei einer Vertriebstochter der Clever GmbH
Willy Weitblicks Clever GmbH war mit mehr als 40 Vertriebsgesellschaften weltweit für das angestrebte Umsatzwachstum bestens gerüstet. Allein in den letzten zehn Jahren hatte die Geschäftsführung mehr als 15 neue Gesellschaf-ten gründen lassen, was intern zu einer beachtlichen Kapazitätsbindung geführt hatte. Doch der Wunsch, nahe am Kunden zu sein und auf diese Weise jede Menge der von Weitblick so geschätzten „Wiederholungstäter" zu gewinnen, rechtfertigte jeden auch noch so großen Aufwand. Die Geschäftsführung je-denfalls war an dieser Stelle kompromisslos.

Karoline Kess, in der Vergangenheit häufiger mit dem Aufbau eben jener Vertriebstöchter betraut, hatte schon damals den Verdacht geäußert, die Pro-zesse seien nicht bis zum Ende durchdacht. Nur um des hohen Tempos willen auf Prozesseffizienz zu verzichten, hielt sie für keine gute Idee. Nun, jetzt hatte sie die Chance, es „richtig zu machen", wie sich Willy Weitblick ausdrückte. „Frau Kess, sorgen Sie bitte dafür, dass wir kein Geld verschenken. Die Ver-triebsprozesse müssen sitzen." Kess hatte es gewusst: Irgendwann würde der überhastete Aufbau der Gesellschaften sie wieder einholen. Genau das war jetzt der Fall.

Doch frisch ans Werk. Vertriebsprozesse im Ausland optimieren – das war auch für sie selbst eine neue Erfahrung. Zunächst würde sie sich einen Über-blick verschaffen, dann würde man weiter sehen. Erste Analysen ergaben: Lokale Vertriebsmitarbeiter kümmern sich sowohl um Key Accounts, also große Kunden, als auch um kleinere Kunden. Vor Ort werden folgende Funk-tionen abgedeckt:

- Vertrieb
- Lagerhaltung und Disposition
- After Sales Service
- Finanzen, Administration, Personal

Die Hauptfunktionen sind weltweit in allen Gesellschaften ähnlich. Lediglich die Größe der Vertriebsgesellschaft variiert. Grundsätzlich steht überall ein Prozess im Mittelpunkt: Verkaufen.

Genau diese einseitige Ausrichtung birgt für die regionalen Vertriebsgesellschaften nicht nur Vorteile. Das reine Verkaufen ist selbstverständlich die wichtigste Aufgabe – für eine erfolgreiche Marktbearbeitung müssen aber alle Support-Prozesse ebenfalls wohl überdacht sein. Immer häufiger eskalieren Themen in den Bereichen Disposition, Logistik und After Sales Service, und zwar nicht nur in einer, sondern einer ganzen Reihe von Vertriebsgesellschaften der Clever GmbH. Sie erzeugen akuten Handlungsdruck und werden durch beherztes, engagiertes Eingreifen der Mitarbeiter (häufig mittels Improvisation) erfolgreich gelöst, bevor man wieder zum Tagesgeschäft übergeht. Ein Lernprozess findet selten statt, schon gar nicht über die Gesellschaften hinweg. Ebenso wenig drängen die lokalen Geschäftsführer auf eine Anpassung der Prozesse.

Das waren auch die Gründe, warum Willy Weitblick und sein Geschäftsführungskollege für den Bereich Finanzen, Konrad Krosstschek, dieses Projekt aus der Taufe gehoben hatten: Die Erträge der Vertriebsgesellschaften könnten durch eine koordinierte Prozessoptimierung, welche die Ineffizienzen in den Abläufen erfolgreich adressiert, erheblich gesteigert werden.

Lösungsansatz: Kess stellte ein kleines, aber schlagkräftiges Team zusammen. Unter Verwendung des Akronyms *Triple S* (Sales Subsidiaries Support) wurde ein internes Beratungsprojekt gestartet mit dem Ziel, die Erträge der Vertriebsgesellschaften durch kostenoptimierte Prozesse zu steigern.

Für das Pilotprojekt wurde die Gesellschaft in Großbritannien ausgewählt. Die Reaktion des dortigen Sales Director war eindeutig: „Not another initiative!" Offensichtlich hatte man bereits ganz hervorragende Erfahrungen mit den zentral eingesteuerten Projektinitiativen gemacht, was den Einstieg in ein konstruktives Miteinander nicht gerade erleichterte.

Für einen konstruktiven Umgang mit dieser recht eindeutigen Abwehrhaltung plante das Beraterteam ein vorbereitendes Meeting bei den englischen Kollegen ein. Ziel war es, herauszufinden, welche „Flurschäden" es in der Vergangenheit gegeben haben könnte. Diese würde Karoline Kess dann so neutral wie eben möglich ansprechen und eventuelle Road Blocker mit den englischen Kollegen erörtern. Mit ihrer ganzen Persönlichkeit würde sie sich dafür einsetzen, dass die Kollegen vor Ort rasch Vertrauen zu ihr und ihrem Team aufbauen – Basis für ein konstruktives Miteinander im anstehenden Prozessoptimierungsprojekt.

Als von der Zentrale vorgegebene, weitere Initiative (die vermutlich wieder nur Aufwand und Stress bedeutete) durfte das Projekt keinesfalls wahrgenommen werden. Die englischen Vertriebs- und Serviceleute sollten die Möglichkeit bekommen, ihre eigenen positiven wie negativen Beobachtungen mit einzubringen und damit für eine Verbesserung ihrer individuellen Arbeitssituation zu sorgen. Die internen Prozessberater vermieden es dabei strikt, etwas

„aufzudrücken" (wie es Peter Presser mit den Einkaufskonditionen bei den Lieferanten der Clever GmbH zu tun pflegte), sondern hörten stattdessen genau hin, was die *Locals* zu erzählen hatten.

Mit Zurückhaltung und einer vertrauensvollen Zusammenarbeit war nach wenigen Stunden das Eis gebrochen. „Das hat aber lange gedauert, bis die mal was erzählt haben", war Georg Grünhorn überrascht, als er mit seiner Chefin zum Lunch in die Kantine ging. „Mitnichten, das ging sozusagen rasend schnell. Sie haben noch nicht erlebt, wie sich die französischen Kollegen ..." Kess biss sich auf die Zunge. Sie hatte Weitblick zugesagt, hierüber Stillschweigen zu bewahren. Na, vielleicht würde Grünhorn die Sache schnell vergessen, wenn sie ihn jetzt bat, die Nachmittag-Session zu moderieren ...

In der ersten Themensammlung generierte das Projektteam folgende Fokusthemen:

* Auftragsabwicklung bei Kundenbestellungen
* Rücksendungen von Endkundengeräten
* Einführung der kontinuierlichen Verbesserung mit Kaizen-Meetings
* Logistikprozesse im firmeneigenen Lager

Die erarbeiteten Themen wurden in einer ersten Runde von Beraterteam und lokalen Spezialisten analysiert. Mit Vorschlägen zur Vereinfachung und Stabilisierung der Prozesse, verbunden mit klaren Verantwortlichkeiten und Zeitpunkten für die „Übergabe des Staffelstabs" ging es dann an die weitere Bearbeitung der Themen mit den englischen Kollegen.

Erfolgsentscheidend war für das Beraterteam, einen lokalen Ansprechpartner in der englischen Niederlassung zu haben. Dieser fungierte als dezentraler Projekttreiber und Brückenkopf in der lokalen Einheit. Von Deutschland aus hätte Karoline Kess das Projekt niemals so effektiv voranbringen können, wie es ihre englische Kollegin tat. Wöchentliche Videokonferenzen und auch das eine oder andere kleine Gastgeschenk, ein Bier im Pub und Gespräche, die auch einmal über das Geschäftliche hinaus gingen, brachten die Truppe noch näher zusammen. Nach einigen Wochen verstand man sich quasi blind – ein Zustand, den man so überhaupt nicht erwartet hatte, der aber überaus förderlich für den Projekterfolg war.

Die im Rahmen der Projektsitzungen abgeleiteten Quick Wins zu den einzelnen Fokusthemen wurden gemeinsam mit den Kollegen vor Ort schnell und pragmatisch umgesetzt. Vor allem durch die unbürokratische Art und Weise, in der die Truppe um Karoline Kess die zunächst theoretischen Ergebnisse in die Praxis überführte – und dazu auch zahlreiche Kontakte in die Firmenzentrale nutzte – imponierte den Engländern und motivierte diese zur Bearbeitung auch größerer Herausforderungen, die man anfangs für unlösbar hielt.

In konsequenter Zusammenarbeit zwischen dem Beraterteam und den *Locals* konnten schließlich nahezu alle anvisierten Prozesse der Fokusthemen optimiert werden. Die Manager der englischen Vertriebsgesellschaft waren vom Ansatz des deutschen Prozessberatungsteams recht angetan. Man stellte bald eine effizientere Ressourcen- und Anlagennutzung fest. Zeitgleich hatte sich ein direkter, unkomplizierter Austausch zwischen Niederlassung und Zentrale etabliert, was sich positiv auf das Tagesgeschäft auswirkte.

Nach Abschluss des Projekts in England folgte bald das nächste Optimierungsvorhaben für Geschäftsprozesse in Österreich, geleitet von Georg Grünhorn. Der Ansatz, Best Practices weltweit zum Einsatz zu bringen, gefiel Konrad Krosstschek sehr. Neben individuellen, flexiblen Reaktionsmöglichkeiten auf besondere Kundenwünsche würde es fortan möglich sein, die Prozessstabilität bei einer ganzen Reihe administrativer Prozesse zu erhöhen. Dies würde sich auch in sinkenden Kosten niederschlagen – und er könnte bei Willy Weitblick und Hubert Hundertmark, dem Beiratsvorsitzenden, wieder einmal punkten ...

Den Wissenstransfer über die Vertriebsgesellschaften hinweg förderte das Beraterteam mit einem jährlichen Meeting aller interessierten Verantwortlichen. An zwei Tagen stellten Experten unterschiedlicher Fachbereiche Best Practices in Prozessabläufen rund um Vertrieb, Service und Administration vor. Gleichzeitig konnten die Manager der Tochtergesellschaften neue Tools und Hilfsmittel zur Prozessoptimierung diskutieren und maßgeschneidertes Know-how mit nach Hause nehmen.

Durch den TALC Beratungsansatz wurde das gegenseitige Lernen und der unkomplizierte Austausch von Lösungsansätzen zur Optimierung der Prozesse rund um das Thema Vertrieb gefördert. Eine wesentliche Voraussetzung für diesen Transfer war ein geeignetes Medium zur Dokumentation der Prozesse.

d) Visualisierung von Geschäftsprozessen
Für die Darstellung von Prozessen existieren vielfältige Möglichkeiten. Wir möchten Ihnen drei Instrumente vorstellen, zwischen denen Sie je nach Einsatzzweck wählen können:

- Ereignisgesteuerte Prozesskette
- Swim-Lane-Darstellung
- RACI-Matrix

Zur besseren Übersicht der Gemeinsamkeiten und Unterschiede erläutern wir die drei Instrumente jeweils anhand des folgenden kurzen Beispielprozesses:

Im Vertrieb geht eine Bestellung eines Kunden via Bestellformular ein. Der Vertrieb gibt die Daten des Bestellformulars in das SAP-System ein. Bei der Eingabe wird die Unterstützung der IT-Abteilung benötigt. Nach der Dateneingabe prüft das Lager die Verfügbarkeit der bestellten Artikel und bestätigt die Bestellung als „lieferbar".

1. Ereignisgesteuerte Prozesskette

Ereignisgesteuerte Prozesskette

Eine der am häufigsten genutzten grafischen Darstellungen von Geschäftspro-zessen ist die **ereignisgesteuerte Prozesskette**. Durch ihre Verwendung in Verbindung mit einem geeigneten IT-System können betriebliche Vorgänge systematisiert und letztlich parallelisiert werden, was sich in einer Zeit- und Kostenreduktion niederschlägt.

Ereignisse in einem Prozess lösen Tätigkeiten aus, die wiederum Ereignisse hervorrufen. Ein modellierter Geschäftsprozess wird daher von Ereignissen getriggert – was den Begriff **ereignisgesteuerte Prozesskette** erklärt.

Die Prozessdarstellung besteht aus den folgenden wesentlichen Elementen:

- Ereignis:

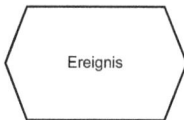
Ereignis

Das Element beschreibt einen Zeitpunkt, Zustand oder Meilenstein als Ergebnis einer Tätigkeit. Gleichzeitig werden neue Tätigkeiten ausgelöst. Die Beschriftung (Objekt + Zustand) dagegen ist passiv formuliert.

- Tätigkeit / Funktion:

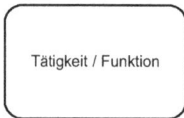
Tätigkeit / Funktion

Das Element beschreibt eine Tätigkeit, Aktion oder Phase, die einen Zustand oder ein Ereignis zur Folge hat. Der Tätigkeit (Objekt + Aktion) ist stets eine verantwortliche Person bzw. ein Funktionsbereich zugeordnet.

- Input / Output (Ressourcen)

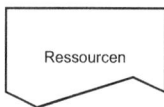
Ressourcen

Das Element beschreibt Ressourcen, die verbraucht oder während des Prozesses geschaffen werden. Ressourcen sind stets an Tätigkeiten gebunden. Ob ein In- oder Output vorliegt, wird durch die Pfeilrichtung bestimmt.

- Zuständigkeiten

Zuständigkeit

Das Element beschreibt, wer für die Durchführung einer Tätigkeit verantwortlich oder unterstützend tätig ist. Ver-antwortliche Personen stehen rechts der Tätigkeiten, un-terstützende Personen links des Prozessverlaufs.

Unser Beispielprozess würde unter Verwendung der ereignisgesteuerten Pro-zesskette folgendermaßen aussehen:

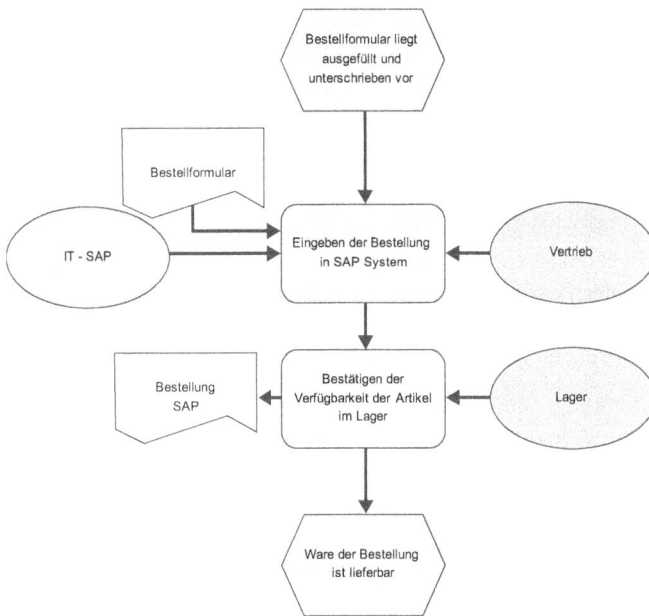

Abb. 28: Ereignisgesteuerte Prozesskette

Die darstellbaren Elemente lassen sich beliebig erweitern. Durch Einfügen von Meilensteinen (Zeitpunkte oder Teilziele), Schnittstellen zu anderen Prozessen oder der unterschiedlichen Darstellung von Ressourcen (Dokumente, Dateien, Werkzeuge etc.) kann der Prozessersteller die Transparenz und Lesbarkeit einer Prozessdarstellung verbessern.

Für eine einfache Handhabung ist die Erstellung eines *Style-Guide* zu empfehlen. In dieser Gestaltungsrichtlinie für die ereignisgesteuerte Prozesskette sind Vorgaben für eine einheitliche Darstellung definiert. Das Resultat ist ein einheitliches Erscheinungsbild der Prozessdarstellungen im Unternehmen, was zu einer höheren Akzeptanz des Instruments führt.

Ein Style-Guide sorgt für Klarheit in der Darstellung

Elemente eines *Style-Guides* sind:

- Definition der Symbolik (Form und farbliche Darstellung der Prozesskarten)
- Übergreifende Formulierung bei gleichen Elementen (bspw. bei Tätigkeiten mit einem Aktionswort beginnen: „Anlegen von", „Erstellen von")
- Gestaltungsregeln (Darstellung von In- und Outputs, Verknüpfungen von parallelen Tätigkeiten, Modellierungsregeln)
- Festlegen von Schriftarten und Schriftgrößen

Ein weiteres wichtiges Element ist die Festlegung des Abstraktionsgrades. Zu beantworten ist dabei die Frage, wie detailliert die einzelnen Tätigkeiten dokumentiert werden sollen, die Bestandteil des betrachteten Prozesses sind. Die Antwort hängt von der Komplexität des Prozesses ab: Je wichtiger einzelne Tätigkeiten für einen funktionierenden, stabilen Gesamtprozess sind, desto eher sollten sie im Einzelnen dokumentiert werden.

Eine hohe Detailtreue fördert das Verständnis des Prozesses, verringert aber gleichzeitig die flexible Handhabung einzelner Arbeitsschritte. Bleibt die Prozessabbildung eher überblicksartig, nimmt der Handlungsspielraum der Prozessbeteiligten zu. Konkrete Anweisungen, beispielsweise in Bezug auf die Handhabung einzelner Prozessschritte oder die Aufteilung der Verantwortung für einzelne Prozessabschnitte, bleibt die aggregierte Darstellung allerdings schuldig. Die Wahrscheinlichkeit einer Improvisation der Prozessbeteiligten nimmt zu.

In Workshops lässt sich die **ereignisgesteuerte Prozesskette** sehr gut mit Hilfsmitteln auf Metaplanwänden oder Flip-Charts realisieren. Die verschiedenen Elemente der Prozessdarstellung können ohne Inhaltsangabe vorgefertigt und später im Team beschriftet werden. Durch Verschieben der Prozesskarten lassen sich alternative Szenarien in Bezug Reihenfolge und Verantwortung je Prozessschritt darstellen.

Vorteile der ereignisgesteuerten Prozesskette:

- Visuelle Darstellung ist einfach verständlich
- Für Workshops zur Prozessaufnahme sehr gut geeignet
- Parallele Tätigkeiten sind deutlich erkennbar
- Prozessschleifen (wiederholt auftretende Teilprozesse) sind darstellbar

Nachteile der ereignisgesteuerten Prozesskette:

- Handlungsstrang steht im Vordergrund
- Lange Prozessketten sind schwer darstellbar

2. Swim-Lane-Darstellung

Swim-Lane-Darstellung   Die **Swim-Lane-Darstellung** bietet im Gegensatz zur ereignisgesteuerten Prozesskette eine horizontale Abbildung einzelner Prozessschritte in Anlehnung an die Bahn eines Schwimmers in einem Schwimmbecken. Jeder am Prozess beteiligter Funktionsbereich verfügt über eine „Schwimmbahn", in die einzelne Prozessschritte eingefügt werden. Somit ist auf den ersten Blick erkennbar, welcher Funktionsbereich die Verantwortung für einen bestimmten Prozessschritt trägt. Gleichzeitig wird die chronologische Abfolge der Tätigkeiten dokumentiert.

Anders als bei der ereignisgesteuerten Prozesskette sind Schnittstellen, also der Übergang von Verantwortung innerhalb des Prozesses, visuell leicht erfassbar. Für eine Prozessoptimierung ist dies von Vorteil, denn die Reduktion von Schnittstellen minimiert den Abstimmungsaufwand sowie Liegezeiten.

Unser Beispielprozess würde unter Verwendung der **Swim-Lane-Darstellung** folgendermaßen aussehen:

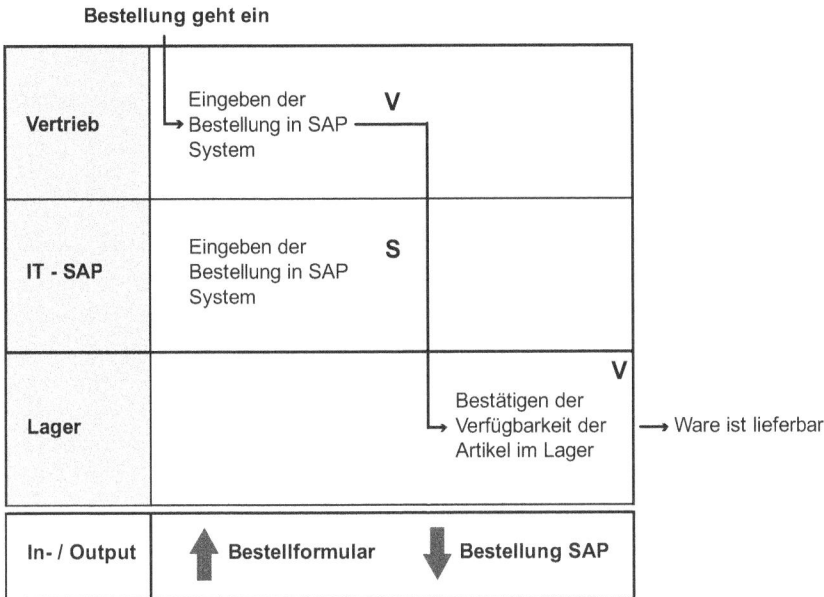

Bestellung geht ein

Vertrieb	Eingeben der Bestellung in SAP System **V**	
IT - SAP	Eingeben der Bestellung in SAP System **S**	
Lager		Bestätigen der Verfügbarkeit der Artikel im Lager **V** → Ware ist lieferbar
In- / Output	⬆ **Bestellformular** ⬇ **Bestellung SAP**	

Abb. 29: Swim-Lane-Darstellung

Die Darstellung zeigt die Einteilung in die Schwimmbahnen Vertrieb, IT-SAP und Lager. Die In- und Outputs einzelner Prozessschritte werden separat aufgeführt. „S" (Support) und „V" (Verantwortung) kennzeichnen die Tätigkeiten zusätzlich. So ist die IT-SAP-Abteilung unterstützend bei der Eingabe der Bestellung in das SAP-System tätig, verantwortlich ist aber der Vertrieb. Denkbar ist es, die Anzahl der Kürzel noch zu erweitern („E" für Entscheider, „I" für Information).

Vorteile der **Swim-Lane-Darstellung:**

• Orientierung an Funktionsbereichen vereinfacht Schnittstellenreduktion
• Zeitliche Abfolge der Tätigkeiten auf den ersten Blick erkennbar

Nachteile der **Swim-Lane-Darstellung:**

• Nur geringer Detaillierungsgrad des betrachteten Prozesses möglich
• In- / Outputs einzelner Schritte nicht auf den ersten Blick erkennbar
• Ereignisse oder Meilensteine nicht zweckmäßig darstellbar

3. RACI-Matrix

Die vier Großbuchstaben RACI stehen für vier mögliche Stakeholder eines Prozessschrittes:

RACI Matrix

- **R**esponsible: Person / Funktion ist verantwortlich für die Durchführung des Prozessschrittes
- **A**ccountable: Person / Funktion ist disziplinarisch und/oder fachlich verantwortlich aus Kostenträger- oder Kostenstellensicht
- **C**onsulted: Person / Funktion liefert notwendige Informationen oder Inputs für die verantwortliche Person zur Durchführung der Tätigkeit
- **I**nformed: Person / Funktion benötigt die Information oder den Output einer Tätigkeit für andere Verantwortlichkeiten

Die RACI-Matrix ist, anders als die zuvor vorgestellte ereignisgesteuerte Prozesskette und die Swim-Lane-Darstellung, kein Instrument zur grafischen Modellierung eines Prozesses. Im Vordergrund steht vielmehr eine einfach gehaltene, tabellarische Dokumentation. Die Verantwortlichkeiten aller beteiligten Stakeholder im Prozess lassen sich auf diese Weise sehr übersichtlich darstellen.

Unser beispielhafter Auszug aus dem Verkaufsprozess könnte folgendermaßen aussehen:

Prozessschritt	Input	Output	R	A	C	I
Eingeben der Bestellung in SAP System	Bestell-formular	–	Vertrieb Innendienst	Gruppen-leiter Vertrieb	IT - SAP	Lager
Bestätigung der Verfügbarkeit der Artikel im Lager	–	Bestellung SAP	Lagerist	Leiter Lager	–	Vertrieb

Abb. 30: RACI-Matrix

Die Prozessschritte spiegeln die einzelnen Tätigkeiten wider. Input und Output werden separat ausgewiesen.

Zentral ist die Darstellung der Prozessbeteiligten (RACI): Beim ersten Prozessschritt ist der Vertriebsinnendienst für die Durchführung verantwortlich (**R**esponsible). Dessen Gruppenleiter trägt für die korrekte Abwicklung die disziplinarische und fachliche Verantwortung (**A**ccountable). Bei der Eingabe der Bestellung kann die verantwortliche Person die IT bzw. das SAP-Team (**C**onsulted) bei Fragen zu Rate ziehen. Die verantwortliche Person hat in diesem Schritt das Lager (Informed) über die eingegebene Bestellung zu informieren.

Die RACI-Matrix kann durch weitere Spalten erweitert werden und somit Besonderheiten einzelner Prozessschritte ebenfalls dokumentieren. Zudem besteht die Möglichkeit, nach bestimmten Prozessbeteiligten zu filtern, etwa nach den zu informierenden Fachbereichen. Dies unterstützt eine strukturierte zeitliche Planung des Prozessablaufs und fördert darüber hinaus die Prozessstabilität. Die RACI-Matrix eignet sich aufgrund ihrer speziellen Darstellungsweise besonders für häufig wiederkehrende Prozesse mit vielen Prozessbeteiligten, deren zeitliche Interaktionen besonderer Aufmerksamkeit bedürfen.

Vorteile der **RACI-Matrix:**

- Hoher Detaillierungsgrad möglich
- Einfache Dokumentation unterschiedlicher Verantwortlichkeiten
- Transparente Darstellung von Schnittstellen
- Einfach zu erstellen

Nachteile der **RACI-Matrix:**

- Keine grafische Visualisierung
- Optionale Schritte lassen sich nur umständlich darstellen
- Ereignisse oder Meilensteine nicht zweckmäßig darstellbar

Lassen Sie uns den einfachen und zugleich effektiven Einsatz der RACI-Matrix an einem Beispiel verdeutlichen. Die chinesische Vertriebsgesellschaft der Clever GmbH ist mit etwa 30 Mio. € Umsatz eine verhältnismäßig große Auslandsniederlassung. Die Produkte, hochwertige Komponenten und Anlagen für die Verarbeitung von Lebensmitteln, werden einerseits über qualifizierte Verkaufsingenieure an große multinationale Konzerne, andererseits über Händler an kleinere und mittlere Hersteller von Lebensmitteln vertrieben.

Die Vertriebsorganisation hat mehr als 50 Mitarbeiter in den Fachbereichen Vertrieb, Vertriebsunterstützung, Logistik, Finanzen, Administration, Service und Personal. Geplant ist, den Umsatz in diesem Wachstumsmarkt auf 60 Mio. € in den nächsten drei Jahren zu verdoppeln. Dies wird sich auch in der Aufstockung des Headcounts bemerkbar machen.

Die chinesische Geschäftskultur stellt das deutsche Management vor eine Herausforderung:

- **Hohe Mitarbeiterfluktuation** ist in China ein weit verbreitetes Problem. Die lokale Vertriebstochter der Clever GmbH kämpft mit einer jährlichen Fluktuationsquote von 18%. Die Folge ist ein permanenter Verlust an Know-how.

- Das Denken in Prozessen und standardisierten Abläufen ist bislang kaum ausgebildet. Stattdessen werden alltägliche Herausforderungen mittels **Improvisation** gemeistert. Zeitverlust und Doppelarbeit sind die Folge.

- Die chinesische Arbeitskultur beinhaltet den Gedanken **„Wissen ist Macht"**. Informationen innerhalb der Firma werden kaum oder gar nicht weitergegeben, da sie vereinzelt noch immer als Statussymbol missbraucht werden.

Wie kann die Clever GmbH dem Verlust an Know-how und der weitverbreiteten Improvisation in den Arbeitsabläufen wirksam entgegenwirken? Ein aufgesetztes internes Beratungsprojekt mit Unterstützung durch das Corporate Development Team der Muttergesellschaft beinhaltet folgende Zielsetzungen:

- Erfassung und Optimierung aller relevanten Geschäftsprozesse in der Vertriebsniederlassung mit speziellem Fokus auf Prozessverantwortlichkeiten

- Dokumentation aller relevanten und wiederkehrenden Arbeitsabläufe und Genehmigungsverfahren

- Erstellen eines simplen IT-Tools, um die Prozessabläufe den Mitarbeitern transparent zur Verfügung zu stellen

Die Lösung besteht in einer umfassenden Abbildung der lokalen Abläufe. Alle relevanten Teilprozesse des Hauptprozesses *Vertrieb* und der Support-Prozesse *Service, HR, Administration, Logistik* und *Finanzen* transformierte das Beratungsteam in eine Prozesslandschaft.

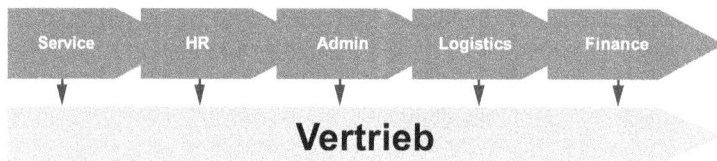

Abb. 31: Prozesslandschaft einer Vertriebsgesellschaft der Clever GmbH

Das Beratungsteam entschied sich für den Einsatz einer RACI-Matrix als Basis für die Darstellung der Geschäftsprozesse. Als Softwaretool wurde der Einfachheit halber ein weit verbreitetes Tabellenkalkulationsprogramm ausgewählt, um die Datenpflege und Handhabung so einfach wie möglich zu gestalten. Für eine detailgetreue Abbildung der Prozesse wurde die traditionelle RACI-Darstellung um zusätzliche Spalten ergänzt:

- *Prozessnummer* und *Prozessname* definieren den Teilprozess und ermöglichen Filter-Funktionen in der Tabelle.

- Die Spalte *Optionaler Schritt* ermöglicht es, fallweise erforderliche Prozessschritte als optional zu kennzeichnen.

- Die eigentliche Tätigkeit wird in der Spalte *Beschreibung* kurz erläutert. Weitere Informationen werden in den *Details zur Aktivität* hinterlegt.

- Die Spalte *Schnittstellenprozesse* ermöglicht es, miteinander verbundene Teilprozesse aufzunehmen, die durch eine Aktivität angestoßen werden.

- Im Feld *Regularien und Dokumente* können die für Tätigkeiten erforderlichen Formblätter oder interne Regelungen vermerkt werden.

Die Verantwortlichkeiten je Tätigkeit wurden wie gehabt in den *RACI-Spalten* dokumentiert

Nach der Definition der Hauptarbeitsbereiche der einzelnen Abteilungen dokumentierte das Team mit der jeweiligen Abteilungsleitung die wiederkehrenden Teilprozesse. Beispielhaft für die Finanzabteilung bedeutet dies:

- Hauptarbeitsbereiche:
  - Debitoren- und Kreditoren-Management
  - Controlling und Reporting
  - Buchhaltung

- Teilprozesse für die Buchhaltung:
  - Abschreibung von Anlagevermögen
  - Erstellen der Bilanz

Im Anschluss wurden Prozessverantwortliche definiert. Mit diesen wurden Prozess-Interviews zu einzelnen Prozessabläufen geführt. Die dokumentierten Prozesse wurden parallel zur Aufnahme durch kritisches Hinterfragen auf Verbesserungspotentiale hin überprüft.

Nach Abschluss der Prozessaufnahme und -optimierung wurden sämtliche Prozessdarstellungen in einer für alle Mitarbeiter zugänglichen Datei zusammengefasst und mit einer intuitiven grafischen Benutzeroberfläche versehen.

Das Management der Clever GmbH bestimmte darüber hinaus eine Person vor Ort, die mit der zukünftigen Pflege und der Neuaufnahme von Prozessen in die Prozesslandschaft beauftragt wurde. Nur bei regelmäßiger Überprüfung der Aktualität der Prozesse und der konsequenten Aktualisierung überholter Darstellungen boten die Prozessdokumentationen den ursprünglich anvisierten Mehrwert.

Zur Förderung der Akzeptanz durch die lokalen Mitarbeiterinnen und Mitarbeiter wurde in eine professionelle Übersetzung von Englisch in Mandarin investiert. Eventuelle Verständnisprobleme der chinesischen Kollegen wurden damit bereits im Vorfeld ausgeräumt. Auf diese Weise entstand eine Guideline der wesentlichen Prozesse, die nicht nur zu deutlich stabileren und strukturierteren Prozessen führte, sondern auch neuen Mitarbeiterinnen und Mitarbeitern während der Einarbeitungszeit in den einzelnen Funktionsbereichen wertvolle Dienste leistete.

5.4   Akquisitionen: Gemeinsam stärker werden

Sie werden sich vielleicht noch erinnern: Die Daimler-Benz AG hatte in den 1990er Jahren Großes vor. Mithilfe mehrerer Unternehmenszusammenschlüsse verfolgte das Management konsequent die Globalisierungsstrategie: Jürgen Schrempps *Welt AG* sollte entstehen. Der japanische Autobauer Mitsubishi Motors galt als Türöffner für den asiatischen Markt, Chrysler als Katalysator für umfassende Synergieeffekte im Sinne von Kostensenkungen durch Gleichteilenutzung.

2005 jedoch verkaufte die damalige DaimlerChrysler AG ihre restlichen Anteile von Mitsubishi an die Investmentbank Goldman Sachs. Zwei Jahre später folgte die nächste Überraschung: Entgegen der ursprünglichen Intention gingen die Autoriesen Daimler und Chrysler nach nur neun Jahren wieder getrennte Wege – mit beträchtlichen finanziellen Einbußen für den Daimler Konzern.

Immer wieder finden sich Beispiele für fehlgeschlagene Unternehmenszusammenschlüsse. Dennoch, der Markt für *Mergers & Acquisitions* (M&A) wächst stetig. Wir stellen Ihnen Gründe für den Zusammenschluss von Unternehmen sowie die damit verbundenen Fallstricke vor.

Akquisitionen: Was steckt dahinter?

a) Begriffsklärungen
Unternehmenszusammenschlüsse werden häufig unter dem Begriff Mergers & Acquisitions zusammengefasst. Dabei gibt zumindest eines der sich zusammenschließenden Unternehmen die Selbstständigkeit auf. Zu unterscheiden sind:

Begriffe Merger, Akquisition

- **Merger:** Fusion durch Aufnahme oder Neugründung
- **Akquisition:** Übernahme durch Kauf

Der Begriff **Merger** (abgeleitet vom englischen *to merge* = verschmelzen) steht für eine gleichwertige Verschmelzung von zwei oder mehreren Unternehmen. **Akquisition** (abgeleitet vom englischen *to acquire* = übernehmen) dagegen bedeutet eine Übernahme durch Kauf eines Unternehmen. Das akquirierte Unternehmen verliert die wirtschaftliche, aber nicht zwingend die rechtliche Selbstständigkeit.

Je nach Zielsetzung einer M&A-Transaktion ergeben sich drei Arten von Zusammenschlüssen:

- **Horizontale Zusammenschlüsse** (Scale)
- **Komplementäre Zusammenschlüsse** (Lateral)
- **Vertikale Zusammenschlüsse** (Stream)

Bei **horizontalen** Transaktionen schließen sich Unternehmen zusammen, die in derselben Branche agieren und den gleichen oder einen artverwandten Tätigkeitsbereich aufweisen. Ein Beispiel hierfür ist die Fusion der Autobauer Daimler und Chrysler aus dem Jahre 1998.

Horizontaler Zusammenschluss

Die Gründe für horizontale Zusammenschlüsse sind vielschichtig, zielen aber primär auf die Erhöhung der Wettbewerbsfähigkeit ab. Meist werden Volumen- und Spezialisierungseffekte als Gründe angeführt, die zu erheblichen Kostensenkungen führen sollen. Skaleneffekte können im Verbund genutzt werden – was den Beinamen *Scale Merger* erklärt.

Zudem nimmt die Marktabdeckung zu: Die Unternehmen profitieren von den unterschiedlichen etablierten Marken, von dem Zugang zum jeweiligen Kundenstamm und von den Markterfahrungen des Akquisitionspartners. Darüber hinaus ergibt sich vielfach eine deutlich breitere Produktpalette sowie der Zugang zu qualifiziertem Personal des Zielunternehmens. 70% aller M&A-Transaktionen werden unter diesen Zielsetzungen durchgeführt.

Zusammenschlüsse von Unternehmen unterschiedlicher Branchen werden als **komplementäre bzw. laterale Zusammenschlüsse** bezeichnet. Das so entstehende Leistungsangebot ergänzt sich marktwirksam, um den Bedarf einer Zielgruppe zu decken. Ein Beispiel für diese Art von Zusammenschluss ist die Akquisition des Solarzellenherstellers Ersol durch die Robert Bosch GmbH im Jahre 2008. Eines der wesentlichen Ziele von Bosch bestand darin, das Wissen und die Leistung von Ersol mit den eigenen Vertriebswegen und Technologien zu kombinieren. Bosch stärkte so das Geschäft im Bereich regenerativer Energien, um unabhängiger von der Automobilbranche zu werden. Ersol profitierte direkt vom hohen Bekanntheitsgrad, der weltweiten Präsenz, der jahrzehntelangen Tradition und den starken Attributen wie Qualität, Innovation und Kundenorientierung der Marke Bosch.

Komplementärer Zusammenschluss

Bei anderen lateralen Zusammenschlüssen findet eine gezielte Diversifikation zur Risikostreuung bei der Erschließung neuer Geschäftsfelder statt. Derartige Verbindungen erlauben den Unternehmen, in neue Marktfelder bei überschaubarem Risiko vorzustoßen. Beide M&A-Partner bringen bereits Kundenpotentiale mit, die genutzt werden können.

Nachdem in den letzten zehn Jahren ein Trend zum Ausbau der Kernkompetenzen von Unternehmen zu beobachten war, hat sich der Anteil von **vertikalen Zusammenschlüssen** (auch „Stream") stark verringert. Darunter versteht

Vertikaler Zusammenschluss

man die Verbindung von Partnern auf verschiedenartigen, aufeinander folgenden Stufen der Wertschöpfungskette innerhalb einer Branche. Die Leistungstiefe des akquirierenden Unternehmens wächst – und damit auch der Anteil des selbst erzeugten Mehrwerts im Rahmen der Produktentstehung. Durch vertikale Zusammenschlüsse ist die Sicherung von Absatzmärkten (Vorwärtsintegration) ebenso denkbar wie die Sicherung von Einkaufsquellen (Rückwärtsintegration).

Betrachten wir die vorgestellten Formen von Zusammenschlüssen, ist der größte Treiber das erwartete Wachstum des relativen und absoluten Marktanteils. Dabei ist Wachstum an sich kein Selbstzweck, sondern in vielen Branchen überlebensnotwendig. Nur über einen kontinuierlichen Ausbau der Position im Markt sinkt die Gefahr, selbst zu einem Übernahmekandidaten zu werden. Zudem steigt das Vertrauen der Kunden: Große Unternehmen stehen zwar nicht im Verdacht, mit größtmöglicher Flexibilität auf veränderte Kundenwünsche zu reagieren. Sie stehen aber für eine stabile, verlässliche Geschäftsbeziehung. Insofern bietet anorganisches Wachstum eine sinnvolle Ergänzung zu dem aus dem Unternehmen selbst heraus getriebenen, organischen Wachstum.

M&A stellt also ein probates Mittel dar, um sich als Unternehmen ohne ausreichende eigene Wachstumsmöglichkeiten für die zukünftigen Herausforderungen im Markt zu rüsten. Die Vorteile liegen auf der Hand: Die Kapazitäten des zugekauften Unternehmens sind sofort nutzbar, der Kundenstamm kann ebenfalls unmittelbar ausgewertet und adressiert werden, die Belegschaft ist mit den Besonderheiten der Märkte sowie deren Chancen und Risiken vertraut, kennt die internen Prozesse etc. Hinzu kommen funktionierende Strukturen für Vertrieb und Service, die sofort genutzt werden können. Letztlich kauft das übernehmende Unternehmen Umsatz – und zwar ohne Wartezeiten, wie sie bei einer Neugründung oder anderen Formen organischen Wachstums anfallen würden.

Prüfung durch Kartellbehörden

Bei allen M&A-Projekten sollte ein Aspekt nie aus den Augen verloren werden: der Einfluss der Kartellbehörden. Deren Aufgabe ist es, die wirtschaftlichen Folgen von Fusionen zu überprüfen und ein definiertes Maß an Wettbewerb im relevanten Markt aufrechtzuerhalten.

2005 gab der Axel Springer Verlag bekannt, die ProSiebenSat.1 Media AG mit einem Transaktionsvolumen von 3 Mrd. € komplett zu übernehmen. Beim Springer Verlag in Hamburg hatte man ehrgeizige Wachstumsziele: Ein neuer Mediengigant sollte entstehen. Doch das Bundeskartellamt stoppte 2006 die geplante Fusion. Andere Medienkonzerne wie Burda, die Holtzbrinck-Gruppe sowie die öffentlich-rechtlichen Sendeanstalten ARD und ZDF hatten bereits ihre Einwände dargelegt. Der Grund war unter anderem, dass für mögliche Werbekunden Paketangebote (für Printmedien *und* TV) geschnürt werden könnten, die den Wettbewerb im relevanten Markt deutlich beeinflussen oder ggf. verzerren könnten. Die Verknüpfung von Print- und TV-Medien hätte nach Ansicht des Bundeskartellamts zu einer nicht genehmigungsfähigen Marktmacht geführt – von dem ebenfalls nicht unerheblichen Einfluss auf die Informationsversorgung der Bevölkerung einmal ganz abgesehen.

Eine ähnliche Entwicklung war 2009 auf dem deutschen Tankstellenmarkt zu beobachten. Das Bundeskartellamt gab bekannt, dass weitere Bündelungen im deutschen Markt verhindert werden. Besonders betroffen waren dabei die fünf großen Unternehmen Total, Shell, BP/Aral, ConocoPhillips (JET) und ExxonMobil (Esso). Durch eine weitere Konzentration würde die gleichförmige Preisgestaltung forciert werden – ohne dass der Kunde letztlich von einem echten Preiswettbewerb profitiert hätte. Die Kartellbehörden untersagten folglich die Übernahme von 59 OMV-Tankstellen durch den Wettbewerber Total. Eine Fusion hätte in den neuen Bundesländern einen neuen Marktanteil der „großen Fünf" von 80–85% und einen Ausbau der marktbeherrschenden Stellung zur Folge gehabt.

Aus diesen Beispielen wird deutlich, dass während der Pre-Merger-Phase intensiv geprüft werden sollte, ob aus dem geplanten Unternehmenszusammenschluss eine marktbeherrschende Stellung entsteht und zudem zu erwarten ist, dass die Kartellbehörden eine missbräuchliche Ausnutzung dieser Situation unterstellen. Sollte dies der Fall sein, werden die Kartellbehörden ihre Zustimmung zu dem Zusammenschluss der Unternehmen verweigern.

b) Umgang mit gekauften Marken
Im Rahmen von M&A-Projekten ist auch die Frage zu beantworten, wie mit den vorhandenen Marken beider Unternehmen umgegangen werden soll. Ziel ist eine konsistente, in den Märkten verständlich kommunizierte Markenarchitektur. In der Praxis ist häufig der Fall zu beobachten, dass Marken des zugekauften Unternehmens weitergeführt werden – insbesondere dann, wenn die gekaufte Marke positiv aufgeladen ist, einen hohen Bekanntheitsgrad aufweist und somit einen starken Umsatztreiber darstellt.

Die Vorteile von Marken haben wir in Abschnitt 4.3 ausführlich behandelt. Im Zusammenhang mit Akquisitionen gewinnt ein zusätzlicher Aspekt an Bedeutung: Marken sorgen für Identifikation der Beschäftigten mit „ihrem" Unternehmen und haben insofern Einfluss auf die Unternehmenskultur. Im Zuge der Akquisition eines Unternehmens kann es für den Erfolg der Integration entscheidend sein, dass die Kultur in ihrer bisherigen Form im Wesentlichen erhalten bleibt. Der Zusammenhalt und die Identifikation sind wichtige Faktoren in Bezug auf die Ausschöpfung des Leistungspotentials einer Organisation.

Unabhängig von diesen Überlegungen repräsentieren Marken einen teils beträchtlichen Anteil am Wert eines Unternehmens. Für den Bereich Konsumgüter beziffern Experten den Anteil des Markenwerts am gesamten Unternehmenswert auf bis zu 60%, fallweise noch darüber. Aus diesem Grund ist die

Prüfung der Verträglichkeit von bestehenden und akquirierten Marken, der sogenannte Marken-Fit, unerlässlich. Folgende Fragestellungen sind im Rahmen des M&A-Prozesses zu klären:

- Wie stark beeinflusst die geplante Unternehmensübernahme die ursprüngliche Eigenschaft der akquirierten Marke als Umsatztreiber?
- Können bestehende und akquirierte Marken grundsätzlich nebeneinander existieren? Falls ja: Welche unterstützenden Kommunikationsmaßnahmen sind erforderlich, um den jeweiligen Markenkern zu transportieren?
- Welche alternativen Markenarchitekturen erscheinen grundsätzlich sinnvoll? Welche Erfolgswahrscheinlichkeit in Bezug auf das Wachstum von Umsatz und Ertrag sowie auf die Loyalität der Kunden weisen die einzelnen Szenarien auf?

Fallbeispiel 1: Thomas Cook eliminiert den Markennamen Condor
Als der Touristikgigant Thomas Cook 2002 zur ersten durchgängig internationalen Touristikmarke wurde, entschloss man sich, die bereits 1997 akquirierte Airline Condor in Deutschland unter der Marke „Thomas Cook powered by Condor" weiterzuführen. Alle Flugzeuge erhielten nach und nach ein neues Corporate Design: Thomas Cook Schriftzug am Rumpf, verbunden mit dem entsprechenden Logo am Leitwerk. Die ehemalige Condor-Farbe Gelb ersetzte man durch das Blau der Thomas Cook AG.

Der Markenname Thomas Cook war jedoch innerhalb Deutschlands weitestgehend unbekannt. Condor hingegen war eine beliebte Marke für Ferienflüge im oberen Preissegment. Die Kunden akzeptierten den etwas höheren Preis, da „der Ferienflieger" ihrer Einschätzung nach einen adäquaten Gegenwert bot. Mit der Eliminierung der Marke Condor sanken nach und nach die Passagierzahlen. Für das Thomas Cook Management unverständlich, nahmen die deutschen Kunden den neuen Markennamen schlicht und einfach nicht an – der Bekanntheitsgrad und die positive emotionale Aufladung der Marke waren zu gering. Innerhalb kurzer Zeit verlor man 25% der früheren Kunden.

Eine Erklärung für dieses Phänomen könnte die besondere Verbundenheit deutscher Urlauber mit bekannten, Sicherheit und Vertrautheit vermittelnden Marken sein: Die Kunden verbanden mit der Marke Condor Flugsicherheit, einen guten Service und letztendlich einen schönen Urlaub. Thomas Cook konnte dies für die deutschen Kunden offensichtlich zu diesem Zeitpunkt nicht vermitteln. Im Jahr 2004 stellte Thomas Cook die Marke wieder auf Condor um. Mit Erfolg: Die Passagierzahlen stabilisierten sich und der Umsatz stieg wieder an.

Anhand dieses Beispiels lässt sich verdeutlichen, welche Bedeutung einer gründlichen Analyse des Markenbewusstseins der Kunden zukommt. Für die Marke Condor waren das Vertrauen und die vergleichsweise hohe Zahlungsbereitschaft der Kunden gegeben. Mit der Eliminierung zugunsten der Marke des

Mutterkonzerns nahm das Thomas Cook Management den Kunden beides – mit den beschriebenen Folgen.

Fallbeispiel 2: Aral und BP
Ein positives Beispiel zur Markenintegration findet sich im Energiesektor:

2002 kaufte der global tätige Energiekonzern British Petrol (BP) die Veba-Öl AG und damit auch die Veba-Tochter Aral. Besonders interessant an diesem M&A-Projekt sind die Größenverhältnisse der beteiligten Unternehmen: BP als der kleinere Mitbewerber im deutschen Tankstellengeschäft übernahm den Marktführer mit einer starken Marke und dem am besten aufgestellten Tankstellennetz.

Im Gegensatz zu Thomas Cook erkannte BP das Potential der im Zuge der Akquisition erworbenen Marke: Aral blieb als Marke nicht nur erhalten, es wurden sogar sämtliche BP Tankstellen optisch an das Aral-Erscheinungsbild angepasst. Der Markenname BP verschwand nicht völlig aus dem Tankstellengeschäft, aber die geschaffene Markenhierarchie orientierte sich an der Stärke der jeweiligen Marke im Zielmarkt. Insofern war es nur konsequent, Aral als Markenname in Deutschland zu stärken. Die Zugehörigkeit zu BP wurde mit dem Slogan „Aral – ein Unternehmen der BP Group" dezent vermerkt.

Beide Unternehmen profitierten von dieser Situation. Als Dachmarke blieb BP erhalten, deren Geschäfte global mit Raffinerien, Petrochemie, Gas, Strom und Solarenergie verbunden werden. „Aral – Alles super." verbindet der Kunde weiterhin als Qualitätssiegel für Produkte und Services an deutschen Tankstellen.

Akquisitionen: Von der Theorie zur Praxis

a) Post Merger Integration (PMI) als Achillesferse
Wie die Unternehmenspraxis zeigt, scheitern mehr als die Hälfte aller M&A-Transaktionen bzw. erreichen nicht die vom Management gesetzten Ziele. Geht man davon aus, dass Unternehmenszusammenschlüssen in der Regel eine intensive Vorbereitung vorausgeht, ist es auf den ersten Blick kaum nachvollziehbar, warum etwa jedes zweite Akquisitionsprojekt so deutlich hinter den Erwartungen zurückbleibt.

Diese hohe Misserfolgs-Quote führt unweigerlich zu der Frage nach den Ursachen und möglichen Ansatzpunkten, um Unternehmenszusammenschlüsse mehrheitlich zum Erfolg zu führen. Auf der Suche nach Antworten betrachten wir zunächst den zeitlichen Ablauf eines M&A-Prozesses. Er gliedert sich in drei wesentliche Phasen:

- **Pre-Merger-Phase:** Konzeption und Erarbeitung von strategischen Analysen. Neben der Erarbeitung einer unternehmensweiten M&A-Strategie fin-   **Phasen im M&A-Prozess**

det ein erstes Screening statt, um passende Übernahmekandidaten, sogenannte *Targets*, auszuwählen. Nach ersten Gesprächen lässt sich bereits eine erste Aussage zum „strategischen Fit" des Targets treffen: Passt das anvisierte Unternehmen hinsichtlich Performance, Marktpräsenz, Produktportfolio, Kundenstruktur, technologischer Kompetenz, Unternehmenskultur etc. grundsätzlich? Welche Kompromisse sind erforderlich? Wie lassen
sich diese den Parteien vermitteln?

- **Merger-Phase:** Die Transaktion wird verhandelt, abgeschlossen und letztlich – je nach Rechtsform – öffentlich kommuniziert. Wichtigstes Element
dieser Phase ist die *Due Diligence*: Das Target wird im Hinblick auf die finanziellen Situation und die Stärken und Schwächen systematisch analysiert. Diese Unternehmensbewertung bildet die Basis für die Kaufpreisfin-
dung. Neben materiellen Vermögensgegenständen sowie den Umsatz- und
Gewinnaussichten der nächsten Jahre sind auch immaterielle Werte zu berücksichtigen. In diesem Zusammenhang sind auch vorhandene Marken zu
bewerten.
- **Post-Merger-Phase:** Das akquirierte Unternehmen wird je nach Konzeption in den Unternehmensverbund integriert. Alle notwendigen Integrati-
onsmaßnahmen werden angestoßen und umgesetzt.

Eine Studie der Unternehmensberatung A.T. Kearney kommt bei der Betrachtung des Risikos dieser drei Phasen zu einem eindeutigen Ergebnis: Mehr als
die Hälfte der befragten Unternehmen (53%) sehen in der Post-Merger-Phase
das größte Risiko einer M&A-Transaktion. 30% verweisen auf die Pre-
Merger-Phase und lediglich 17% sehen die Merger-Phase als am risikoreich-
sten an.

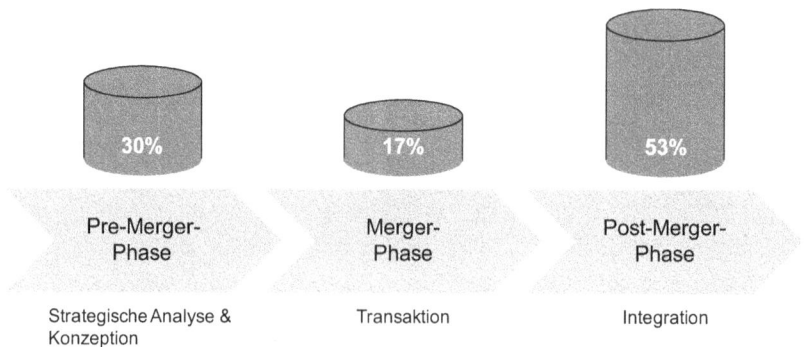

Abb. 32: Risiken der einzelnen Phasen des M&A-Prozesses (Quelle: A.T. Kearney, 2008)

Die Post-Merger-Phase beginnt nach Abschluss des Vertrages und der Bekanntmachung der M&A-Transaktion. Obwohl diese Phase für den Erfolg des Übernahmeprozesses elementar ist, wird ihr – etwa im Gegensatz zur Due Dilligence – von den Beteiligten häufig zu wenig Aufmerksamkeit gewidmet. Dabei ist das funktionierende Ineinandergreifen der zusammengeführten Unternehmen bzw. ihrer Mitarbeiter unerlässlich für die Realisierung der angestrebten Vorteile des Zusammenschlusses: Neben der Harmonisierung der Ziele, des Produktportfolios sowie der Ausrichtung im Markt kommt es vor allem darauf an, wie schnell und in welchem Umfang es gelingt, die Belegschaft des zugekauften Unternehmens zu integrieren.

Die Post-Merger-Phase entscheidet über den Erfolg eines M&A-Projekts!

Was macht die Post-Merger-Phase so anfällig für Misserfolge? Schon Henry Ford, einer der Pioniere der Automobilindustrie, wusste:

„Zusammenkommen ist ein Beginn, Zusammenbleiben ein Fortschritt, Zusammenarbeiten ist ein Erfolg." (Henry Ford)

Damit trifft er den Nagel auf den Kopf: Die Realisierung der Vorteile der Akquisition ist kein Selbstläufer. Im Gegenteil, sie erfordert gezielte Investitionen in die Zusammenarbeit beider Unternehmen. Anders als in der Pre-Merger-Phase, in welcher häufig auf externe Dienstleister zurückgegriffen wird, ist das zukaufende Unternehmen jetzt selbst gefordert. Die Unternehmensleitung hat das größte Interesse an einer funktionierenden Verzahnung beider Unternehmen und sollte deshalb sichtbar „Flagge zeigen". Transparenz zu den gemeinsamen Zielen, zum Zeitplan, zu den integrationsfördernden Maßnahmen – entscheidend ist nicht die Vollständigkeit in der Kommunikation, sondern das Signal an sich: Transparenz, Offenheit und Sichtbarkeit des Managements fördert das Verständnis für den Zusammenschluss und adressiert unterschwellige Widerstände und Ängste.

So simpel sich die erfolgreiche Durchführung der Post Merger Integration anhört, so vielfältig sind die Fallstricke, die mehrheitlich für das oben angesprochene Scheitern von M&A-Projekten verantwortlich sind:

Typische Fehler in M&A-Projekten

- Es herrscht Dissens in der Führungsspitze bezüglich der Vorgehensweise zur Integration des akquirierten Unternehmens.
- Die Chance zur persönlichen Profilierung innerhalb des Managements fördert die Entstehung von Informationsasymmetrien und Machtkämpfen.
- Die in der Pre-Merger-Phase erarbeitete Strategie ist nicht realisierbar. Eine Adjustierung während der Integrationsphase findet nicht statt.
- Die mit der Post Merger Integration beauftragten Manager sind der Aufgabe nur teilweise gewachsen. In der Folge sind die ergriffenen Maßnahmen wenig effektiv.
- Die Mitarbeiterinnen und Mitarbeiter werden weder zeitnah noch umfassend informiert. Die Chance zur Schaffung eines gemeinsamen Corpsgei-

stes zur erfolgreichen Integration der neuen Kolleginnen und Kollegen
wird nicht genutzt.

- Die durch die Akquisition induzierte Kostenbelastung steigt. Im Gegenzug
sinkt die Wahrscheinlichkeit einer zeitnahen Realisierung erwarteter Synergien.

**Erfolgsfaktoren der
Post-Merger-Integration**

Vor dem Hintergrund dieser Stolperfallen empfehlen wir, die Post Merger
Integration im Vorfeld sorgfältig zu planen – und zwar mit derselben Akribie,
die in den vorgelagerten Phasen typischerweise an den Tag gelegt wird. Eine
Patentlösung gibt es nicht. Dennoch möchten wir Ihnen sechs Erfolgsfaktoren
vorstellen, die Ihnen bei der erfolgreichen Planung und Durchführung der
Integrationsphase helfen können:

1. **Erst konzipieren, dann handeln:** Planen Sie frühzeitig Ihre Schwerpunkte
   für die Integrationsphase. Berücksichtigen Sie hierfür die Gemeinsamkeiten, besonders aber die Unterschiede zwischen beiden Unternehmen: Welche Gegebenheiten im akquirierten Unternehmen sind für Sie hinnehmbar,
   welche Änderungen möchten Sie in jedem Fall erreichen?

2. **Setzen Sie Prioritäten:** Packen Sie die schwierigsten Dinge gleich zu
   Beginn an. Schrecken Sie auch vor kompliziert anmutenden Themen nicht
   zurück: Gerade diese lösen sich in den wenigsten Fällen von selbst. Sprechen Sie über die Dinge, die Ihnen wichtig sind: So bauen Sie Vorbehalte
   und Ängste ab und gewinnen die Belegschaft am ehesten für Ihren Kurs.

3. **Schaffen Sie eindeutige Verantwortlichkeiten:** Sie brauchen einen „Hut-
   träger", der die Integration mit vollem Einsatz vorantreibt. Die Praxis zeigt,
   dass hierfür mindestens 30%, eher 50% der Arbeitszeit einer Vollzeitar-
   beitskraft anzusetzen sind. Wählen Sie einen Ihrer besten Leistungsträger.
   Er oder sie sollte in der Lage sein, den Prozess mit Augenmaß, aber dennoch mit Nachdruck voranzubringen. Verantwortlich zu sein bedeutet
   nicht, alles selbst zu machen – aber dafür zu sorgen, dass die gesteckten
   Ziele erreicht werden. Der für die Integration Verantwortliche berichtet im
   Idealfall direkt an die Geschäftsführung. Und: Sämtliche Führungskräfte
   tragen ebenfalls Verantwortung – für ein geordnetes Zusammenspiel des
   jeweiligen Fachbereichs. Art und Umfang ist im Vorfeld durch die Unternehmensleitung zu definieren.

4. **Setzen Sie auf gemischte Integrations-Teams:** Der Prozess sollte partner-
   schaftlich geführt werden, was die Einbindung der neuen Kolleginnen und
   Kollegen als sinnvoll erscheinen lässt. Damit vermeiden Sie den Eindruck
   der Vereinnahmung. Zudem ergänzen sich bereits in den Integrations-
   Teams die unterschiedlichen Erfahrungswelten, so dass eine erste kulturelle
   Annäherung erfolgen kann. Verständnis für den jeweils „Anderen" erfordert persönlichen Kontakt: Genau diesen können Sie mittels gemischter Integrations-Teams leicht herstellen.

5. **Zeigen Sie Führungsstärke:** Auch bei einer Akquisition schauen die Mitarbeiter nach oben: Was lebt die Führungsmannschaft vor – was ist also legitim? Demonstrieren Sie klar Ihre Meinung zu der geplanten Integration und erläutern Sie die drei wesentlichen Meilensteine auf dem Weg zu einem erfolgreichen Zusammenschluss. Schaffen Sie Einmütigkeit im Führungskreis und sorgen Sie für eine einheitliche Außenwirkung – dies schafft das erforderliche Vertrauen in einen letztlich erfolgreichen Prozess ohne Verlierer und Besiegte.

6. **Schaffen Sie Transparenz – frühzeitig und regelmäßig:** Halten Sie Kontakt zur Basis und lassen Sie Ihre Mitarbeiter wissen, *was* passiert, *warum* etwas passiert und *wie* es passiert. Mit einleuchtenden Begründungen und einer verständlichen Integrationsstrategie holen Sie Ihre Mitarbeiter an Bord. Gleiches gilt für alle Stakeholder Ihres Unternehmens (Aktionäre, Öffentlichkeit, Kunden und Lieferanten).

Sie sehen, der Integrationsprozess steckt voller Stolpersteine, die offensichtlich in ihrer Gesamtheit so gewichtig sind, dass viele Integrationsprojekte nicht zu einem erfolgreichen Abschluss gebracht werden können. Für sich genommen sind die einzelnen Aspekte beherrschbar – sofern man sie ernst nimmt und offensiv angeht. Genau dies ist aber selten der Fall: In der Praxis wird die Integration der akquirierten Unternehmen häufig zu verhalten und zu wenig konsequent verfolgt.

Kontrollierte Offensive im M&A-Projekt

b) Lassen sich Kulturen überhaupt integrieren?
Wenn wir über die Integration von Unternehmen sprechen, meinen wir auch die Organisation, die dahinter steht. Diese wird gleichermaßen von den Führungskräften wie auch den Mitarbeiterinnen und Mitarbeitern geprägt. Insofern ist es nur konsequent, den Integrationsprozess sorgsam auf die Belegschaft abzustimmen: Wenn es gelingt, die Beschäftigten davon zu überzeugen, dass der Zusammenschluss für beide Seiten mit positiven Entwicklungen verbunden ist, wird dies dem Integrationsprozess eine besondere Schubkraft verleihen.

Machen Sie sich bewusst: Vor der Zusammenführung haben sich unterschiedliche Kulturen herausgebildet und gefestigt. Diese treffen im Rahmen des Integrationsprozesses nun aufeinander – am besten in kontrollierter Art und Weise:

1. Analysieren Sie bereits während der Pre-Merger-Phase detailliert die Unterschiede in den Unternehmenskulturen. Bewerten Sie Gemeinsamkeiten und Unterschiede hinsichtlich Aufgeschlossenheit für Neues, Transparenz und Kommunikation, Umgang im Mitarbeiterkreis, Führungsverhalten und ggf. weitere Punkte. Diskutieren Sie intern, welche Elemente Sie stärken möchten – und wie dies gelingen kann.

Grundsätze zur Integration von Unternehmenskulturen

2. Bauen Sie gegenseitiges Vertrauen auf, indem Sie Brücken schlagen. Konsequente Zusammenarbeit auf Augenhöhe ist hierzu ein probates Mittel. Vermeiden Sie den Eindruck, sich über die Gegenseite zu stellen – weder auf Führungsebene noch bezogen auf die Mitarbeiter.

3. Pflegen Sie eine offensive Kommunikation. Informieren Sie mit einfachen Worten über die Dinge, die für die Belegschaft von besonderem Interesse sind: Was geschieht mit der Organisation, den Standorten, den einzelnen Bestandteilen der Bezüge, Vergünstigungen etc. Sprechen Sie auch regelmäßig über Erfolge – so klein diese aus Ihrer persönlichen Sicht auch sein mögen.

4. Planen Sie ausreichend finanzielle Mittel ein, um ein wirkliches Kennenlernen der jeweils anderen Kultur zu fördern. Dies funktioniert nur über gemeinsame Erlebnisse, die in den ersten Monaten über Workshops und Seminare hinausgehen sollten. Zeigen Sie, dass Ihnen die Gemeinschaft der Kulturen wichtig ist. Nehmen Sie an den Veranstaltungen teil und hören Sie zu, welche Bedenken zur Integration bestehen.

5. Seien Sie geduldig: Kulturelle Änderungen dauern in der Regel drei Jahre, teilweise auch länger. Sie können am Gras ziehen – deshalb wächst es aber nicht schneller. Begleiten Sie stattdessen den Anpassungsprozess aktiv und bieten Sie Orientierung.

Mit der erfolgreichen Integration der Unternehmenskultur steht und fällt der Erfolg der Integration. Oder wie Willy Weitblick sagen würde: „Siegermentalität lehnen wir ab – es sei denn, es gibt zwei Sieger." Auch Hubert Hundertmark fühlte sich berufen, seinen Beitrag zur Diskussion zu leisten: „Klar ist: Keiner möchte gerne vereinnahmt werden – was natürlich nicht immer klappt. Nur werden wir es uns bald gar nicht mehr leisten können, die Belegschaft zugekaufter Unternehmen zu verprellen. Schließlich ist der Wettbewerb um die besten Fachkräfte mittlerweile in vollem Gange. So schnell, wie unzufriedene Arbeitskräfte zum Wettbewerber wechseln, können wir gar nicht schauen!" Weitblick genehmigte sich noch einen kleinen Schluck Laphroaig und machte es sich in dem alten, abgeschabten Sessel seiner Bibliothek bequem: „Hubert, für heute ist's genug. Lass uns morgen weiter diskutieren." Da erschien zum Klingelton *Hold On Tight* das Konterfei von Karoline Kess auf seinem Smartphone-Display …

Literatur

A.T. Kearney: All Mergers Are Not Alike – Seven merger types and approaches to master the integration, 2008

Bartoszewski, Piotr: Erfolgreiches Integrationsmanagement bei Fusionen und Akquisitionen. Entwicklung einer anspruchsgruppenorientierten Konzeption, 1. Auflage. – Wiesbaden: Dt. Univ.-Verlag 2006

Becker, Jörg; Kugeler, Martin; Rosemann, Michael: Prozessmanagement – Ein Leitfaden zur prozessorientierten Organisationsgestaltung, 7., korr. u. erw. Auflage. – Berlin; Heidelberg: Springer Gabler 2013

Berger, Michael; Chalupsky, Jutta; Hartmann, Frank: Change Management. (Über-)Leben in Organisationen, 6., völlig neu bearb. Auflage. – Gießen: Schmidt 2008

Capgemini Consulting: Change Management – Studie 2008. Business Transformation – Veränderungen erfolgreich gestalten

Dabui, Mani: Postmerger-Management. Zielgerichtete Integration bei Akquisitionen und Fusionen, 1. Auflage. – Wiesbaden: Gabler 2000

Deekeling, Egbert (Hrsg.): Kommunikation im corporate change. Maßstäbe für eine neue Managementpraxis, 1. Auflage. – Wiesbaden: Gabler 2003

Doppler, Klaus; Lauterburg, Christoph: Change-Management. Den Unternehmenswandel gestalten, 12. Auflage. – Frankfurt a. M. : Campus 2009

Feldbrügge, Rainer; Brecht-Hadraschek, Barbara: Prozessmanagement leicht gemacht. Geschäftsprozesse analysieren und gestalten, 2. Auflage. – München: Redline Wirtschaft 2008

Feldmayer, Johannes; Seidenschwarz, Werner: Marktorientiertes Prozessmanagement. Wie Process Mass Customization Kundenorientierung und Prozessstandardisierung integriert, 1.Auflage. – München: Vahlen 2005

Fichtner, Hanno: Unternehmenskultur im strategischen Kompetenzmanagement, 1. Auflage. – Wiesbaden: Gabler 2008

Fischl, Norbert: Unternehmenskultur und radikale Innovation. Eine Analyse von jungen und mittelständischen Unternehmen, 1. Auflage. – Lohmar; Köln: Eul 2008

Gadatsch, Andreas: Grundkurs Geschäftsprozess-Management. Methoden und Werkzeuge für die IT-Praxis. Eine Einführung für Studenten und Praktiker, 7., aktualis. Auflage. – Wiesbaden : Vieweg+Teubner Verlag 2013

Gerhardt, Jens: Konstruktion von Unternehmenswerten. Wertorientierte Unternehmensanalyse als Zielfunktion, 1. Auflage. – Taunusstein: Driesen 2004

Griese, Joachim; Sieber, Pascal: Betriebliche Geschäftsprozess. Grundlagen, Beispiele, Konzepte, 2. überarb. Auflage. – Bern; Stuttgart: Haupt 2001

Grün, Martin Clark: Kundenbeziehungen nach Fusionen und Akquisitionen. Die Auswirkung der Beziehungsgestaltung und Synergierealisierung auf den M&A-Erfolg, 1. Auflage. – Wiesbaden: Gabler 2010

Hegele-Raih, Cornelia: Kommunikation in und über Change Management. Eine theoretische Betrachtung, 1. Auflage. – Frankfurt a. M.: Lang 2002

Jost, Hans Rudolf: Unternehmenskultur. Wie weiche Faktoren zu harten Fakten werden, 1. Auflage. – Zürich: Orell Füssli 2003

Lauer, Thomas: Change Management. Grundlagen und Erfolgsfaktoren, 1. Auflage. – Berlin; Heidelberg: Springer 2010

Mörbe, Steffen; Volejnik, Ulrike; Schoop Simon; Lies, Jan: Erfolgsfaktor Change Communications. Klassisch Fehler im Change Management vermeiden, 1. Auflage. – Wiesbaden: Gabler 2011

Müller, Eva: Sparen aber richtig, in: Manager Magazin, Nr. 6 (2009) S. 83–88

Osterhage, Wolfgang W.: Performance-Optimierung. Systeme, Anwendungen, Geschäftsprozesse, 1. Auflage. – Berlin; Heidelberg: Springer Vieweg 2012

Ringeis, Britta: Unternehmenswerte und ihre Konsequenzen. Corporate Social Responsibility als wertorientiertes Handeln im Unternehmen, 1. Auflage. – Saarbrücken: VDM Verlag Dr. Müller 2007

Sackmann, Sonja A.: Unternehmenskultur. Erkennen, Entwickeln, Verändern, 1. Auflage. – Neuwied; Kriftel: Luchterhand 2002

Schaper-Rinkel, Wulf: Akquisitionen und strategische Allianzen. Alternative, externe Wachstumswege, 1. Auflage. – Wiesbaden: Dt. Univ.-Verlag 1998

Schmelzer, Hermann J.; Sesselmann, Wolfgang: Geschäftsprozessmanagement in der Praxis. Kunden zufrieden stellen, Produktivität steigern, Wert erhöhen, 7., überarb. u. erw. Auflage. – München: Hanser 2010

Schmidt, Siegfried J.: Unternehmenskultur. Die Grundlage für den wirtschaftlichen Erfolg von Unternehmen, 1. Auflage. – Weilerswist: Velbrück 2004

Seidenschwarz und Comp. (2009): Kostenmanagement in Deutschland – Status- Erwartungen, Potentiale. Unter: http://www.kostenstudie.com

Stolzenberg, Kerstin; Heberle, Krischan: Change Management. Veränderungsprozesse erfolgreich gestalten – Mitarbeiter mobilisieren. Vision, Kommunikation, Beteiligung, Qualifizierung, 3., überarb. Auflage. – Berlin; Heidelberg: Springer 2013

Theurl, Theresia: Mergers & Akquisitionen. Konzeptionelle Grundlagen und empirische Fakten, 1. Auflage. – Aachen: Shaker 2012

Unterreitmeier, Andreas: Unternehmenskultur bei Mergers & Acquisitions. Ansätze zur Konzeptualisierung und Operationalisierung, 1. Auflage. – Wiesbaden: Dt. Univ.-Verlag 2004

6   Das Wichtigste zum Schluss: Dranbleiben!

6.1   Das Wesentliche auf den Punkt gebracht

Der Anruf gestern Abend wäre doch gar nicht nötig gewesen, dachte Willy Weitblick und schaute sich zufrieden im Sitzungssaal um. Karoline Kess hatte sich wirklich gemausert, machte einen prima Job. Mittlerweile holte sogar er, Weitblick, der erfahrene Unternehmenslenker, sich ab und an Rat bei ihr. Seit zwei Jahren führte sie nun den Bereich Corporate Development. Wirklich ein guter Griff, diese Kess. Wenn er sich recht erinnerte, hatte sie schon damals im Assessment Center alle beeindruckt ...

Die Beiratssitzung der Clever GmbH war soeben eröffnet worden. Hubert Hundertmark kündigte als ersten Tagesordnungspunkt einen Überblick der Corporate Development Aktivitäten des abgelaufenen Geschäftsjahrs an. Paul Pusher zwinkerte ihr noch einmal aufmunternd zu gab ihr leise ein „Go for gold!" mit auf den Weg, schon stand Karoline Kess am Rednerpult. Ohne große Vorrede ging sie nacheinander auf die drei Elemente der erfolgreichen Weiterentwicklung der Clever GmbH ein:

Unternehmen ausrichten: Wo wollen wir künftig stehen?
„Zunächst haben wir gemeinsam mit der Geschäftsführung die Vision der Clever GmbH diskutiert. Die langfristige Ausrichtung unseres Unternehmens bildet den Anker für die Unternehmensstrategie. Mit der Strategie beantworten wir die Frage, warum unsere Kunden auch morgen noch bei uns kaufen sollen, trotz jeder Menge anderer, ebenfalls leistungsfähiger Anbieter. Auch die Fragen, auf welche Kunden wir genau abzielen, welche Produkte und Dienstleistungen wir künftig anbieten und in welchen Märkten wir uns schwerpunktmäßig bewegen wollen, haben wir im Rahmen der Strategieableitung beantwortet."

Erwin Eisenbohrer, ehemaliger Produktionsgeschäftsführer eines ostwestfälischen Hidden Champions, hakte nach: „Wie haben Sie denn diese Themen, die zunächst wenig mit dem konkreten Arbeitsalltag der Mitarbeiterinnen und Mitarbeiter zu tun haben, in die Organisation hinein getragen?" „Nun, wir haben jährliche Ziele definiert und diese gemeinsam mit den Führungskräften heruntergebrochen. Wichtig dabei war die wechselseitige Information über die einzelnen Vorhaben in den Funktionsbereichen. Auf diese Weise haben wir eine hohe, unternehmensweite Akzeptanz für die Ziele der jeweils anderen Seite erreicht. Sie müssten die Ziele eigentlich gut kennen – die Verabschiedung war in der letzten Beiratssitzung im März ...“

Unternehmen steuern: Wie kommen wir zum Ziel?
Körpersprache lügt nicht – tatsächlich kratzten sich einige der Beiräte verlegen am Kopf, bevor Hubert Hundertmark beherzt eingriff und die Situation rettete: „Frau Kess, Sie hatten in den Jahreszielen auch Bezug genommen auf die Trends, denen sich die Clever GmbH gegenüber sieht. Ist es denn möglich, trotz der beachtlichen ökonomischen und sozialen Herausforderungen auch künftig profitabel zu wachsen?“

„Ja, sofern wir die Besonderheiten in den Märkten, die wir für die Clever GmbH neu erschließen möchten, genau analysieren und konsequent darauf reagieren. Wachstum ist mit Investitionen verbunden – nochmals herzlichen Dank für Ihr Vertrauen und die Freigabe des nicht unbeträchtlichen finanziellen Aufwands für unseren neuen Logistik-Hub in Südostasien. Entscheidend für unseren Erfolg und damit für die Aufrechterhaltung der hohen EBIT-Marge ist unsere Fähigkeit, die Anforderungen unserer Kunden hinsichtlich Technologie, Prozessintegration und Service bestmöglich zu erfüllen. Dies gestattet uns die Durchsetzung hoher Preise. Unverwechselbarkeit im Markt wird bezahlt – auch in Emerging Countries.“

„Funktioniert das unter Verwendung unseres traditionellen Markennamens, oder brauchen wir für dieses Geschäft eine zweite Marke?“ Karoline Kess verdeutlichte daraufhin die Bedeutung des Markenkerns auch für Kunden in den neuen Märkten: „Wir leben von unserer hervorragenden Reputation. Man kennt uns – weltweit. Das möchten wir auch künftig nutzen, um unser Geschäft auszubauen.“ Kurz und knackig, dachte sich Willy Weitblick. Da könnten sich einige seiner Beiräte eine Scheibe abschneiden.

„Dabei haben wir natürlich unsere Wettbewerber stets im Blick“, setzte Kess fort. Wir stellen uns regelmäßig dem Vergleich aus Kundensicht. Das ist nicht immer angenehm, sichert aber auf Dauer eine Position auf den vorderen Plätzen. Erfolg macht träge – aber nicht uns.“ Hier schaltete sich Konrad Krosstschek ein, Finanzgeschäftsführer der Clever GmbH. „Frau Kess und Kollegen haben natürlich dafür gesorgt, dass über die positive Entwicklung auch regelmäßig berichtet werden kann.“ „Ja, mit den Key Performance Indicators haben wir ein Berichts-Tool geschaffen, das positive Entwicklungen dokumentiert – zudem aber auch über negative Tendenzen informiert. Das Ziel ist, die Clever GmbH stets auf Kurs zu halten und bei Bedarf rasch gegensteuern zu können.“

Den leichten Hang zur Nautik hatte Karoline Kess von ihrem Chef. Der blickte sie aufmunternd an und deutete auf das Banner mit den Innovationen des letzten Jahres. „Entscheidend für die Erreichung der ambitionierten Wachstums- und Ertragsziele ist die hohe Innovationsfähigkeit unseres Unternehmens. Die Basis hierfür ist eine offene Diskussionskultur – manche mögen es auch Streitkultur nennen. Begleitet durch das Corporate Development erfolgt eine regelmäßige Bewertung neuer Ideen. Einem strukturierten Prozess folgend, werden erfolgversprechende Themen als offizielle, transparente Entwicklungsprojekte vorangetrieben. Die restlichen Ideen werden entweder später erneut betrachtet oder mittels Grundlagenforschung so aufbereitet, dass wir mehr zu den Möglichkeiten der neuen Technologien erfahren." Bevor Kess nun doch in Details abzurutschen drohte, leitete Weitblick mit freundlichen Worten zum dritten und letzten Teil des Vortrags über.

Unternehmen verändern: Wie können wir den Vorsprung ausbauen?
„Unser Erfolg im Markt fußt sicherlich zu einem großen Teil auf der hohen technologischen Kompetenz unserer Mitarbeiterinnen und Mitarbeiter. Ohne die richtige innere Einstellung könnten wir unsere Kunden allerdings nicht wirklich begeistern. Aus diesem Grund haben wir die Werte unseres Unternehmens auf den Prüfstand gestellt und sind mit den Kolleginnen und Kollegen in die Diskussion gegangen. Ergebnis ist ein neues, gemeinsames Werteverständnis. Dieses Gerüst unterstützt uns bei unseren täglichen Herausforderungen und sorgt für eine von allen getragene positive Grundstimmung. Damit lassen sich auch Veränderungsprozesse erfolgreich stemmen."

Hundertmark hoffte, dass das Thema Change Management nur kurz besprochen werden würde – hatte man doch noch deutliche Potentiale bei der Umsetzung der neuen Organisationsstruktur im neuen Auftrags- und Abwicklungszentrum. Sein Wunsch wurde erhört. „Darüber hinaus haben wir uns im Corporate Development mit einem Projekt zur Operational Excellence beschäftigt. Ziel der Geschäftsprozessoptimierung war es, die interne Effizienz auf ein höheres Niveau zu bringen. Damit können wir kürzere Lieferzeiten unserer Maschinen realisieren sowie eine bessere Ersatzteilverfügbarkeit sicherstellen. Ein wichtiger Erfolgsfaktor war die offene, regelmäßige Kommunikation der Veränderungen. Die Belegschaft war jederzeit im Bilde, welche Erfolge, aber auch welche Schwierigkeiten sich im Laufe des Projekts ergaben. Diese Offenheit wurde mit Engagement und Tatkraft seitens der Mitarbeiterinnen und Mitarbeiter belohnt, so dass wir auch hier auf einem guten Weg sind."

Die letzten Minuten der Redezeit von Karoline Kess waren angebrochen. „Natürlich haben wir uns auch Gedanken gemacht, ob wir das angestrebte Wachstum aus eigener Kraft realisieren können. Gemeinsam mit der Geschäftsführung haben wir vom Corporate Development mögliche Akquisitionskandidaten in unseren Kernmärkten identifiziert und Chancen wie Risiken bewertet. Der Prozess ist noch nicht abgeschlossen. Wir werden aber bereits vor der Übernahme eines geeigneten Kandidaten ein Konzept für die Post Merger Integration erstellen und auf diese Phase ein besonderes Augenmerk legen. Meine sehr verehrten Damen und Herren, mit allen genannten Maßnahmen werden wir sicherstellen, dass die Clever GmbH auch in Zukunft erste Wahl für unsere Kunden sein wird. Für das besondere Vertrauen der Geschäftsführung in unsere Arbeit bedanken wir uns herzlich und freuen uns auf eine weiterhin konstruktive Zusammenarbeit."

6.2   Checkliste für ein erfolgreiches Corporate Development

Wir hoffen, dass wir Ihnen einige der vielfältigen und spannenden Fragestellungen des Corporate Development näherbringen konnten. Die sieben wichtigsten Erfolgsfaktoren einer wirksamen Unternehmensentwicklung haben wir Ihnen im Folgenden noch einmal zusammengestellt:

1. **Organisatorische Anbindung an den CEO**: Der Bereich Corporate Development ist nahezu ausschließlich mit Themen der Unternehmensleitung befasst. Ein direkter Berichtsweg ist deshalb nur konsequent. Regelmäßige, fallweise auch informelle Kommunikation ist einer der wesentlichen Treiber erfolgreicher Projekte zur Unternehmensentwicklung. Zudem ist ein ungefilterter Informationsaustausch gerade bei sensiblen Themen unverzichtbar.

2. **Commitment der Geschäftsführung**: Stehen Sie sichtbar zu Ihren Experten. Gerade weil die Themen des Corporate Development manchmal nicht auf Anhieb mit der individuellen Ausrichtung einzelner Fachbereiche harmonieren und folglich (konstruktive) Dispute vorprogrammiert sind, haben positive Signale des Top-Managements eine besondere Bedeutung. Damit ist nicht gemeint, dass Sie Ihre Autorität „leihen" sollen. Demonstrieren Sie vielmehr Ihre Unterstützung für laufende Projekte. Begründen Sie Ihre Meinung: Im Mittelpunkt steht das Unternehmensinteresse, Bereichsegoismen werden Sie nicht unterstützen.

3. **Fachliche Unabhängigkeit**: Lassen Sie den Experten des Corporate Development freie Hand, wenn es um die Auswahl der Instrumente, Methoden und den Lösungsweg für komplexe Themenstellungen geht. Beschränken Sie sich darauf, die Richtung vorzugeben. Die Entwicklung von Unternehmen erfordert nicht nur ein gewisses Maß an Intelligenz, sondern auch Kreativität und unkonventionelles Denken. Die Experten, die sich auf diese Materie einlassen, sind in der Regel stark intrinsisch motiviert. Freiraum – und fallweise auch Geduld des Gegenübers – fördern das effektive Zusammenspiel der einzelnen Fähigkeiten und Fertigkeiten.

4. **Transparenz zu wichtigen Entwicklungen im Unternehmen**: Dieser Punkt ist selbsterklärend: Die Arbeit im Corporate Development erfordert einen Zugang zu einer Vielzahl vertraulicher Informationen. Sofern diese nicht zugänglich gemacht werden, hat dies nicht nur negative Auswirkungen auf die Qualität der Arbeitsergebnisse, sondern schwächt auch die Position der Einheit im Unternehmen. Wie bei externen Beratern gilt: Je besser die Truppe in die internen Entwicklungen eingebunden ist, desto stärker ist der Hebel für das Unternehmen.

5. **Agieren auf Augenhöhe mit den Fachbereichen**: Verdeutlichen Sie die hohe Bedeutung, welche dem Corporate Development für die Sicherung des künftigen Unternehmenserfolgs zukommt. Für ein Agieren auf einer Ebene mit den Fachbereichsleitern sind gewisse Insignien der Macht hilfreich, beispielsweise die Anwesenheit bei Geschäftsführungssitzungen oder die Teilnahme an internationalen Meetings mit den Geschäftsführern der Tochtergesellschaften. Diese kleinen Zeichen der besonderen Wertschätzung durch die Unternehmensleitung ebnen häufig den Weg für eine konstruktive Auseinandersetzung mit den anderen Funktionsbereichen, auch wenn damit letzte Vorbehalte gegenüber den Kolleginnen und Kollegen des Corporate Development nicht in jedem Einzelfall auszuräumen sind.

6. **Nähe zum operativen Geschäft**: Sorgen Sie dafür, dass man im Corporate Development aus eigener Erfahrung weiß, wo die Wertschöpfung im Unternehmen entsteht. Einige Tage oder Wochen in produktiven Bereichen oder auch in Auslandsgesellschaften fördern das Verständnis für fachliche Herausforderungen, fremde Kulturen, politische Fallstricke und viele weitere Themenfelder, die jenseits der meist geschützten Umgebung geschäftsführungsnaher Einheiten an der Tagesordnung sind. Der positive Effekt: Die Authentizität des Handelns wächst – und damit die Akzeptanz für die angestoßenen Projekte.

7. **Katalysatorfunktion**: Last but not least sollte die Tätigkeit der Mitarbeiterinnen und Mitarbeiter im Corporate Development auf eine mittlere Zeitspanne begrenzt werden. Als durchschnittliche Verweildauer hat sich in der Praxis ein Zeitraum von drei bis vier, maximal fünf Jahren als sinnvoll erwiesen. Anschließend sind die Kandidaten reif für eine Veränderung, meist verbunden mit der Übernahme operativer Verantwortung in einer Linienfunktion. Mit dieser Vorgehensweise sorgen Sie regelmäßig für Führungsnachwuchs, der über eine hervorragende Kenntnis des Unternehmens und ein ausgeprägtes Netzwerk verfügt. Zugleich schaffen Sie einen „Katalysator" für den Unternehmenserfolg, der motivierten Mitarbeiterinnen und Mitarbeitern die Chance eröffnet, für einen gewissen Zeitraum den Erfolg des „eigenen" Unternehmens mitzugestalten. Vermutlich hatte Willy Weitblick seinerzeit auch so angefangen ...

www.ingramcontent.com/pod-product-compliance
Lightning Source LLC
Chambersburg PA
CBHW081105220326
41598CB00038B/7239